WILLIAM D.GANN

何造中解读江恩理论系列丛书

# 江恩

## 成功选股方略

何造中◎著

SPM
南方出版传媒
广东经济出版社
·广州·

**图书在版编目（CIP）数据**

江恩成功选股方略／何造中著．—广州：广东经济出版社，2015.7

（何造中解读江恩理论系列丛书）

ISBN 978－7－5454－1358－8

Ⅰ．①江…　Ⅱ．①何…　Ⅲ．①股票投资－基本知识　Ⅳ．①F830.91

中国版本图书馆CIP数据核字（2012）第149361号

| | |
|---|---|
| 出版发行 | 广东经济出版社（广州市环市东路水荫路11号11～12楼） |
| 经销 | 全国新华书店 |
| 印刷 | 广东新华印刷有限公司<br>（广东省佛山市南海区盐步河东中心路23号） |
| 开本 | 787毫米×1092毫米　1/16 |
| 印张 | 17.5 |
| 字数 | 251 000字 |
| 版次 | 2015年7月第1版 |
| 印次 | 2015年7月第1次 |
| 印数 | 1～5 000 |
| 书号 | ISBN 978－7－5454－1358－8 |
| 定价 | 45.00元 |

如发现印装质量问题，影响阅读，请与承印厂联系调换。

发行部地址：广州市环市东路水荫路11号11楼

电话：（020）38306055　37601950　邮政编码：510075

邮购地址：广州市环市东路水荫路11号11楼

电话：（020）37601980　营销网址：**http://www.gebook.com**

广东经济出版社新浪官方微博：**http://e.weibo.com/gebook**

广东经济出版社常年法律顾问：何剑桥律师

# 总 序

**真正的理论在世界上只有一种，就是从客观实际中抽出来又在客观实际中得到了证明的理论。**

**——毛泽东**

从我 1997 年在香港《每周财经动向》（全球出版发行）开辟专栏，发表了一系列江恩理论与内地股市案例分析的文章，到 1998 年应邀开始在国内专业性杂志《股市动态分析》撰写解读江恩理论的系列连载，至今已十年有余。可谓“十年磨一剑，霜刃未曾试。今日把示君，只为股民事！”

在我十多年的投资生涯中，时常想到江恩的一句忠告：“要想在股票交易中获利，就必须先获取知识，必须在损失之前就开始学习。许多投资者在进入股市时对股市毫无认识，而且在他们意识到开始交易前有必要进行一段时期的准备工作之前，就损失了大部分本钱。”这是江恩身处股市 45 年以上的经验之谈和总结，也是我解读江恩理论的目的。

江恩理论之于证券技术分析，就如同《易经》、宗教、玄学等之于世俗文化。它们不是大众性的，总是不能被多数人所接受，然而却从没有人能完全否认它们。江恩理论的最大贡献，也许并不在于其神奇的技术，而在于这门技术是一个指引，它树起一根标杆，让别人去努力探索、追寻，在研究自然规律的道路上越走越远。江恩理论告诉我们，世上万物都遵循着自然的波动规律，都遵循着因果关系与协调关系的普遍法则。另外，市场中不能仅存在一种理论，市场是一种动态博弈，每个人都要按照自己的理解，在波动中寻找适合自己的投资方式、投资理念，判断江恩发现的这些规则和方法有哪些东西是适合自己的。

证券市场的历史主要包括两个方面：一是市场交易数据的历史，二是市场参与者的历史。前者可以让我们找出证券价格的运行规律，如江恩发现的，股票和商品期货的价格走势往往会在它们的历史天价上遇到强大的阻力，并且“做头”；后者可以让我们总结前人的成败得失，也如江恩发现的，大多数人亏损的原因是对市场知之甚少。我们希望通过对历史的研究解决三个问题：一是在什么位置出入市，二是在什么时候出入市，三是如何出入市。江恩在这三个问题上建立了自己的一套规则。

每一位研究证券市场的人，实际上都在研究历史。这种研究的一个重要前提就是，证券市场的运行是有章可循的，而这种规律是可以通过适当的方法加以认识的。如果证券市场真是像有些人说的那样是无序的、随机的、毫无规律可循的，那我们还有什么必要研究证券市场呢？

要研究证券市场的正确趋势，就必须学习相关的知识。江恩认为，只有那些为知识花费时间和金钱，并不断学习，永不以为自己无所不知，而是意识到学无止境的人才能在证券市场中获得成功。在生活中，每个人投入多少就能收获多少，“种瓜得瓜，种豆得豆。”江恩本人也是这么做的。江恩曾在《如何在商品期货市场中获利》一书中写道：“在过去40年里，我年年研究和改进我的理论。我还在不断学习，希望自己在未来能有更大的发现。”江恩视投机为一种有利可图的职业，他严谨的工作作风值得每一个人学习。

许多人怀疑，江恩在半个世纪以前使用的市场分析方法和交易规则是否还能运用到今天这个愈加复杂的市场中。这个问题从表面上看似乎有些道理，但是我们不要忘记了，江恩对市场的观察是基于人们对事物以往的认知，而这种认知是对未来的指引。

不知道你想过这些没有，世界上的万物都有自己特定的运行法则，例如物体松手以后会回落到地上、男女自然地会对对方产生兴趣、万物相互依存……究竟是谁规定了上述法则，让它们各自按照自己的运行轨迹有序地、相互制约相互促进地、十分完美地运行？这个答案我们暂不去管它，但仅是“游戏法则”一词就已贵如钻石！它精确地告诉我们：世界的存在不是杂乱的，它是在深刻的自然属性中必然地运作，每一件事的结果都是唯一的、特定的、必然的，它们像一串串刻度被永远地刻在了历史（时间）的坐标上。请永远记住上面这一段文字，否则你将不能解读下面的内容。

在其投资生涯中，江恩的平均成功率高达88%。人们惊叹江恩几乎每次都能判断正确。当然江恩自己也会有些错误，但都不是因为其理论方法本身的缺陷。除此之外，江恩还预测了从他那个时代起人类未来会发生的事，会出现的物体、发明等等，现在看来几乎全部按时间坐标实现了。江恩的思维模式建立在他本人坚信宇宙万物中无不存在着自然规则这一信念之上。江恩有一个虔诚的宗教家庭，来自《圣经》的教诲不仅仅只影响了他的生活。

江恩相信任何事物都遵循着宇宙中的自然规则，而规则的本身是由复杂的物质属性集合而成的，任何物体的运行都是在两者作用下的必然结果。

江恩思想的两个基本要素是：动质和时间。动质是江恩理论的专有名词，其他任何书籍上都没有动质一词。动质极其复杂，我不在此描述。

任何准确的分析都离不开时间，江恩把时间作为进行交易的重要因子，当特定的动质驱动运行时，时间因子会精确地显示事物属性的一一对应特性。

研究江恩理论不是一件容易的事情，正如江恩本人所说的一样，研究他的理论，需要意志和毅力。

天地间有“有其理无其事”的说法，那是因为我们的经验还不够，科学的实验还没有出现的缘故；而“有其事不知其理”的，那是因为我们的智慧还不够。换句话说，宇宙间的任何事物，有其事必有其理，有现象，就一定有它的原理，只是我们的智慧不够、经验不足，找不出它的原理而已。

本套系列丛书沿着两个中心思想创作，一是以江恩出生时候的时代背景为前提，以江恩的成长为主线；二是以证券市场的内在机理为出发点，遵循先定性后定量、基本面解决根本问题、技术面解决具体问题的原理。为了尽量保持江恩原著的真实性，我们以江恩的原著为蓝本，充分尊重原著的思想。为了全面地诠释江恩理论，我们也吸收了其他江恩理论研究者的发现和思想，同时还吸收了其他理论的精髓来诠释江恩理论，以填补江恩理论由于所处时代而导致的不足，尽量展现适合当今市场，尤其是中国证券市场的技术分析方法。

股票投资/投机是一门艺术科学，既有其科学规范的一面，又有其只可意会不可言传的一面。无论你是师从技术分析方法，还是紧跟价值投资思路，抑或两者兼备，投资这项游戏的规则都已经规定，除了在某些特殊阶段以外，总体来说只有少数人能成为大赢家。健将是可以培养和锻炼出来的，而冠军，除此以外还需要天赋和一点运气。学习，可以帮助我们挖掘自己的潜能，并至少能够向一名健将去发展。

我们继承的是江恩的思想，狭义的江恩理论是江恩建立的理论框架和交易规则、技巧。广义的江恩理论是继江恩之后，所有研究江恩理论人士多年来从江恩理论体系衍生发展出来的一系列著作。提到江恩理论，人们还定义在狭义层面，而事实上，在美国，研究江恩理论的专业人士已经涌现出一大批了，还成立了一个江恩理论研讨会的组织机构，每年定期召开会议，以交流学习对江恩理论新的发现，还有公司专门研制出江恩理论的证券分析软件。

我这次收集整理出版的这套系列丛书就是建立在江恩和一大批江恩理论研究人士大部分研究成果的基础上的，所以说，现在的江恩理论不单单是江恩所著的原著，还包括其他研究者所发现的，在江恩原著的基础之上发展的所有著作。打一个很不恰当的比喻，就好像毛泽东思想是老一辈无产阶级的结晶的道理一样，江恩理论也是所有为理论的发展而努力的人的结晶。

今天我们研究江恩理论所要走的路线因为大部分人以前还没有接触过，所以我们在这里先要使大家知道怎样去读江恩理论，先从怎样去认识它、怎样去了解它开始。至于深入的研究，有人研究了一辈子，也没有搞清楚，包括我在内，研究了十多年，还跟一个初学的人差不多。实际上，要解读好江恩理论这套经典技术分析理论，我自己都是战战兢兢的，觉得自己非常肤浅，没有办法向大家交代，可以提供给大家的，只是一块敲门砖而已。

何造中

# 前 言

对于股票操作，在不同的过程我们需要做不同的准备和应对，把操作股票的每一个环节都做好了，一次完整的操作才算完成。

这本书的书名是《江恩成功选股方略》，主要创作思想是为广大股民朋友阐明如何挑选股票。但是股票操作并不仅仅是选对股票就可以了，股票操作还有许多环节，本书将详细介绍了股票操作的一个完整过程。

简而言之，一次操作股票的完整过程包括选择何种股票去买入，这就是所说的择股；另外选择了要买的股票，我们要在何时介入要买的股票；还有就是持有股票的时限，我们应该短期持有还是长期持有；最后就是何时卖出，是获利了结卖出还是止损卖出。从选股到介入，再从持有到最后的卖出过程全部完成，才构成一次完整的股票操作。

在本书的内容里，我们把每一种选股方略按照如上所说的完整过程去分析考量，尽量做到让读者可以对股票操作有一个较为完整的认识，而不是只是知道选股而不知其余。

下面我就先对这一过程作一些简单的介绍。在本书中我会将他们渗透到每一章节里。

首先是选股这一部分，其实在股票市场里，盈利模式多种多样，而且相互之间基本能够独立的存在，如果操作得当，这些方法可能都能够获利的，所以选股这一条各有千秋，没有好坏之分。我们在本书中也主要讲述有关选股的 10 种方法，希望能够起到抛砖引玉的作用。

接下来就是择时了，这一点在中国股票市场里面就显得非常重要了，为什么这么说呢？因为中国市场虽然已经推出了股指期货，但究其市场本质，还仍然是单边制的市场。广大股民朋友们由于受到股指期货最低门槛的限制，以及风险承受能力的制约，对股指期货望而生畏。那么，其基本上只能把投资渠道放在股票上。另外，融券沽空也有资金门槛，和证券品种有限等条件，有介于此，绝大部分投资者还是只能够采取单边买入股票的方式，这样的方式就只有做多，没有做空。在这样的前提之下，选择股票时机就非常重要了。

这里所说的择时包括两层含义：选择大盘的介入时机和选择个股的介入时机。选择大盘的介入时机是指在大部分投资只能采取做多赚钱的前提之下，投资者们只能够在大盘处于牛市的上升段和振荡市场的上升段中去操作，如果大盘目前趋势未明朗，则不宜盲目操作，直到趋势明朗，并且朝着上升的趋势发展时才适宜操作。个股方面，目前该股处于活跃状态，趋势也已经处于明朗并朝着向好的方向发展，这样的时候才适合买入。因此择时指的是在大环境处于向上的前提之下，寻找趋势明朗向上，并且股票交易已经活跃起来的股票进行操作。

我们再来看持有股票的时限：这一点是说在合适的时机介入一只股票之后，我们应该持有多久后卖出。这一点与我们买入之时所预期的收益情况有关，譬如说，我们买入时是想比较短时间波段持有，那么在振荡市场，一旦大盘趋势和个股趋势转坏之后，就坚决抛出；相反，如果说买入之时我们是抱着长期持有的态度，那么短期的波动我们则不必考虑太多，直到我们所预期该股票的各种情况基本达到预期之后，才适合我们卖出。关于更多卖出时机，我们会在本书中涉及，请读者朋友仔细品味。

最后我们来看看如何卖出股票：卖出股票有两种方式，主动卖出和被动卖出。主动卖出就是我上面所说的在较短期内或者长期时间里股票达到自己的预期，或者波段见顶但有利润；而被动卖出是在一只股票根本就没有任何盈利的前提之下，止损卖出。

这里所说的主动卖出主要是股票持有人主动的卖出行为，这种情况一般都是股票有利润之时的情况，但是被动卖出是股票趋势已经破坏或者当前大盘趋势已经彻底走坏，股票持有人为了规避更大的亏损而不得不做出的止损行为。

假设一只股票现价 10 元，上涨了一倍，涨到 20 元，上涨幅度为 100%，之后这只股票又下跌了 50%，现价又为 10 元。我们看到股票的下跌杀伤力远远比上升时的盈利率变化快得多。这是因为上涨时股票的基数并不大，而下跌时股票是以高价作为基数下跌的。这个案例告诉我们一定要在某些时候采取被动卖出的措施，保住自己的本金，以图大盘稳定之后，再次东山再起。

本书之所以讨论股票操作的较完整过程，是在告诉大家，本书的写作是以一个一个的盈利模式组合而成的，并不是只是告诉大家如何挑选股票，在本书中，我们还会告诉大家应该在何时买入一只股票，在何时卖出股票，这些我都会通过不同的案例涉及，给读者朋友们展现出一个个更加立体化的股票操作过程。

江恩的选股方略是其在几十年前根据美国当时的国情所提供选股思路，显然这些选股方法直接搬到中国市场来是不可取的，因此，本书只是借用其中江恩在几十年前所提到的选股思想，并结合中国目前的股票市场的环境所提出来的选股思路。

易经有云：这个世界唯一不变的就是在不断变化，正因为如此，本书所提及的各种盈利模式都是根据不同的大盘环境，不同的个股走势和不同的个股基本面综合分析得出的选股思路，记住，要根据环境的变化不断地修正自己的选股思路，这一点正是本书所要带给大家的。

至于本书的具体内容，在此就不在多聊了，读者朋友们在阅读本书的时候一定要学会灵活变通，根据不同的环境，不同的个股走势和不同的基本面情况去思考其中的选股思路，切不可生搬硬套。

# 目　录 CONTENTS

# 第一章

# 底部股票

应当始终都把底部和顶部看作是走势改变的信号。不要匆忙行事，而是要等到其他人踩出一条路，表明行情已经发生了改变。如果在等着卖空，要在一只股票形成一两次更低的顶部或底部之后再行卖空，总会更加安全一些，因为这表明，走势已经逆转了。如果是在等着买入一只股票，这条规则也同样适用。应当密切注意这只股票，一直等到其出现较高的底部和顶部并开始上涨为止。

——江　恩

早在20世纪30年代，华尔街的先辈江恩就已经对如何确认底部和操作底部股票有了自己的心得，虽然在江恩的原著中，所提及的只不过聊聊数百字，但其核心思想已经清楚地阐述出来了，下面我将把如何操作底部股票作为一种盈利模式详尽地解读清楚，希望广大投资者朋友读完此章节能有自己的感悟。

由于中国股票市场对于大部分投资者而言还只是单边市场，所以，后面的章节我们主要还是探讨如何买股票。

## 第一节 什么是底部

### 底部

所谓股价波动的底部形态是指股价由下跌转为上升的转折点，这种转折可以是一个急速的过程，也可以是一个缓慢的过程。在底部股价可能是急剧振荡的，也可能是平缓波动的，由此形成了从最平缓的潜底到最陡峭的V形底的各种不同的底部形态。一般按行情的规模大小将底部划分短期底部、中期底部和长期底部。短期底部是指股价经过一段不长时间的连续下跌之后因导致短期技术指标超卖，从而出现股价反弹的转折点；中期底部是由于股价经过长期下跌之后借助于利好题材所产生的历时较长、升幅可观的弹升行情的转折点；而长期底部则是指弱势行情完全结束，多头行情重新到来的转折点。以上3种不同层次的底部行情特征和个股表现都不大相同，下面我们分别予以叙述。

#### 1. 短期底部

短期底部以V形居多，发生行情转折的当天经常在日K线图上走出较为明显的下影线，在探到底部之前。常常会出现2～3根比较大的阴线，也就是说，每一次加速下跌都会探及一个短期底部。在短期底部前几天的加速下跌之中，一、二、三线股（一线股通常指股票市场上价格较高、业绩优良或具有良好发展前景的一类股票。二线股是业绩也同股价一起在全体上市公司中居中游的股票。三线股指价格低廉的股票。）幅差不大。短期底部之后，将是一个历时很短的反弹，这一反弹的时间跨度多则三五天，少则只有一天，反弹的高度在多数情况下很难超过加速下跌开始时的起点。在反弹行情中，以低价位的三线股表现最好，而一线优质股则波幅不大。

我们来看几个短期底部的案例。

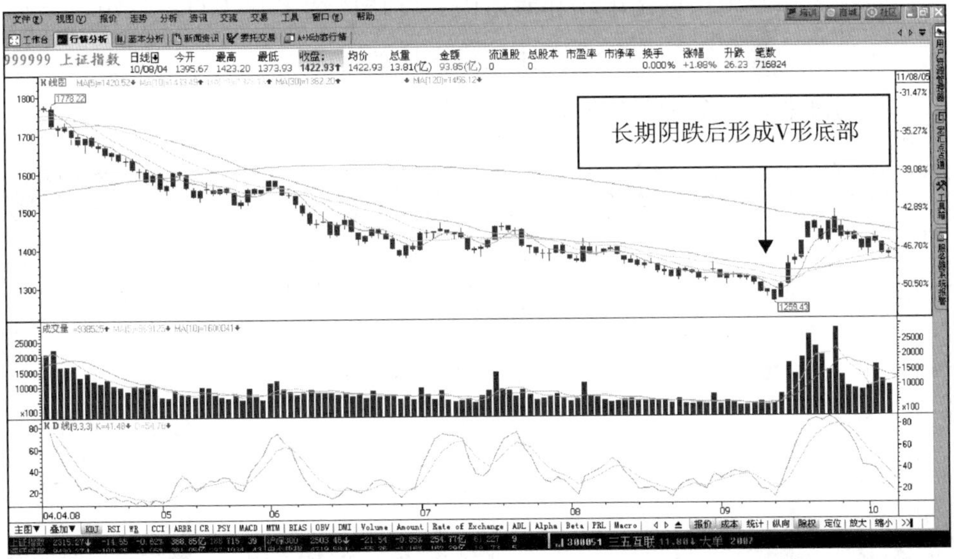


**图 1－1**

如上图 1－1，该图是上证指数于 2004 年 4 月至 2004 年 10 月初的日 K 线图。自 2001 年 6 月国有股减持的消息推出之后，上证指数正式走入了熊市周期。之后在经历了 2002 年 1 月至 2004 年 4 月这两年多的下降通道振荡行情之后，上证指数再次走入如上图所示的下降通道，自 2004 年 4 月 7 日起，上证指数一直处于缓慢下跌通道之中，这种缩量阴跌一直持续了 109 个交易日，在这 5 个多月的时间里，上证指数始终没有任何像样的反弹出现，中国有句古话叫做：物极必反，这句话对于中国股市仍然适用，自 2004 年 9 月 13 日，上证指数连续加速大跌之后，上证指数迎来了 5 连阳。上证指数从2004年9月14日至2004年9月20日这5个交易日连续上涨了16.1%。涨势惊人，只可惜好景不长，在这一波9天的反弹周期过后，上证指数再次进入下跌通道，从2004年9月24日的1496点下跌至2005年6月6日的最低998点，跌幅达33%之多。期间基本没什么像样的反弹。

通过上面案例的详细介绍，我们可以看出V形反转多出现于熊市的振荡行情或者熊市的阴跌之中。案例中的情况就属于熊市漫长下跌过程中的V形反弹所产生。这种底部一般维持的时间并不长，因为反弹的非常突然，而且经常发生在振荡市场和熊市中，反转持续多数为自救，很容易形成短期底部，这种底部在熊市中往往很容易被击破。

我们再来看一个个股的短期底部案例。

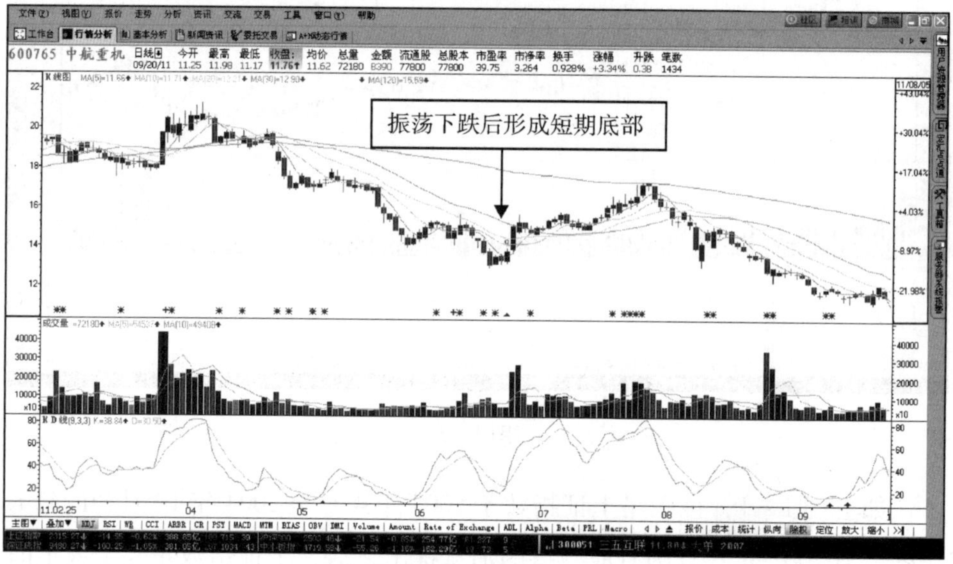


**图1-2**

上图是中航重机（600765）2011年8月至2011年12月上旬的日K线图，上证指数自2011年4月起进入振荡顶部，逐渐下跌，而中航重机则一路跟随大盘下挫，直到2011年6月底，中航重机跟随大盘走出一段反弹行情，形成了短期底部，2011年7月18日上证指数再次进入下跌区间，而中航重机在逆市上涨了几天之后，终于在2011年7月27日进入下降通道，并且随后又下跌了近50%，创出新低。由此可以看出个股的底部与大盘环境的好坏密不可分，若是大盘环境不尽如人意，个股也难有好的表现，短期底部的持续时间非常有限，操作难度更是相当大，因此，如果从安全的角度去考虑，最好不要在大盘环境没有彻底转好之前就参与短期底部的操作。

## 2. 中期底部

中期底部各种形态出现的可能性都有，其中W形底和头肩底出现的概率稍大些。中期底部一般是在跌势持续时间较长（10周以上）、跌幅较深（下跌30%以上）之后才会出现。在到达中期底部之前往往有一段颇具规模的加速下跌。中期底部的出现。一般不需要宏观上基本因素的改变。但却往往需要消息面的配合，最典型的情况是先由重大利空消息促成见底之前的加速下跌。然后再由于利好消息的出现，配合市场形成反转。在见底之前的加速下跌中，往往优质股的跌幅较大，股价见底期间，优质股的成交量会率先放大。中期底部之后，会走出一个历时较长（一至数周）、升幅较高的上升行情。这段上升行情中间会出现回调整理。大体来讲升势可分为三段，第一段由低位斩仓者的补货盘为主要推动力，个股方面优质股表现最好；第二段由炒题材的建仓盘推动，二线股轮番表现的机会比较多；升势的第三段是靠投机性炒作推动的，小盘低价股表现得会更活跃一些。在中期底部之后的升势发展过程中，会有相当多的市场人士把这一行情当作新一轮多头市场的开始，而这种想法的存在正是能够走成中级行情而不仅仅是反弹的重要原因。

我们再来看看几个中期底部的案例。

图1-3是从2009年7月底至2011年5月中旬以来上证指数的K线图，在上证指数经历了2008年年底至2009年8月初的持续上涨之后，进入调整中，随后上证指数又缓慢反弹至2009年11月末，这次反弹没有创出新高，2009年11月底过后，上证指数进入振荡盘跌之中，随着2010年4月股指期货的推出，上证指数加速下跌，下跌至最低的2319点，这是自2008年年底上涨至2009年8月初的3478点以来，上证指数下跌的最低点位。随后上证指数逐步走稳，逐步反弹，走出了一波涨幅达33%的升浪，

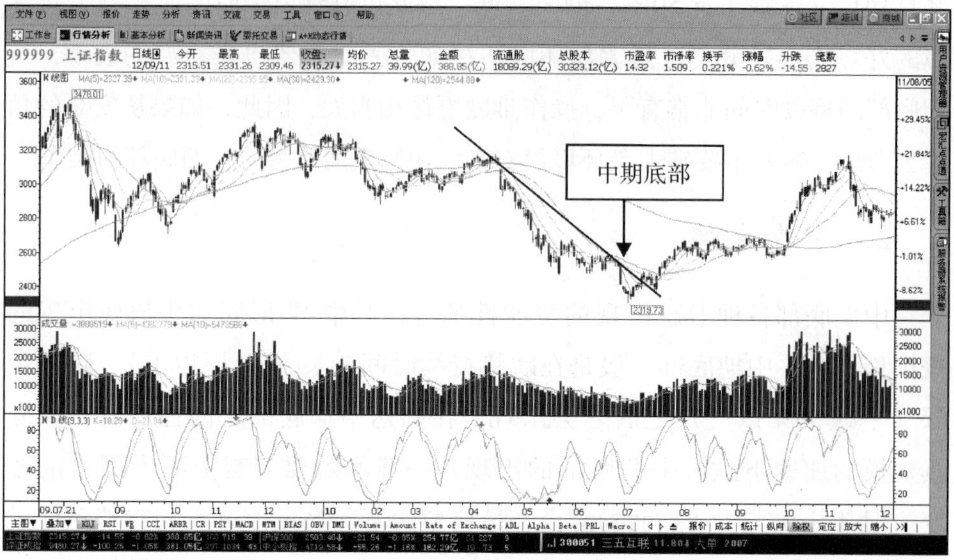


**图 1－3**

而 2319 点也一直持续到 2011 年 10 月才跌破。这个 2319 点的底部就是一个典型的中期底部。与短期底部相比，中期底部持续时间长，不太容易跌破，更具有可操作性，但是确认的时间较短期底部要长。

我们再来继续看一些个股的案例。

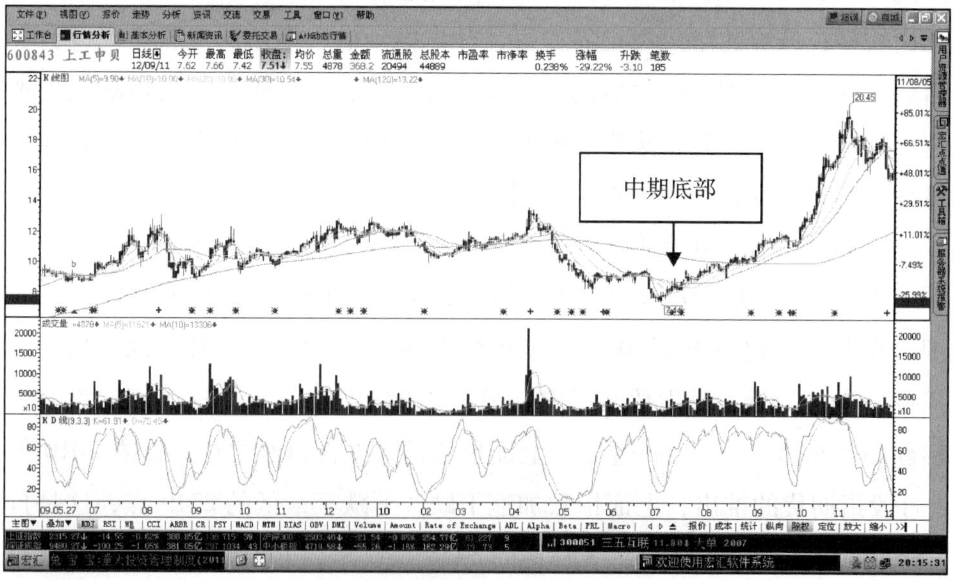


**图 1－4**

图1－4是上工申贝（600843）于2009年5月至2010年12月的日K线图，从图中可以看出，2010年7月初，跟随大盘见中期底部的来临，上工申贝也于2010年7月初形成了中期底部，随后的4个多月，上工申贝更是上升了153%。

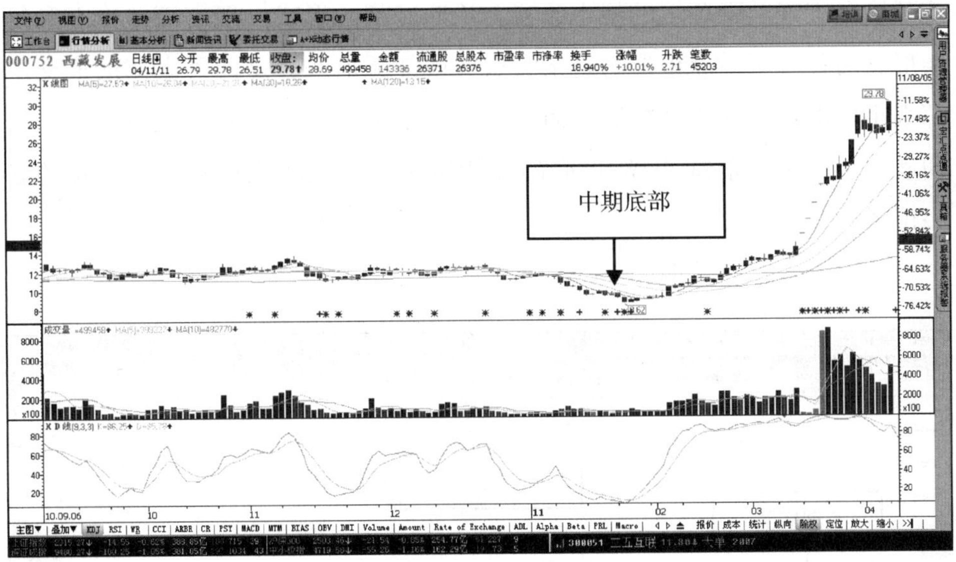


图1－5

图1－5是西藏发展（000752）于2010年10月至2011年4月的日K线图，从图中可以看出，自2011年1月上证指数见底回升以来，西藏发展也是形成了明显的中期底部，并且在短短2个月内上升了2倍多。

通过上面的几个案例我们可以看出，短期底部由于持续时间太短，一般难以操作，中期底部则具有可操作性，一般能够持续2个月甚至更长时间，比较适合在振荡市场中做波段行情。

看完了这两种底部的情况之后，我们来继续看看长期底部的情况。

## 3. 长期底部

长期底部是熊市与牛市的交界点，长期底部的形成有两个重要前提，其一是导致长期弱势形成的宏观基本面利空因素正在改变过程当中，无论宏观基本面利空的消除速度快还是慢，最终的结果必须是彻底地消除；其二是在一个低股价水平的基础上投资者的信心开始恢复。长期底部之后的升势可能是由某种利好题材引发的，但利好题材仅仅是起一个引发的作用而已，绝不是出现多头行情的全部原因，也就是说，市场须存在出现多头行情的内在因素才有走多头行情的可能性。而这种内在因素必须是宏观经济环境和宏观金融环境的根本改善。长期底部的形成一般有简单形态和复杂形态两种。所谓简单形态是指潜伏底或圆弧形底，这两种底部的成交量都很小。市场表现淡静冷清。而复杂形态是指规律性不强的上下振荡。长期底部走成 V 形底或小 W 形底的可能性不大，见底之后将是新一轮的多头市场循环。

我们再来看看长期底部的案例。

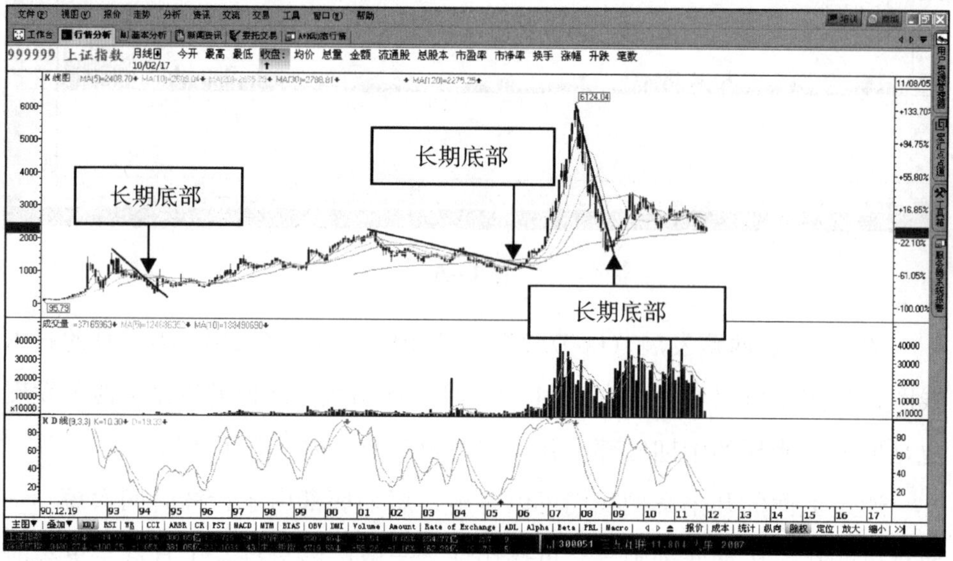


**图 1-6**

图 1-6 是上证指数自诞生以来的月线图。从上图中我们可以清晰地看到，上证指数从 1990 年 12 月 19 日诞生以来，共形成 3 次大的长期底部。这些底部逐渐抬高，至今仍然没有跌破。每次长期底部形成之后，股票指数都迎来了一段凌厉的涨幅。在长期底部形成之后，股票指数涨幅已经非常惊人，那些有政策支持的并具有可持续发展的行业的股票涨幅更是不可估量。因此研究长期底部的意义最大，长期底部不仅适合中小散户的

操作，更适合那些在福布斯排行榜上的富豪们配置自己的资产，形成长期资本增值。

我们再来看一些个股的长期底部的情况。

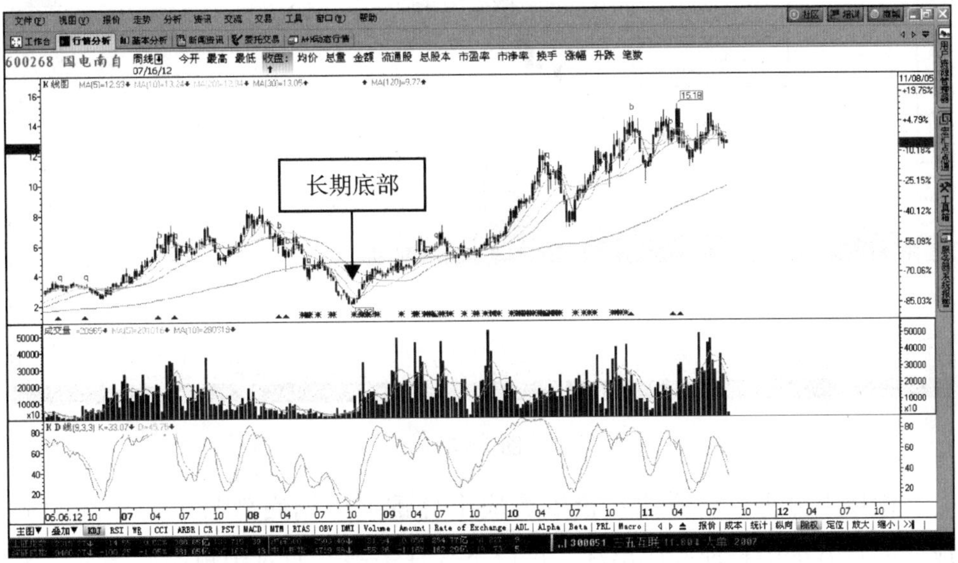


图 1－7

上图（图 1－7）是国电南自（600268）于 2006 年 6 月至今的周 K 线图，从图中可以看出，国电南自在 2008 年 10 月底形成了长期底部，随着 2009—2010 年国家电网超预期的发展，国电南自的发展势头一片大好。其股票也再没有跌破 2008 年 10 月底的最低价，自 2008 年年底部以来最高上涨幅度已超过 6 倍多，同期上证指数最高涨幅只有 97%。由此可以看出，在大盘的长期底部区域，深挖受益于政策利好并且具备可持续发展的个股，其收益率会远远胜过大盘指数。

下页图（图 1－8）是金种子酒（600199）自 2007 年 1 月至今的月 K 线图，从图中也可以看出，自 2008 年 10 月之后，金种子酒也形成了明显的长期底部，随着高端白酒行业的持续景气和高端白酒不断地涨价预期，金种子酒于 2008 年 10 月见底之后，一路上扬，最高涨幅达到 10 倍多，远远领先于上证指数的涨幅。这进一步说明了在长期底部形成的前提下，寻找具有持续增长潜力的行业的股票投资，往往可以取得非常不错的收益。

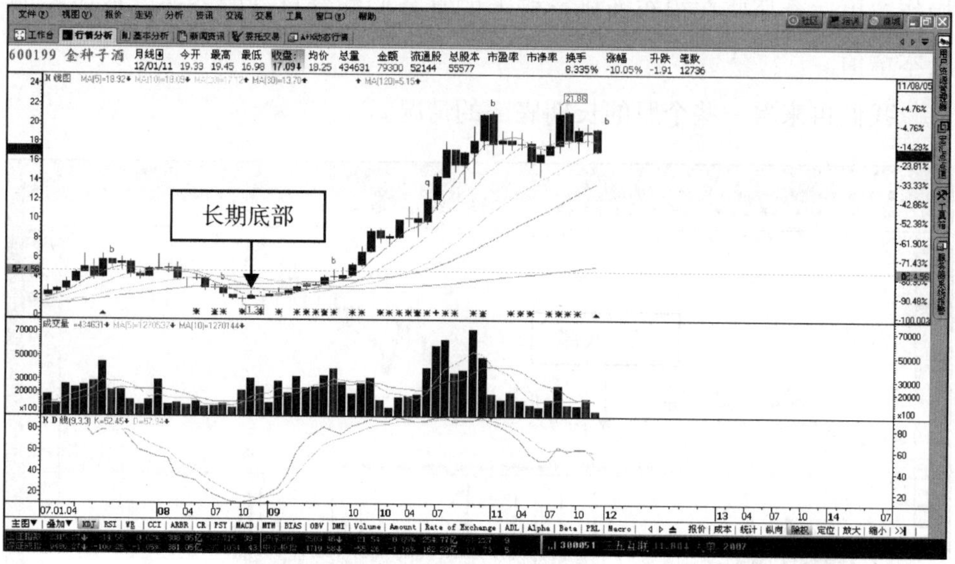


**图 1-8**

由以上分析可以看出：投资者应十分重视中期底部与长期底部的形成。一旦看准中长期底部出现，可以下大注去搏，而对于短期底部，以不予理睬为上策，即便确实有兴趣进行短线投机，也应严格控制入货总量，并坚决按照止亏纪律进行操作，那种逢底便抄，几乎天天都在抄底的投资者必然损失惨重。

## 第二节　如何判断底部

接上节所说，由于短期底部持续时间太短，中期底部仍然持续时间不是太长，所以要想在股票市场长期立足，并且能够长期生存，必须懂得认清长期底部。所以以后我们所说的底部，主要是指长期底部。

## 底部的十大特征

第一，有一系列宏观面的利空消息或者利空预期出现。

第二，舆论媒体一致唱空，先前是预测底部但每次市场都跌破该预测值，而后不再预测，并开始肯定性预言市场调整进入漫漫长途，底部无法确认，或者预测出一个十分离谱的低点，比如本次调整预测要跌破 2000 点甚至创 2008 年以来新低等。

第三，机构投资者卖空，他们用抛售的实际行动证明自己看空，在连续抛售下，先前基金等机构投资者十分看好的绩优蓝筹价格在一致下跌预期和实际抛售打击下，股价迅速下跌，有时候也会跌到严重背离基本面的程度，比如 2008 年 10 月的金融危机时期，某些银行股跌到估值 10 倍 PE 下。

第四，机构投资者仓位迅速下降。众多基金的整体仓位总是在市场热度时处于高位，超过八成以上，而在市场下跌的后期即构筑底部时处于仓位的低位，如不足六成。身边谨慎但一贯偏好短线操作的趋势投资者开始大幅低仓位或者空仓。

第五，普通投资者相聚不再谈论股市。如近期多次家庭、朋友、工作聚会，没有人再谈论股市了。

第六，股价调整有序进行，先是基金持仓最集中的先导股调整，而后逐步扩散到各类估值正常、高估、垃圾股，最后是市场长线投资者坚守的最看好的长牛消费股价格也出现松动甚至补跌，而后，最先调整且调整幅度巨大、估值十分便宜的先导股巨量长阳，往往意味着市场阶段性底部确立。

第七，市场交易量大幅下降，只占到或低于高峰期的 1/4。

第八，好股票的市盈率大幅下降，低于 10 倍市盈率且其有较好产业前景的个股开始出现。部分强周期行业如钢铁业等率先出现跌破净资产的个股。

第九，众多新股当日或随后破发，部分大盘股出现发行困难，市场融资功能遇到挑战。

第十，产业资本和公司高管开始增持自家或者关联公司股票。未来产业资本是市场的最大定价者。

记住，恐惧和贪婪永远与股市相伴，在股市的高位（上面列举的十种情形恰恰相反）勇敢的持现，而在股市的底部勇敢的持股，在中间阶段，充分发挥资金管理或者行业轮动策略，真正做到情绪平稳，洞察一切。

## 股市底部的判断

判断股市的底部和顶部的分析方法大致有三类：基本面分析，技术分析和投资者行为分析。

基本面分析：通过对国家宏观经济、财经政策及上市公司生产销售状况及未来前景等基本面进行分析来确定股价的空间，以此来决定买卖策略。

技术分析：通过对股价波动的节奏进行分析来把握买卖的时机。技术分析的根本是趋势分析。

投资者行为分析：是通过对投资者的行为分析来判断这个市场，并以此来确定买卖时机。因为投资者的行为会影响市场，市场走势也会影响投资者的行为。有许多股市格言是对这种方法的概括，比如“多头不死，熊市不止”；“在大家恐惧的时候贪婪，在大家贪婪的时候恐惧”。投资者行为分析常常和技术分析相结合，称作“市场分析”。

## 股市的底部特征分析

### 1. 基本面分析

（1）平均市盈率：任何市场都是围绕基本价值或涨或跌，对于基本价值的判断，是影响市场走势的根本因素，1994 年 7 月 19 日 325 点时，市盈率为 16.43 倍，2005 年 6 月 6 日上证指数 998 点时，沪市 A 股平均市盈率为 15.06 倍，2008 年 10 月 31 日沪市 A 股平均市盈率为 13.92 倍。中国 A 股平均市盈率一直在 10 ～ 60 多倍之间摆动。真正的历史性底部，会出现 10 倍、5 倍市盈率的股票。

（2）市净率：中国股市历史上几次重要底部时的市净率：

1994 年 1558 点跌至 325 点市净率为 1.81 倍。

1996 年 1052 点跌至 512 点市净率为 2.44 倍。

2005 年 2245 点跌至 998 点市净率为 1.70 倍。

2008 年 6124 点跌至 1664 点市净率为 2.31 倍。

中国 A 股平均市净率一直在 2 ～ 10 倍摆动。历史性底部来临的时候，起码有 30% 的股票跌破每股净资产，70% 的股票的市净率在 1 ～ 2 倍之间。

（3）资金的供给：中国 A 股市场是一个十足的资金推动型市场，股市中期的上升与下跌几乎完全取决于社会资金的供给情况，M1、M2 同比增速曲线与 A 股市场走势高度吻合。什么时候高利贷居高不下，缺钱的人很多，股市就麻烦了。什么时候银根松动，高利贷追着要借钱给你，宽松货币政策下市场就没大风险。美国股票大师保罗·麦肯有一句名言：做股票要看利率的脸色行事。利率就是资金成本。

（4）财经政策和管理层意图：中国股市还有一个很明显的特征就是政策性很强。其呵护市场的意图明显，政策不断地刺激市场，火候到了，投资者情绪从恐惧迷茫中逐渐恢复，进而重拾信心，底部的构筑就逐步完成。管理层意图确定股市底部区域在 2008 年第四季度最明显，政府意志在下跌至 2000 点左右时十分坚决，社保、中央汇金等长期资金的入市，也已将市场底部夯实，大资金的买入，终于诞生了以 1664 点为起点的大行情。

（5）看新股发行：新股无法发行或新股上市即跌破或接近发行价，不论质地好坏，新股均没能得到市场的认可，价格定位低于平时。

（6）基金发行：新基金发行受挫，发售开始不顺利、困难，新基金发行宣传由媒体走向细分市场，如走入社区等以前不被看重的发行区域，代理银行向员工摊派购买，普遍出现促销现象；老基金折价现象普遍，尤其是市场主流基金，基金的操作理念受到普遍质疑，主流基金似乎也失去方向感。

（7）股东增持：曾经出现非常多的大股东在底部增持的案例。2005年中国联通出现大股东增持是在2.25元左右，而华电国际是在2.15元大股东开始增持。在股票价格极低的时候出现的大股东增持反映底部的特征，大股东帮市场做价值判断。

（8）债市出现行情：债市市场普遍出现阶段性脉冲行情，基金经理们开始一致看好国债，这在“5·19”、“6·24”、“10·28”前夕都表现出惊人的一致，众人看好债市，说明众人看淡股市，股市出现低点就顺理成章了。

## 2. 技术分析

（1）时间：有较长的下跌时间，在三五个月至三五年，产生不同级别的底部。

（2）幅度：指数有较大的下跌幅度。

1994年1558点→325点：跌幅约为79%。

1996年1052点→512点：跌幅约为51%。

2005年2245点→998点：跌幅约为55%。

2008年6124点→1664点：跌幅为72.8%

（3）成交量：成交量是底部最重要的指标，2005年底部的时候上海A股的成交量曾经只有30多亿的规模，人气低迷可见一斑。根据作者的数年经验，当成交量只有前一波牛市1/10左右，地量产生，底部不远。强势股、绩优高价股快速下跌，特别是百元以上的股出现回归价值的情况。

（4）破关键点位：大跌后又大跌，关键阻力位、“政策底”及重要心理位破了一个又一个，跌跌不休。前期放量的各股又跌破前期平台，舆论一边倒看空，对宏观面和政策利好变得麻木不仁，熊市思维极其严重。市场一片哀歌，跌势加剧，全部人已经失望并丧失方向感。市场不利传言增多，大盘由阴跌变急跌，或者有成批的个股或板块集体大幅下挫或集体跌停。众人期望党，期望政府，期望大盘出现一个反转的契机。往往此时政策面会不经意地出现一些新的举措或各类创新题材。大盘在敏感时间窗或日历日习惯大跌，惯性会延续，经常出现预期中的“黑色星期一现象”。市场中活跃的投机力量受到严重的打击，涨停板几乎看不到，当大众认同的政策顶或政策底失效，贪婪或恐慌的疯狂才会达到极致，大众认同失效市场才会有效，财富也在这极端的情况下开始再分配。

（5）指数远向下偏离年线：指数越向下偏离年线，底部出现的可能性越大。一般在远离年线 30% 多次抵抗失败并延续相当长的时间后出现的横盘抗跌或者 V 形转向，至少表明中期阶段性底部已明确成立。

（6）持续低迷：只有当绝大多数人都对市场绝望了，该斩仓出局的人大多都已经退出了，剩下的是一些零星的卖出盘，也没有什么人愿意买入，所以较小的卖盘也能让个股甚至指数下跌，不过下跌的速度也不会很快，毕竟卖盘有限，所以指数就呈现出连续的阴跌，在成交量方面则表现为成交的持续低迷。

（7）匀速下跌赶底：因投资者对利好利空基本上都麻木了，所以市场保持一种匀速下跌。无论利好推出或利空出现，大盘都毫不理会，既不会因利空而加速下跌，也没有因为利好而大幅度反弹，保持匀速下行趋势而不曾改变。因为绝大多数的投资者对市场彻底绝望而选择了离开，而既然要离开了，这时候下跌与否或者跌多跌少已经不值得关心。

（8）脉冲放量及轮换现象加剧：熟语称底是割肉割出来的，大盘下跌末期，因恐慌盘涌出，板块联动脉冲放量及轮换现象加剧，涨跌幅榜呈橄榄形排列，即最大涨幅为 3% 左右，而最大跌幅也仅为 3% 左右，市场绝大多数品种处于微涨、微跌的状态；但大盘指数波动区间并不大，是资金进场造成的，只有资金的进场，市场底才有可能形成。

### 3. 投资者行为分析

大盘的底部区域的判断，就像判断地震要依据一些现象一样，下面这些现象越明显底部也就慢慢的，无声无息的形成了……

（1）地量与人气：市场一再测底失败，并经过两个阶段以上的地量，市场不再言底，看空、恐慌成主旋律，人气低微。

（2）券商及相关行业萧条：券商普遍亏损，有关券商经营困难的报道不绝于耳，媒体刊登的关于在发展中改革券商的话题逐步增多。营业部人数持续减少，稀疏无人，证券工作无人应聘，出现券商营业部关门现象。营业部周边的其他生意都不景气乃至关门，股票的咨询机构逐步减少并最终淡出人的视线，咨询股票的热线电话寥寥无几，关于证券的报纸减少，各地方报纸关于证券财经的版面缩小或者仅留一点空间。

（3）人人皆知炒股等于亏损：炒股票的人，绝大多数亏损，炒股是很羞耻的事情，朋友聊天炒股已经不再是话题内容，什么都谈就是不谈股票，有不好意思说出来的倾向，甚至股民不如基民。1 元 2 元股遍地是，送人人家还怀疑你没安好心。

（4）股民情绪：恐慌是底部时股民最主流的情绪，恐慌中继续恐慌，散户从漫骂变成无声（麻木），不再关心股市。股市与宏观经济环境背离度大，市场过度反映宏观面，微观方面，上市公司和管理层的内幕不断被曝光，中介机构的勾结黑幕也大白天下，市场的诚信危机十分严重，对管理层出台的利好消息处于麻木状态，而对利空消息却极度敏感。散户处于无可奈何又十分愤怒之中，散户的态度极其恶劣，行为冲动，偏激，因投资失败自杀的新闻时有所闻，市场出现了不安定危机。股民散户到大中户均大幅亏损，面对突然有一天的普遍大跌，股民开始加大亏损额；大部分股民已经亏了很长时间和亏了很多，连一些有经验的分析师也开始悲观起来，股评分析家的言论趋向一致。绝对底部形成时，往往伴随着市场恐慌气氛浓厚，人气极度低迷，“割肉盘”明显增多以及新股出现大面积跌破发行价等现象，大多投资者均出现亏损，并且严重套牢，甚至有绝望心理，无所适从，资深老股民放弃看盘，不敢再贸然进入市场抄底。随着亏损的一天天增加，你的正常判断力就慢慢消失了。恐慌弥漫市场，直到有一天你终于无法承受过于巨大的损失，断腕割肉。

（5）出现空军英雄：老空头空军司令成名，最空的空头的言论，众人不再怀疑，而且有人深信，更多人认为有可能；相反土产股神走下圣坛，打回原形，灰头土脸，所谓潮退了，没穿短裤。长期持股，成过街老鼠；价值投资，成股市傻子。证券市场的奇妙之处在于，当多空的某一方正洋洋自得、傲视群傻的时候，多空力量对比也正在悄悄转变。

（6）看媒体股评：大多的媒体、股评、专家、学者都不过是股民情绪的代言人。利空消息频频出现，媒体、专家股评、券商年度投资报告等对后市的预测评论表现出一致的谨慎态度，不敢言多，甚至出现极端看空的言论；专家人士等对股市的实质性问题和缺陷进行了批判及讨论，出现十教授八教授联名上书现象，股市的深层次问题不断地被揭露。此时中国传统的太极理论会启示我们：阴极阳生。

（7）看股指期货：股指期货市场更虚拟因而也更情绪化，股指期货的大幅升水，表示市场情绪的高热；股指期货的大幅贴水，表示市场情绪的彻底悲观。观察大众情绪难以量化，这是目前找到的观察大众情绪可以量化的好窗口，也是寻求市场转折点的好指标。但至今作者观察到的还只是模拟股指期货，股指期货正式推出后，有待进一步验证。

（8）股神众人质疑："巴菲特老了"、"巴菲特不懂中国"、"巴菲特套了"，众人质疑股神之时，转折点近在眼前。作者的投资经历中，国人质疑巴菲特已有三次，2003 年巴菲特以 1.6 元港币买入中石油时，国人都没有重视，对石油能源板块的巨大财富视而不见；2007 年巴菲特以 13 元港币左右卖出中石油时质疑更甚，"巴菲特不懂中国"；2008 年 10 月巴菲特称正在买入美国股票，私人账户将全部投入，在香港买入比亚迪，要买汇源，甚至说了"现金是废纸"，"如果你等到知更鸟叫时，那春天就快结束了"，而国人说要跟着"股神"卖股票，不能跟着"股神"买股票，"股神"也会栽跟头，2008 年巴菲特不是也亏了吗。美国投资界也半斤八两，2000 年巴菲特主要针对基金经理的一次演讲，告诫他们拿起放大镜仔细辨认高价买入的科技股的真伪，众人皆笑，而后《时代周刊》的封面刊登了一句经典的话："巴菲特老了"。不到一年，《时代周刊》又刊登了："巴菲特毕竟是巴菲特"。

残酷的现实就是：大众每一次都站错队伍，中外毫无例外。

当然，把底部的形态特征总结成为简单易懂的规律加以梳理仅仅是第一步，有股谚道："牛市不言顶，熊市不言底"，清楚形象地说明了市场顶底判断的难度，熟谙了市场顶底的这些变化和走势特点，投资者还应该学会举一反三，经过市场的反复历练，融入到自己的投资实践，并且放低自己的姿态，不期望精确，只要求能识别市场“十分高和十分低”时，投资者在实战中吃亏的可能性就会大大降低，成功的可能性就会大大提高。假如上面所述典型特征完全反过来就成了中期、长期顶部的特征。只要真正了解了、熟谙了市场顶底的这些变化和走势特点及规律，了然于心，融入骨血，知行如一，持久稳定获利的曙光将会在自己的一亩三分地上升起。

## 第三节　如何操作底部股票

### 底部操作原则

以下是确认底部的几个操作原则：

#### 1. 不要指望抄最低点

大部分股民认为反弹即是底部，担心错过买入时机，次日无法追高，但由于抢反弹是高风险的行为，建议股民千万不要希望能买到一个最低点。因此建议等待底部形态成熟后再大量买入，以免在跌势中被最低点的低点套牢。

我们先来看几个案例。

先把时光倒回 2004—2005 年这一阶段。

下图所示的是上证指数从 2004 年 2 月至 2005 年 7 月的 K 线图。2004 年 4 月至 2004 年 9 月，上证指数在经历了一波 30% 的跌幅之后，开始放量快速反弹，按照 2002—2004 年这两年多下跌振荡市场的规律，大盘每次反弹至少会有 20% 的上涨空间。但是上图所示的两个反弹都是发生在上证指数击破了之前的横盘区间的最低点之后才发生的。这就说明，一旦打破了针对区间而创新低的下跌后的反弹，往往要较长时间才能确认底部，所以，这种情况下一见反弹就杀进是非常不可取的，下图所示的两个反弹幅

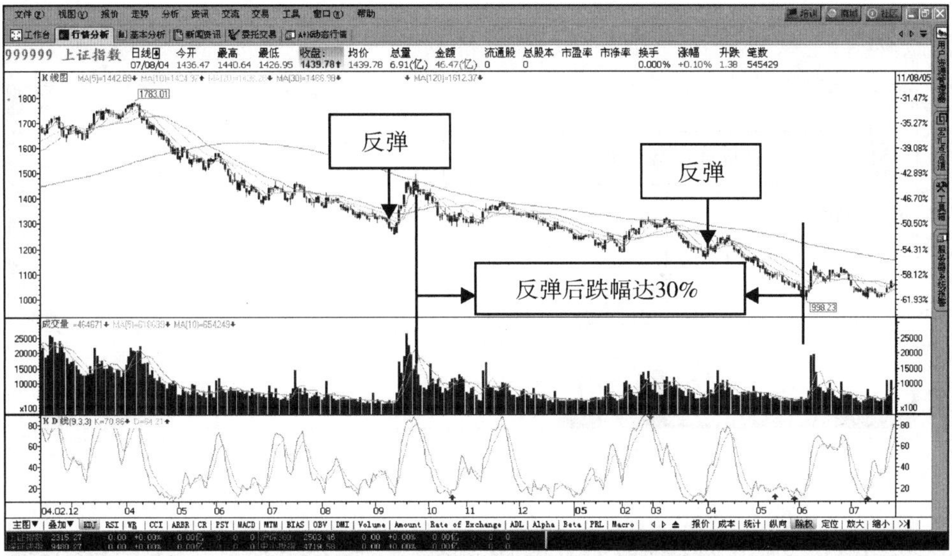


**图 1－9**

度都不足 15%，随后又经历了 2 波凶猛的杀跌，从第一次反弹到 998 点的低点，仍然有 30% 左右的下跌幅度。作为投资者，我们没有必要每次都要去抄到最低点，这个本身就是有很大的赌性在其中，而且赌对的概率往往非常低。

我们再来看一个个股的案例。

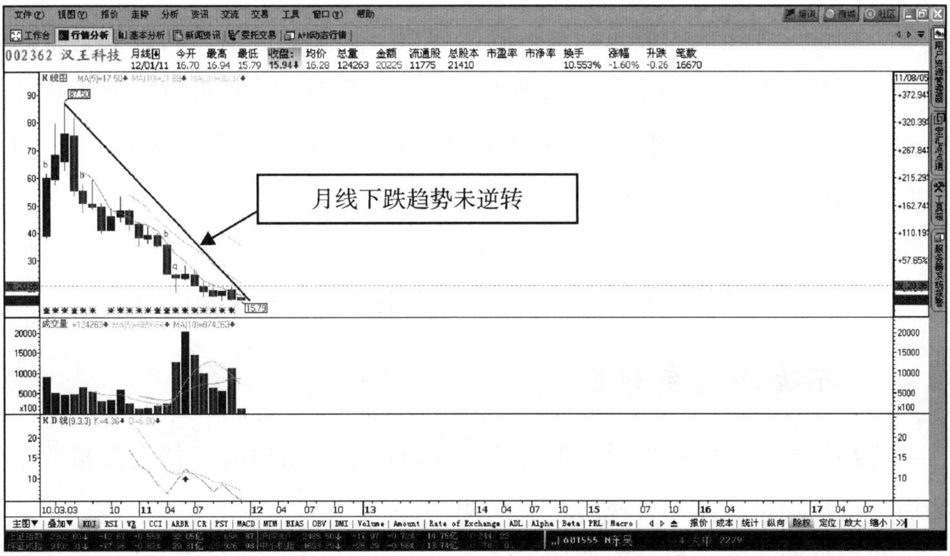


**图 1－10**

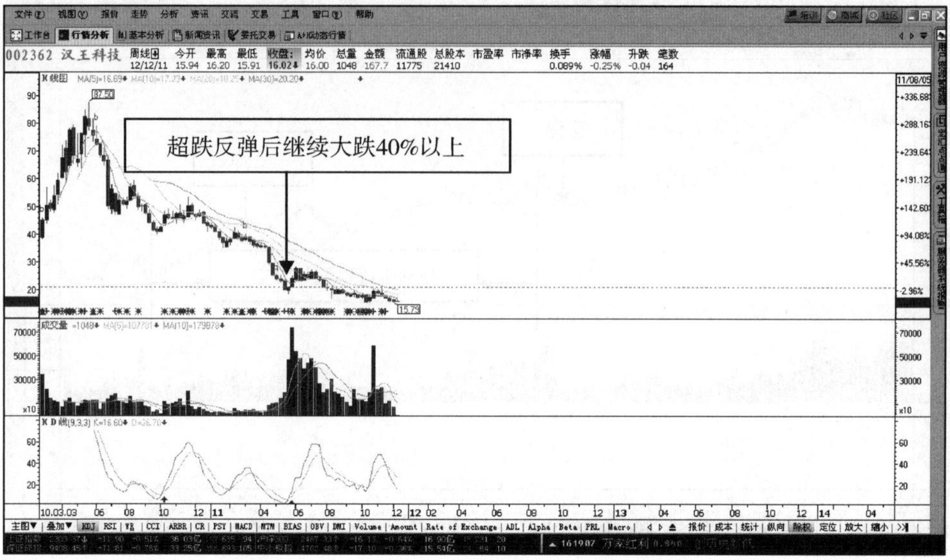


图 1－11

图 1－10 和图 1－11 分别是汉王科技（002362）上市以来的月 K 线图和周 K 线图。我们都知道，汉王科技在 2011 年 5 月底率先引领中小板块次新股放量反弹，可能有很多散户朋友们都参与了汉王科技的超跌反弹行情，但这波反弹从技术上来说并没有突破月线的阻力线，从确认底部来说，底部区没有夯实，这波放量反弹不但没有成为汉王科技逆转的开始，相反，放量反弹还成为股东们减持的大好机会，随后，汉王科技累计下跌了 42%。这个案例告诉我们，买股票一定要等到较安全的底部信号出现才能动手，纵观 2011 年的行情，上证指数自 4 月底进入下跌通道以来，一直没有形成真正的底部，有的只是超跌反弹而已，大盘尚且没有见底，对于操作股票的投资者而言，更要三思而后行，坚决不要指望每次去抄最低点，这种思维本身就是一种错误。我们要从这几个案例中引以为戒。

## 2. 不要迷信底部量

价跌量缩，大家都知道，但量缩了还可以缩。所以应等待大盘指数走稳后，六日均量连续三日速增才能确认。

我们来看一个这样的案例加深印象。

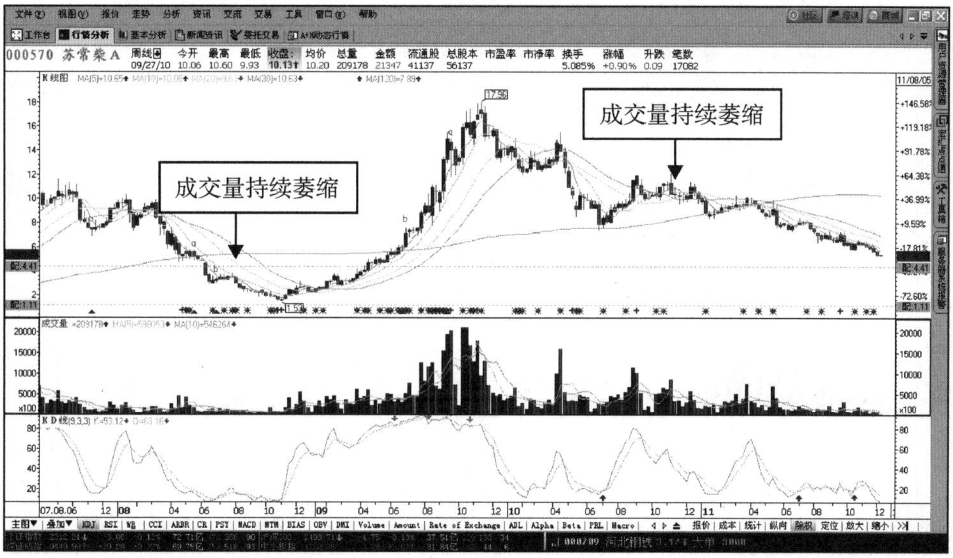


图 1 – 12

上图是苏常柴 A（000570）自 2007 年 8 月至 2011 年 12 月的周 K 线图，从上图我们可以看出，苏常柴 A 经历了两次成交量持续萎缩但是却一直继续下跌的状况，2008 年金融危机和 2011 年 4 月以来的下跌行情都是如此，所以地量见地价也只是一个模糊的说法，当我们真正操作时仅凭借这种模糊的规律并不能做到买在底部，这对于有充足现金流的投资人并不算什么，但是对于现金流比较固定的投资者来说，却是非常重要的。所以买股票一定要等到底部确认才去操作。

## 3. 不要认为底部是一日

俗话说“天价三天地价百日”就是这个道理，一般说底有几种形态，W 底及圆弧底是较为常见的底部，绝不要去抢 V 形，因为 V 形底经常就是一个右肩，一买入就会有被套住的可能性。

抢 V 形底被深深套牢的案例在中国股票市场不胜枚举，我们就简单说几个说明问题吧。

图 1 – 13 是星湖科技（600866）自 2010 年 6 月至 2011 年 12 月的日 K 线图，图 1 – 14 是中航重机（600765）从 2010 年 12 月至 2011 年 12 月的

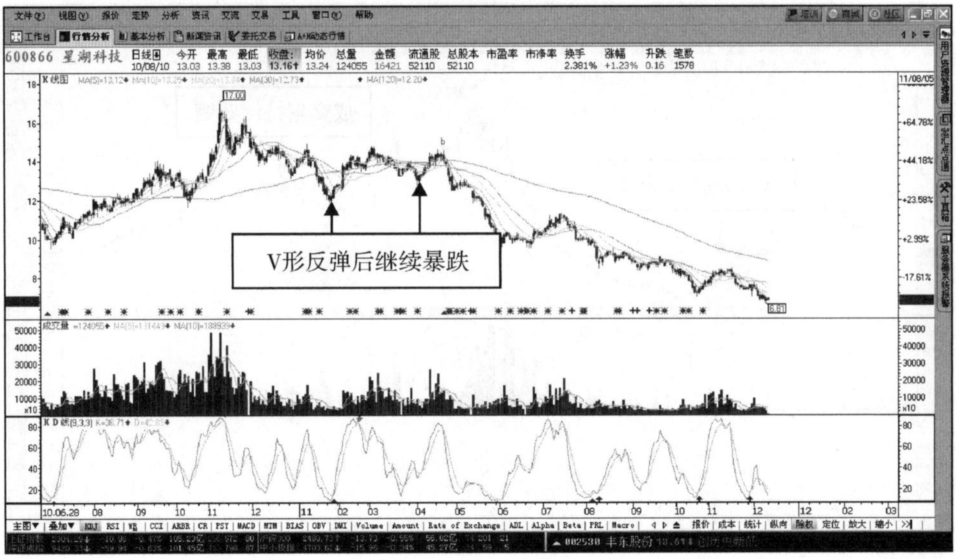


图 1－13

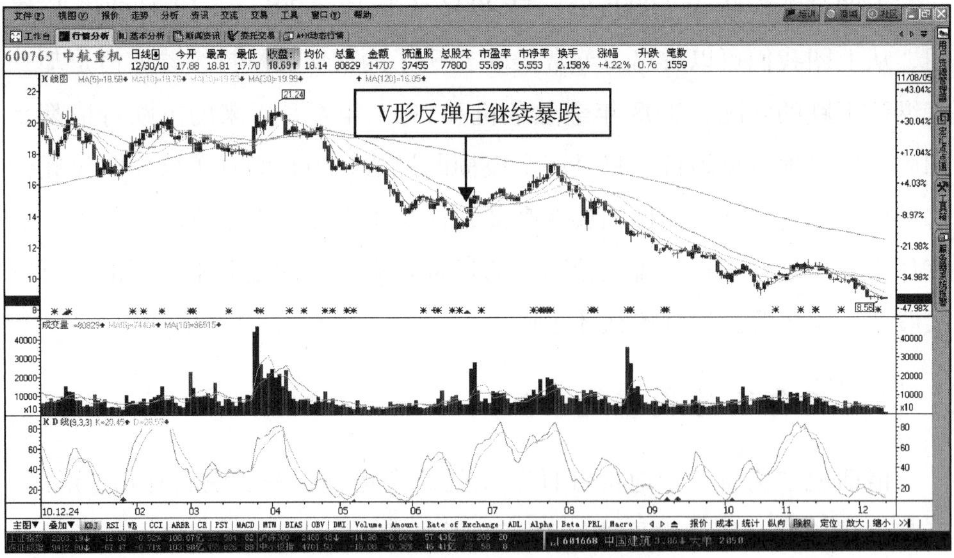


图 1－14

日 K 线图，从上面两幅图中可以看出，在大盘行情并未见底且不乐观的前提之下，个股单方面的 V 形反弹，往往属于套牢主力的自救行为，并不能产生真正的反转行情，可能 V 形反弹的时间有时会比大盘要长一些，或者就是逆市反弹，但是在反弹过后下跌的周期和幅度往往也会非常长。所以对于 V 形反弹，如果要参与，一定要在大盘已经企稳之后才可参与，在大盘仍处于标准的下跌通道之中时，最好不要参与个股逆市的 V 形自救，这是反转，这样做无异于行走在刀尖之上。

## 4. 底部确认的标准

底部的确认有阶段性之不同考虑（一般而言底部出现必须符合三大条件）并从三个方面考虑。

技术方面的三大条件：

（1）各种技术指标必须向上突破下降趋势线，一般以一个下跌浪中的下跌趋势线为准。

我们来看几个案例。

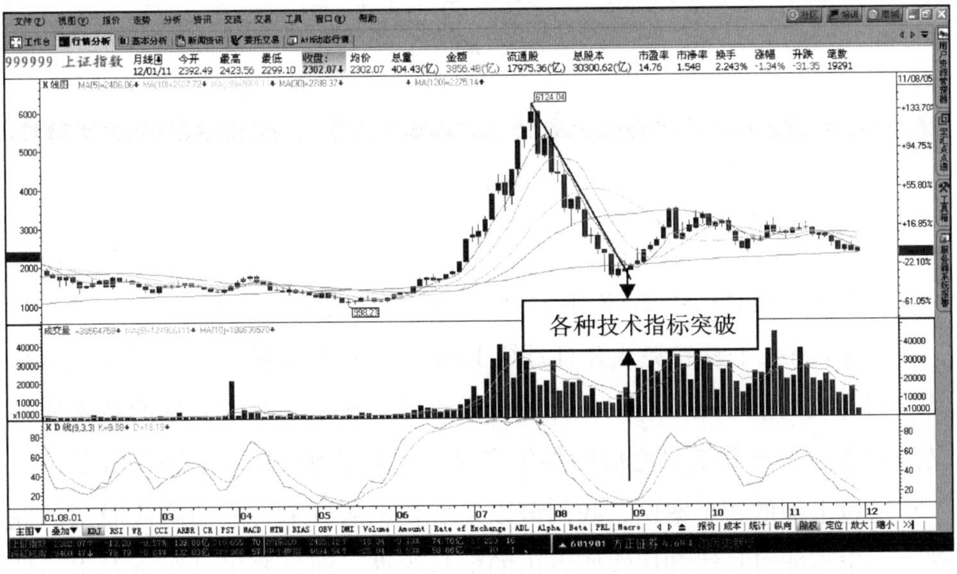


**图 1－15**

上图（图 1－15）是 2001 年 7 月至 2011 年 12 月上证指数的月 K 线图，通过观察可知，在 2009 年 1 月底，上证指数月 K 线图突破了下降的趋势线，月线 KDJ 也已经形成金叉，同时月线成交量也逐渐放大，虽不能说大牛市就此来临，但是中期底部基本可以确认了，事实证明虽然从 2009 年 8 月上证指数见了 3478 点高点之后变一蹶不振，但是每次下跌都没有跌破 2008 年年底的最低点。通过较长周期的技术指标的确认，我们至少可以找出中期底部。

我们再来看个股情况。

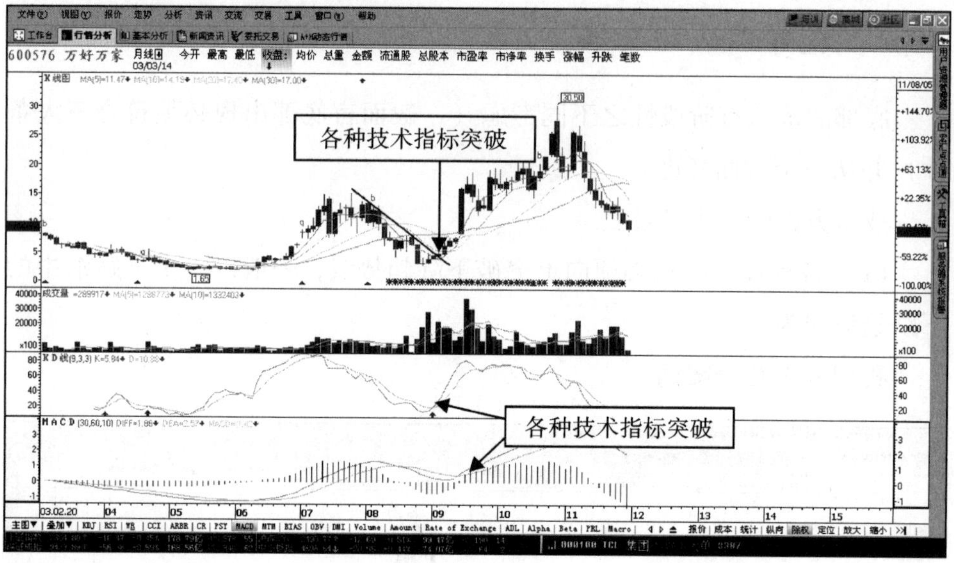


**图 1－16**

上图（图 1－16）是万好万家（600576）上市以来的月 K 线图，从图中可以看出，在经历了 2008 年金融危机的下跌之后，万好万家于 2009 年 2 月突破了月线下跌趋势线并且月线 KDJ 和 MACD 在随后的日子里相继金叉，同时成交量也逐渐放大，种种技术指标均显示，万好万家的技术底部已经形成，2009 年 2 月之后的一年多时间，万好万家最高上涨 5 倍多。

通过上面的 2 个案例，我们可以发现要想从技术上成功确认股票的底部，一定不能以日线和周线所发出的信号为准，而是要用月线所发出的信号，虽然月线的信号发出会损失一部分涨幅，但是月线的信号更加安全，避免数次抄底失败而带来的更加严重的损失。

（2）从形态上看，以前的最低底部都会是参考点。如果在一年内有几次都是在某一最低位置反弹上升的，那么该位置即可认为是一处中期的底部。

这种情况一般多发于上升行情中的振荡市场和下跌行情中的振荡市场，这是最常见，这种情况最重要的就是观察前次底部是否可以获得支撑。一般情况下，振荡行情中，上涨和下跌的波段本来就只有几个月，如果我们想参与波段行情，就必须要依靠之前的底部区分析判断，如果此时再用月线判断，可能经常会买在波段的高点，前提是大盘处于振荡行情中。

我们来看几个案例。

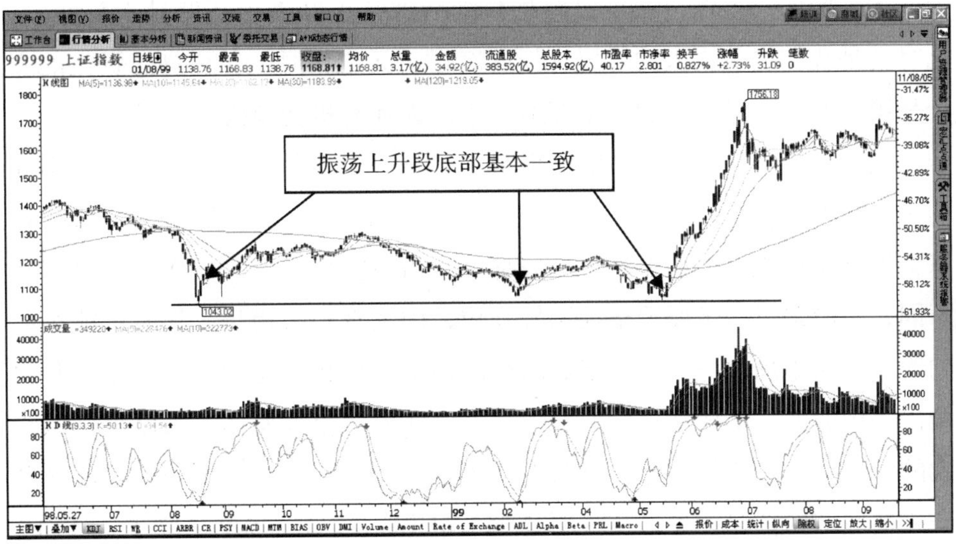


图1－17

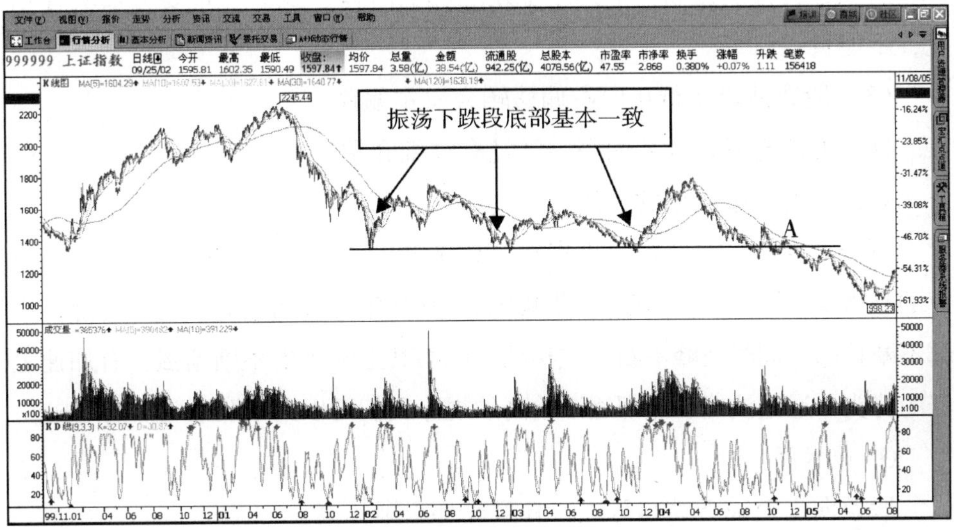


图1－18

图 1－17 和图 1－18 分别是上证指数 1994—2001 年上涨段和 2001—2005 年下跌段中的振荡行情的日线走势。

图 1－17 中，三次下跌触底基本都处于一个点位，由于处于上升浪中，下跌的幅度一般不是很大，此时如果股票指数跌至三次振荡市场的相对低点，一般是一个比较好的买点，这种情况下，并不要等月线趋势已经确认才去操作，当然，一旦股票指数随后继续下跌创出新低且走势疲软，此时就是我们之前买入的筹码止损的时候，无论何时，保住自己资金的安全是第一位的，只有在股市中存活下来的人才有机会赚钱。

图 1－18 中，三次下跌触底也基本处于一个点位，与图 1－17 所不同的是，图 1－18 所示 K 线图处于下跌浪中，此时股票市场处于不活跃状态，虽然每次跌至之前振荡市场底部区也可以操作，但是操作的风格却有不同，买股票时一定要严格控制好仓位，因为在弱势市场，很有可能买入的股票而卖不出。一旦股票指数跌破之前的最低价位走弱时，一定要坚决抛出手中股票，不要抱有任何幻想，因为在弱势市场操作本来就是件风险大的事情，一旦趋势破坏，更会加速下跌，图 1－18 中，A 处位置就是跌破之前底部的情况，如果在 A 处不坚决止损，随后市场又下跌了近 30%，会给我们带来较为严重的损失。

所以，再按照振荡行情判断中期底部的时候，我们一定要分清具体情况，不能盲目行事。

（3）股票波峰运行从向右偏移转为向左偏移。

这一方法笔者在本系列书中已经有详细介绍。

我们来看一个股票的案例。

下图（图 1－19）是中集集团（000039）自 2009 年 8 月至 2011 年 4 月的日 K 线图，可以看到，中集集团在 2010 年 7 月初之后，逐渐上涨，底部不断抬高，同时波峰不断向左移动，说明其上涨动能不断增强，有加速上涨的势头。通过波峰和底部逐渐抬高的规律我们可以判断股票底部的形成。

① 技术面。

股票向上突破下跌趋势线，并且底部逐渐抬高。

对于技术面的情况，前述 3 个条件基本都有涉及，在这里不再赘述。

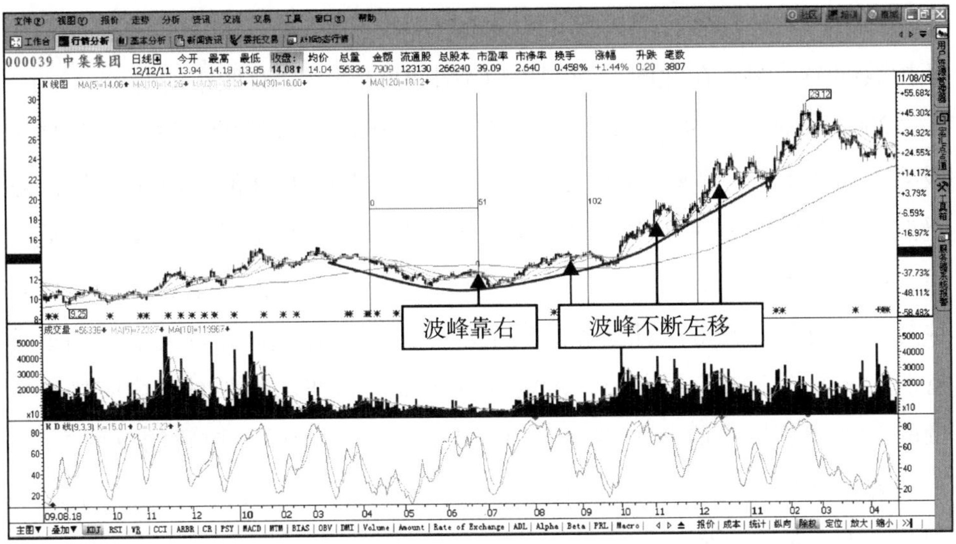


图 1－19

②基本面。

中国股市有一通例，即在政治及经济消息未明朗前常易跌难涨，年底收紧银根之类的银行利率下调，新股上市之前等消息都可能使股市再跌一个台阶，反之涨易跌难。

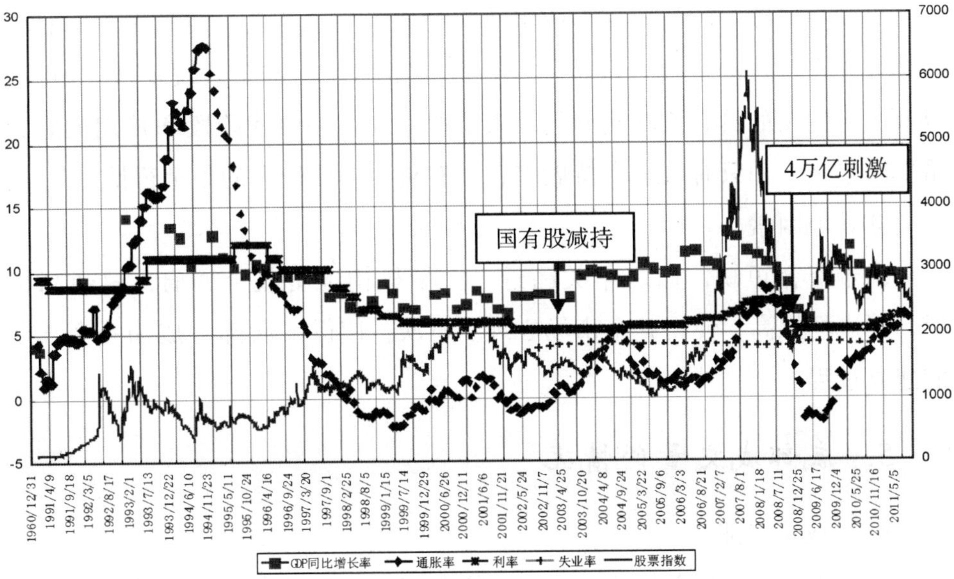


图 1－20

图 1 - 20 是自从有中国股市以来的 GDP、通胀率、利率、失业率与上证指数的关系图。在此图上我们可以清晰地看到政策对股市的影响。

2001—2005 年的熊市行情，可以说是中国政府政策的产物，虽然中国股票市场从 1994—2001 年以来走出了一个较大的上升浪，但是总体涨幅仍然不足 5 倍，2001 年中国政府推出国有股按照现价减持的政策，自此之后，中国股市进入下降通道，虽然 4 个多月之后，证监会紧急声明：停止执行《减持国有股筹集社会保障资金管理暂行办法》第五条关于“国家拥有股份的股份有限公司向公共投资者首次发行和增发股票时，均应按融资额的 10% 出售国有股”的规定。但是上证指数在经历了短暂的反弹之后，再次进入下降通道，之后变得一蹶不振，走入了弱势振荡行情，最终于 2005 年 6 月跌至 998 点的新低。

再来看另一次的情况，2008 年，由美国次贷危机导致的金融风暴蔓延至全球大部分国家，各国经济增长率迅速下滑，经济遭受较大创伤。在此背景之下，中国政府推出 4 万亿元的经济刺激政策，主要投资民生工程和基础设施以及医疗配套设施等方面。4 万亿元规划的出台，就是市场的一个定海神针，上证指数随后见底回升，至 2009 年 8 月，已经上涨了将近 1 倍。

纵观中国股市的情况，与中国政府的政策息息相关，政策做多，股票市场往往有较好的表现，政策做空，股票市场往往也会表现黯淡。所以，寻找政府发布的具有实际利好的政策支撑，往往是寻找阶段和长期大底的重要因素之一，只有政策支持做多，才有机会形成较大的牛市行情。

③其他因素。

由于资金短缺，加之年关已近，大量机构准备收金回府，只逢高出货，不进场拉高，使得整个市场心理上看淡。使得“底部”成为一个长期的建立过程。

### 5. 底部成交量的情况

（1）放量上涨。

既然股价处于长期低位中，那么绝大部分的筹码肯定已经被高高地套在上面，而且手拿资金准备买入该股的投资者也一定是凤毛麟角，因此出现大成交量的唯一理由就是残存主力的对倒，为了吸引市场资金的跟进。这里特别要说明的是，即使该股的基本面突然出现利好，放出的大量也很有可能是主力所为，因为好消息的出台并不会导致大量的高位套牢盘放血。所以说，底部放量上涨一般都是盘中主力所为，同时也说明该股还有主力没有“死掉”。如果我们通过长期观察而知道该股只拥有主力而非控盘庄家，那么只要底部的放量并非巨量，后市走强大盘的可能性还是极大的。如果该股是属于控盘程度较高的庄家，那么其未来走势将难以超过大盘。

（2）放量下跌。

市场上对于下跌谈论得比较少，因为下跌无法盈利，只会让我们亏得更多，所以我们同样有必要关注下跌。既然是底部放量下跌，实际上就是突破底部平台以后的持续性下跌，因此放量的时机是判断的要点。如果刚向下突破就放量（跌幅在5%以内），表明有非市场性交易的成分，不一定是主力自己的对倒，但可能是新老主力的交班，或者是某张大接单要求主力放盘。不管怎么说，一开始向下突破就放量至少以后还有回升的希望。如果先是无量向下突破，在连续下跌后出现放量，那么其中会有不少市场的埋单，特别是会有不少短线的抢反弹埋单。但这种情况一般可以认定是主力认赔出局，后市堪忧。

（3）盘整放量。

盘整放量的情况相对复杂。比如大盘一路盘跌，股价应该也是盘跌，但现在依然只是盘整，那就说明有资金在承接，只要不是特别大的量，表明有主力护盘，但并不一定表明后市一定涨势超过大盘，这还是取决于该主力护盘的动机和资金状况。如果大盘同样是盘整，那么该股的放量盘整就是主力自己的所为了，目的无非是为了吸引市场的埋单。如果量实在是很大，那么也有换主力的可能，不妨仔细观察盘中每一笔的交易，分出端倪。如果大盘回升而该股盘整放量，那么多数是主力认赔出局。

### 6. 底部股票的操作

（1）确定大盘是否处于底部。

任何股票操作的前提都是事先知道大盘的大环境如何，在知道大盘大环境的前提之下去操作个股，这样才能够顺风顺水。要操作底部股票抄底，一定要弄清楚大盘是否已经见底，只有在确定大盘确实已经见底，而且是长期底部的环境下，我们操作个股才会有的放矢。

下面我们来看几个大盘中长期见底的案例。

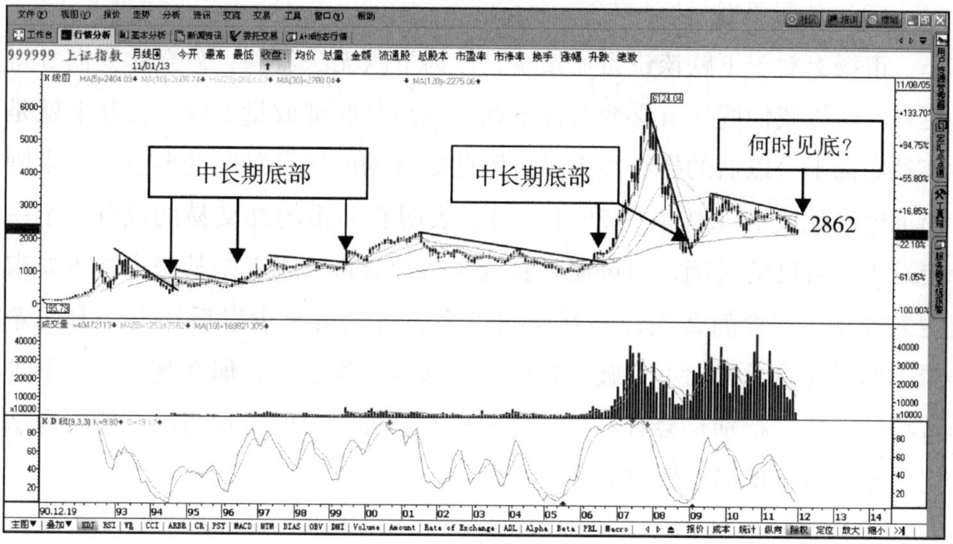


**图 1－21**

图 1－21 是自 1990 年 12 月 19 日以来上证指数的月 K 线图，图中的线段是月线的下跌趋势线，从上图可以看出，上证指数在这 21 年来，一共形成有 5 次明显的中长期底部。每次底部形成之后，都会有较大的上升行情，可以说每次在突破月线的下跌趋势线之后，上证指数都会有一段赚钱行情。既然上证指数都有不错的上升幅度，那么具有持续发展潜力能够持续增长的行业龙头股的涨幅则更加惊人。

从上图还可以看出，每次下跌周期越短，反弹的周期则也会相对较短，同时反弹的幅度也会较小，从图上可以看到，2006 年 5 月至 2007 年

10 月这段上涨行情之前的下跌浪经历了 60 个月，即 5 年的时间，5 年的酝酿才最终爆发了一个为期 1 年多的大牛市。

那么我们试着分析一下当前的指数情况，可以看出，自 2009 年 8 月开始下跌以来，上证指数一直处于弱势整理的状态，最近又创出这几年的新低，如果说从中长期底部来说，上证指数至少要上涨至 2826 点并且放量突破月线下降趋势线后，才会有一波较大的上升行情。目前上证指数下跌周期运行了 30 个月，以目前的情况，仍然需要等待大盘作出选择，这时候建议大家最好持币观望，不要盲目抄底。

之所以采取这种谨慎的态度去对待，而不过多的纠缠日线级别的反弹，是想帮助一般的投资者规避掉众多的噪声，更加清晰地去认识这个市场，换句话说，就是少走弯路，少做无用功，多去做高效率的事情。在这里有一点我要说明的是，我不排除在任何市场情况下都有人会抓到牛股，也不排除有人会在熊市的反弹中获利，我所坚持的就是在市场有确定大机会的时候，我参与了，市场上没有很容易的获利机会时，我持币观望了。如果一直坚持这样的策略下来，这 21 年中，我们的收益实现稳定增长是大概率事件。

（2）确定个股是否处于底部。

在大盘大趋势已经见底的前提之下，此时我们就要寻找趋势也已经见底的个股，如果按照各种方式判断个股趋势也已经见底，此时我们便可以将该类型股票纳入自选股范围去研究。

下面我们再来看几个个股判断的案例。

判断个股是否见底是在大盘已经见底的前提之下去寻找也已经见底的股票去操作。

图 1－22 和图 1－23 分别是中金黄金（600489）和西部资源（600139）的月 K 线图，从图中可以看出这两只股票分别在 2009 年 1 月和 3 月突破月线下跌趋势线，形成中长期的底部。这两只股票至 2009 年 8 月初分别上涨了 290% 和 314%。

对于个股的操作是在个股大盘同时处于底部区之内，就如同股票上了双保险，盈利的概率大大提升了，这就是我们所说的知大盘做个股，这样

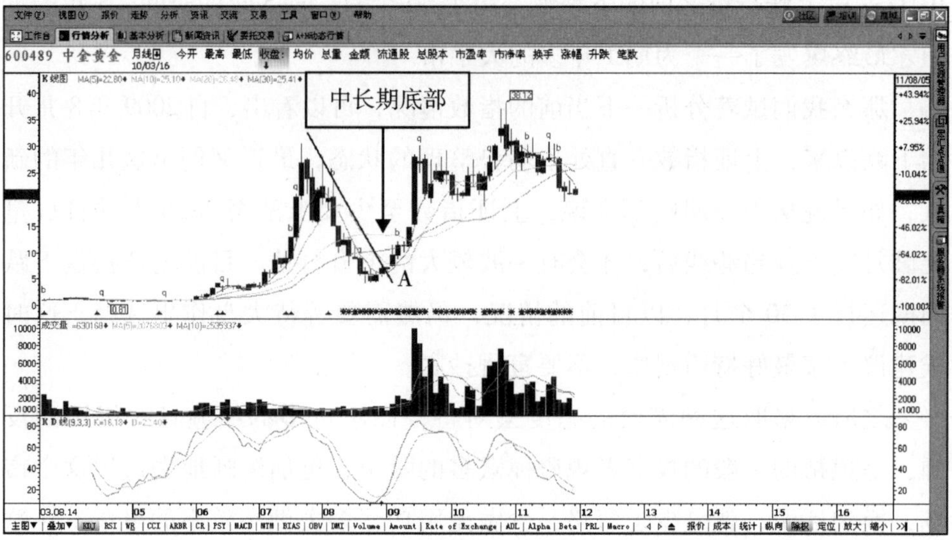


图 1－22

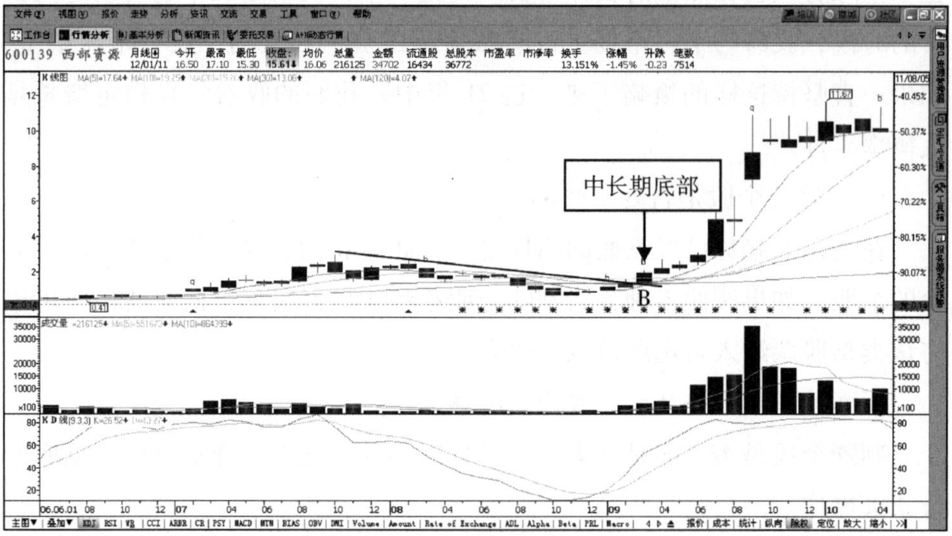


图 1－23

操作会让我们感到顺风顺水，事半功倍。

（3）个股的估值与价格预期。

这一环节我们要考察个股自身的安全边际，要对个股所处的行业地位、当前业绩和预期业绩等情况进行深度研究，得出个股自身估值情况，再看个股是否被低估。

就上面两只个股中金黄金和西部资源我们分别考察其在2009年初的估值情况与股价预期。

我们先来看2009年初中金公司的研报要点：

2008年的业绩符合预期：中金黄金今日公布了2008年的业绩，公司全年实现收入145亿元，同比增长16%；净利润为4.8亿元，每股收益为1.33元，同比增长15%，与我们和市场的预测基本一致。公司拟每10股派发现金红利2元，并每10股转增12股。

正面：中金黄金保有的黄金储量/资源量达到326.98吨，较2007年的77.3吨增加323%，铜储量30.30万吨，铁矿石量924.72万吨。

负面：2009年公司的矿产产量基本没有增长，低于我们预期。

发展趋势：公司预计生产矿产金12.5吨，电解铜1.1万吨，铜精矿1.3万吨，并新增黄金储量35吨。

盈利预测调整：上调公司2009年、2010年盈利分别为0.97元和1.2元，上调幅度分别为18%和28%。原因是我们将2009年的金价假设上调从原来的800美元/盎司上调至920美元/盎司。

再来看华泰证券的研报要点：

2008年业绩概况：2008年公司实现销售收入145.03亿元，利润总额8.87亿元，归属于母公司净利润4.79亿元，较上年度分别增加28.92%，42.91%，86.70%。

2008年产量与2009年计划：2008年公司生产（加工）标准金78.63吨，矿产金11.63吨，较上年同期分别增加10.82%，148.50%；生产电解铜8561吨，含量铜12572吨。2009年公司计划生产标准金71吨，矿产金12.50吨，生产电解铜1.11万吨，含量铜1.29万吨；新增黄金储量35吨；实现销售收入123亿元，成本110亿元。

2008年公司资源储量实现快速增长：收购集团公司企业增加黄金储量128.19吨；湖北三鑫公司收购集团公司4家企业增加黄金储量7.79吨，铁矿石量924.72万吨；收购陕西久盛矿业投资管理有限公司90%的股权，增加黄金储量81.05吨；原有矿山探矿增储，增加黄金储量65.80吨。目前公司保有的黄金储量/资源量 326.98 吨，铜储量 30.30 万吨，铁矿石量 924.72 万吨。

公司将建设几个年生产 3 ～ 5 吨的黄金基地：公司在未来 1 ～ 2 年内将建成以陕西久盛矿业为中心的陕西镇安和以河南金源黄金矿业为中心的河南嵩县两个年产黄金 5 吨的基地，建成陕西太白黄金矿业和苏尼特金曦黄金矿业两个年产黄金 3 吨的基地，建成中原黄金冶炼厂为中心的冶炼基地。

业绩预测与投资评级：我们预测公司 2009 年、2010 年、2011 年每股收益分别为 1.35 元、1.66 元和 2.03 元，目前的股价对应于 43.24 倍、35.22 倍、28.77 倍市盈率。公司具有持续资源扩张能力，未来业绩将持续增长，我们维持公司“推荐”的投资评级。

虽然两家券商对公司 2009 年的业绩预测有出入，但是不妨碍我们对中金黄金进行估值。我们可以取其估值平均值，预测 2009 年每股收益为 1.16。按照 50 倍的市盈率给予估值，即中金黄金的股价可以到 58 元。按照不复权的数据，A 点的价格是 36 元左右，可以看出中金黄金股价被低估了。这样的股票基本面没有问题，具有安全边际，在当时大盘买点出现时，可以作为投资组合的标的股票。

再来看西部资源的券商估值情况。

当时西部资源还没有更名，只是一家 ST 公司，叫做 ST 绵高，我们来看当时广发证券在 2009 年初对其进行调研后的研报纪要：

小而精公司经资产重组后，公司主要经营主体为甘肃阳坝铜业有限责任公司。阳坝铜业主要拥有阳坝铜矿、杜坝铜矿采矿权以及油房沟—铁炉沟铜矿探矿权，总计铜金属量 10.4 万吨，平均品味 2.47%。公司年处理矿石规模为 18 万吨/年。属于典型的小而精型矿业公司。公司宏图远大，在主业业务转型后，将继续专注于铜矿资源采选的主营业务，同时加强对宏观经济以及行业的分析研究，选择适当机会继续对包括铜矿在内的有色金属资源的采矿权、探矿权进行投资。争取在三年内发展成为在行业内具有影响力的资源类上市公司。我们认为目前公司规模虽然偏小，但极具发展潜力。机遇与风险业绩承诺、债务追讨、土地潜在升值、5000 万投资资本市场、铜价大幅下跌等等都是公司短期发展中可能遇到的机遇与风险。

盈利预测与投资评级我们认为公司会采取较为灵活的经营模式来控制铜精矿的销售以实现资源价值的最大化。我们预计公司分别实现利润 8450 万元、6480 万元、7420 万元，相应的大股东在 2009—2010 年会分别补偿 2396 万元、1473 万元。相应的公司 2008—2010 年 EPS 分别为 0. 698 元、0. 536 元、0. 613 元（已扣除大股东补偿金额部分）。我们认为当前有色金属价格处于低位徘徊，铜价大幅下挫，对于国内铜企生产经营是一个严峻考验；在行业的低谷期，拥有高品位矿山资源的上市公司将更显得突出和重要；在行业的低谷期，利润能有保障的企业尤为可贵。我们对于公司未来良好的发展报有期待。

按照广发证券的业绩估值，我们给予有色金属行业 50 倍的市盈率估值，则 ST 绵高的股价预计有 26. 8 元。而当时其股价只有 11 元多，大幅低于预期。

如果大盘处于中期底部企稳，个股也处于企稳状态，同时公司基本面具有安全边际，其股价大幅低于其预期价值。这样类型的股票往往会在之后走出强劲的上升行情。

（4）个股的买点持有期和卖点。

买点是一只股票的买入时机，看好一只股票，如果不能寻找合适的时机介入，很有可能让一只大牛股与你擦肩而过，特别是那种底部区的股票，很多人往往价格低的时候没有下手去买入，随着股价节节攀升，他可能还是一路观望，到最后可能追高或者错失这只大牛股。

卖点是操作股票的另一个重要方面，有句话叫买得好不如卖得好，即使你买入一只股票后便有利润，但是如果你不在合适的时机卖出的话，你之前所赚的利润可能就会化为泡影，如果你买入一只股票之后，没能如你所愿上涨，而是一路下跌，而你不能果断地做出止损，那么如果事态向着更严峻的方向发展，你就有可能造成巨大亏损。

所以，在这里我会谈到何时买入底部股票，何时卖出底部股票，何时需要止损。

我们继续按照上面的案例来分析。

先看中金黄金，如图 1 - 22 所示，按照中长期底部确认的方法，当其向上突破月线的下跌趋势线时，即图 1－22 所示的 A 点处，即是我们的买入点位，此时买入虽然没有买到最低点，但是继续亏损的可能性非常小。对于卖出股票，我们则不能用月线指标去操作了，卖出股票意在锁定之前的收益，所以卖出股票应该采用更小一级的周期去操作，如果股票跌破周线的上升趋势线，则坚决卖出，这么做的理由就是采用月线级别的买点，采用月线级别的卖点，这样会损失掉很大一部分利润。如果按照周线去卖出则就会保存更多既得利润，当然卖出时与买入时类似的是，同时参考上证指数的周线情况，如果上证指数周线和个股的周线同时都显示卖出信号，那么此时一定要坚决卖出，以免由盈变亏。

我们来看中金黄金的卖点，上图所作的是中金黄金的上升轨道线，由于股票上升到末期都会加速上扬，所以简单的上升趋势线会有迟滞，故而此处我采用了上升轨道去作为卖出信号，当股价跌破轨道线下轨，即跌破 C 点时，我们可以止盈卖出了。至此中金黄金的操作阶段就算完成了。之所以在 2009 年 11 月坚决卖出中金黄金，还有一方面是因为上证指数自 2009 年 8 月初见顶之后，一直没有重新回到上升通道，还是一直处于下跌趋势中。

再来看西部资源，其操作过程与中金黄金基本一致。在此我就不再赘述。

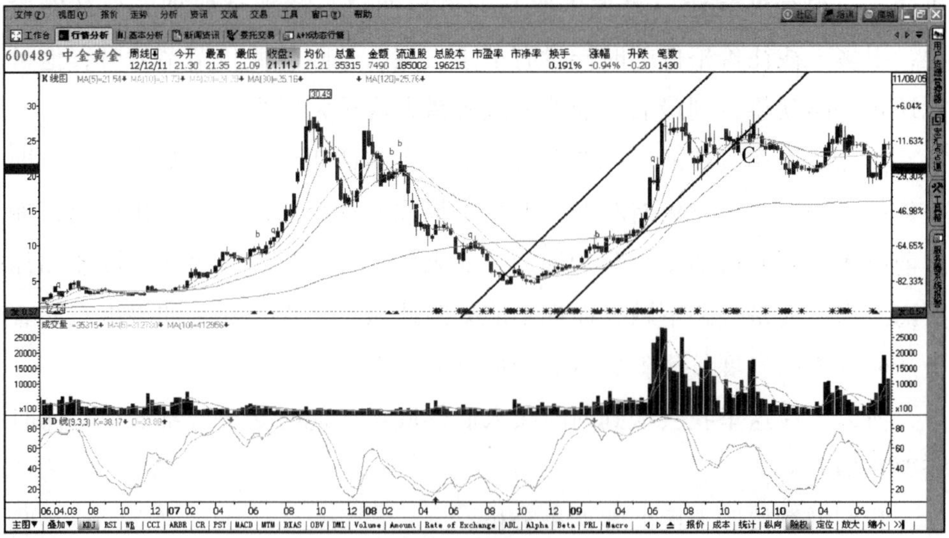


**图 1－24**

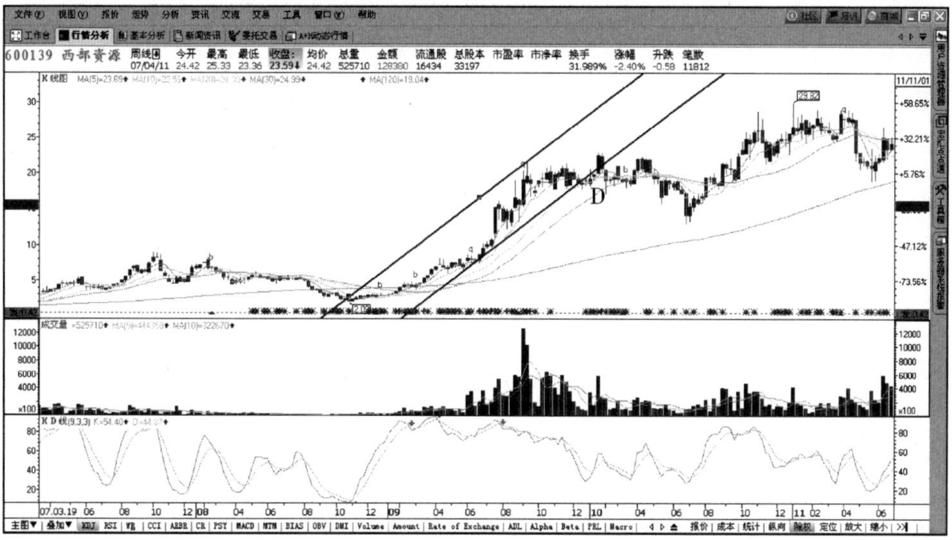

图 1－25

# 第二章

# 高价股投资策略

对价格超过100美元的股票进行交易要比价格在50美元左右的股票交易赚得更快。与价格在100美元左右的股票相比，超过200美元或300美元的股票变化更快并且其涨跌幅度也会更大，因为如果股票到了这种价格，普通公众就很少再参与交易了。如果到了这样的价位，做股票的就是那些大笔大笔地买进和卖出，使股价在很短的时间内大幅度跌涨的百万富翁们了。所以，做活跃的高价股总是物有所值。

——江　恩

虽然江恩提出高价股操作思路距今已经过去了近80年，但是这样的思路在目前的中国股市仍然受用，虽然中国股市历来流行炒作低价股，往往低价股的交投活跃性要好于高价股，但是有一些情况正在逐渐转变，广大投资者可能会觉得在振荡的行情中股票操作越来越困难，特别是对于那些低价股票，因为低价股数量太多，究竟该买哪一只就成为最大的问题，正是因为低价股有太多的普通散户在其中操作，就导致其波动率反而更大，这就很容易导致操作不好损失过大。

我们也注意到证监会最近的一些政策，规定ST股票借壳重组的门槛提高，注入的资产必须连续2年盈利达到2000万元以上，这样的硬性规定进一步打击了ST股票的操作风气，可以看到，管理层正在逐渐把中国市场向更加规范化的情况去引导。

有些时候，特别是振荡市场或者行情较差时，我们发现自己精挑细选的低价潜力股到头来可能还不如一个人人皆知的高价白马股涨幅大，这种现象往往不止一次地在我们身边发生。

如果你想弄清楚这种现象的原因，请接着看第二章的内容，我们会在后面为你揭晓答案。

## 第一节　高价股与股价分类

### 高价股的概念

#### 1. 高价股

高价股一般是指市场交易价格很高的公司股票。由于价位太高，这种股票甚至会出现交易困难。不同市场上高价股概念差距很大，英国市场上有高达800英镑的股票，远远高出中国市场上的高价股。

中国证券市场运行的时间还不长，但股价差别很大，高价股有的在200元/股以上，低价的也有大量跌破了3元大关，对于投资者来说，高价股和低价股只是一个心理概念，和投资者心理承受水平有关，有的投资者认为50元/股算是高价股，有的投资者认为10元以上就是高价股，成熟的投资者一般以20元/股作为界限判别高价股和低价股。

## 2. 高价股被低估的现象

很多股民听说过一句话："高价股被低估，低价股被高估"，但是很多人并不能真正理解其中的内涵。

前面说过，股份的高低，只是一个相对的概念。对于投资者来说，每一股股份代表的是公司一份对应的资产，股价应该是公司资产价值的体现，两个价值同样是10亿元的公司，如果A公司发行的股份数为1亿股，其对应的价值就是10元/股，B公司发行的股份是1000万股，那其对应的价值就是100元/股。

对于这两家公司来说，B公司就是高价股，但两者都是价值的外在表现，两公司的总价值是相同的，只不过每股的含金量不同。由于中国的证券市场还不成熟，中国的投资者还不成熟，很多投资者认为，B公司的股价较高，就会存在下跌的风险，A公司的股价较低，就会存在上涨的机会，因此大量的普通投资者喜欢购买低价股，造成低价股被追捧，价格不断抬高，如涨到15元/股，那么其股价就高于其自身价值50%，这就造成了"低价股被高估"的现象；由于B公司股价较高，普通投资者参与较少，即使涨到120元/股也让很多投资者难以接受，这就出现了"高价股被低估"的现象，高价估由于追捧的投资者较少，其估值未能得到充分挖掘，相对而言，B公司溢价为20%，低于A公司溢价50%，即为被低估的现象。

美国的股市和投资者相对较成熟，美国的股市会出现股价在千元以上的股票，但在中国市场上目前还难以得到投资者认可，因此上市公司更喜欢通过不断送股、转增股份，扩大股本，除权后把股份数量做多，把股价做低，从而得到更多投资者参与。

从中国 A 股的交易情况来看，也存在这一现象，低价股参与的投资者多，一般换手率相对较高，高价股参与的投资者少，一般换手率相对较低。

虽然这是中国股市目前的客观情况，体现了市场和投资者群体的不成熟，但是这样的情况正在逐渐发生变化，之前提到证监会对 ST 股票重组借壳的硬性规定是要求注入的资产必须在 2 年利润达到 2000 万元以上，这一规定就把大部分想通过借壳炒作的 ST 股票排除在外，中国股票市场正逐渐向价值回归的投资思路靠拢。

在这一过程中，我们要充分重视那些具有业绩支撑，估值相对较低，公司能够持续发展的高价股，这样的股票容易在振荡市场或者振荡市场下跌阶段带来超额收益。

至于中国高价股的具体分类，我们会在后面按照中国股票市场的具体情况作出分类。

## 高、中、低价股的分类

高、中、低价股的分类当下没有统一的标准，之所以对其进行分类，是想通过其分类分析在何种情况下投资何种股票更有优势。各国股票市场都有其差异性，高价股与低价股的情况各有不同，所以很难找到一个统一的分类标准，接下来我会按照自己的方式对股价类型进行分类。

在这里我介绍 3 种分类标准的分类情况。

第一种是按照最简单最直观的方式去分类，即按照股票价格分类：

按照价格我把中国 A 股分为 4 种价格类型的股票：价格低于 10 元的低价股；价格处于 10 ～ 20 元之间的中低价股；价格处于 20 ～ 50 元之间的中价股；价格大于 50 元的高价股。

下面我们分类介绍这些股票：

### 1. 价格低于 10 元的低价股

价格低于 10 元的股票中，股票层次不同，可谓龙蛇混杂，这些股票最明显的特征就是业绩一般，有些年底每股收益可能只有几分钱甚至是负数，这样的股票一般市盈率都非常之高，中国股票市场开始以来的21年里，这种低价股最后乌鸦变凤凰的案例不胜枚举，最典型的就是许多ST股票通过重组借壳，浴火重生，例如广发证券借壳S延边路，三安光电借壳ST天颐，这些都创造了一个又一个财富神话。

但是随着证监会对ST借壳等措施的规范化政策的出台，ST股票的借壳狂潮将逐渐缓和下来，在这样的情况之下，只有去寻找那些非ST的绩差股，他们可能年底每股收益只有几分钱，但是有些基本面的突变，会让其在未来几年的业绩逐渐变好，这样的股票往往在后面的行情中有机会跑赢大市。

对于散户朋友来说，挖掘这样的股票就显得比较困难，首先就是信息的不对称，一般私募或者正规机构在投资这样的股票之前都会做大量的分析与调研，一般只有在确认这些股票确实有业绩拐点之后才会参与，否则这些股票一般都在机构的股票池之外。所以我们就会看到这些低价股分化非常大，有些几乎天天大涨，而另一些则在较长一段时间无人问津，逐渐阴跌。

正是由于这些低价股操作的难度大，对于普通的散户较难把握，所以想挖掘出大牛股暴富并不容易。

### 2. 价格处于10～20元之间的中低价股

价格处于10～20元的股票，一般情况下其业绩情况会优于10元以下的股票，其年底的每股收益多半处于0.1～0.5元之间。这样的股票基本面多数中规中矩，其成长率一般比较稳定。

### 3. 价格处于20～50元之间的中价股

此类股票与10～20元的股票情况类似，也是属于业绩增长比较稳定，每股收益基本维持在0.3～0.9元，此类股票公司业务一般都处于比较明朗的状态。处于这样价格区间的股票还有一个重要的比例——刚刚上市不久的创业板和中小板的股票，这类股票上市之初业绩一般都会比较理想，每股收益在0.6～1元。但是中国的股票往往都是采用在其业绩等各项指标处于最优时上市，这样好以更高的价格去发行。对于这类股票一定要通过分析调研，弄清楚其业绩是否能够持续稳定的增长。

### 4. 价格大于50元的高价股

这个价格区间的股票往往有两种情况：一种是之前并非这个价格区间，凭借某题材或者业绩短暂的突发性增长而被大幅炒作，使价格越过50元大关，这样的股票往往业绩持续性不好，也就是偶尔业绩大幅增长才能跻身50元以上股票的行列，等到炒作过后，股票价格又回落至正常的50元以下区间，对于这种类型的股票，我们要擦亮眼睛，在操作中要尽量不在高位去操作这种类型的股票。

另一种情况，是股票长期处于50元以上区间，业绩持续处于1元以上甚至2元以上的股票，并且公司能够保持近20%或者以上的持续成长性，这样的股票在突破重要关口，或者在下跌中跌至某区间相对低点时，虽然股价可能高达100元，但是这时往往是我们打破心理障碍，大举买入的大好时机。

第二种是按照市盈率去分类：

如果一只股票的市盈率远高于同行业中的其他公司，后续又没有独特的产品研发来保证业绩持续增长为高估，称之为高价股，反之为低估，称之为低价股。

用市盈率去判断个股属于高价股还是低价股，我们的参照对象就不能以沪深股票市场总的市盈率水平去判断了，在这里我们要用同行业公司的平均市盈率去衡量，只有这样才能更好地判断出股票是否属于高价股。

我们在这里用市盈率判断个股是否被高估并不是让人们去购买市盈率高估的股票，相反，我们是要证明公众平时所认为的高价股有时风险却大幅小于那些低价股，本章节我们就是要让普通投资者打破常规，重新正确认识高价股，认识高价股的投资价值。

第三种是按照净资产来分类：

如果一只股票股价低于净资产（或高于净资产不超10%）为低估；

股价高于净资产200%以上为高估。

与按照市盈率估值法类似，按照净资产来分类的方式也是为了更好地纠正传统的所谓高价股与低价股的概念。

## 第二节　高价股投资的必要性

在我们的投资生涯中，大多数人都青睐低价的股票，如果一只股票的价格上涨至50元以上，一般少有人问津。以我个人的观察，造成这种现象的原因是众多投资者的偏见，一般投资者对于高价股都会有一种恐高症，认为高价股下跌一天可能跌去几元钱，认为低价股下跌只会跌去几角甚至几分钱。如果按照下跌幅度来计算，一只100元的股票跌去10元只与一只5元的股票跌去0.5元效果相当。所以，我们更要关注的是上涨和下跌的比率，而不是去关注下跌的绝对值。

下面我们一起来看一下我们投资高价股的理由。

### 1. 逆向思维

逆向思维也叫求异思维，它是对司空见惯的似乎已成定论的事物或观点反过来思考的一种思维方式。敢于“反其道而思之”，让思维向对立面的方向发展，从问题的相反面深入地进行探索，树立新思想，创立新形象。当大家都朝着一个固定的思维方向思考问题时，而你却独自朝相反的方向思索，这样的思维方式就叫逆向思维。人们习惯于沿着事物发展的正方向去思考问题并寻求解决办法。其实，对于某些问题，尤其是一些特殊问题，从结论往回推，倒过来思考，从求解回到已知条件，反过去想或许会使问题简单化。

我们来看一个逆向思维的例子。

在战争时期，有一个小八路，运用逆向思维成功地闯过了敌人的种种关卡，把重要情报送到了目的地。事情是这样的：有一次，敌人把一个村庄包围了，不让村里的任何人出去，派了一个伪军在村子通向外界的唯一通道——一个小桥上把守，正巧村里有一个重要的情报要报告给在村外的八路军领导人，在敌人看守如此严密的情况下，怎样才能把情报顺利又安全送出去呢？村里的一个小八路，勇敢地担当起这个任务，这个小八路在黄昏时趁着夜色的掩护，悄悄地来到了小桥旁边的芦苇地，躲藏了起来，他认真地观察小桥上发生的一切，他注意到守关卡的敌人打起了瞌睡，凡是由村外的人来，他总是头也不抬地说，回去，回去，村里不让进，如此几次，小八路心里有了主意，于是小八路，钻出了芦苇地，悄悄接近并上了小桥，就在敌人抬头发话之前他突然转身向村里的方向走来，并且故意把脚步声弄得挺大，敌人听到后，还是头也不抬的说，回去，回去，村里不让进，结果小八路顺利过关把情报安全地送了出去，为部队打胜仗立下了汗马功劳，由此可见，学会并灵活运用逆向思维是多么重要呀！

我们做股票投资的投资者更要具有逆向思维的能力，因为股票市场有这样的定律：七成的人亏损，二成的人保本，只有一成的人才能真正在股票市场盈利。现实生活中，这样的比率可能还会更低。

面对这样难以征服的股票市场，采取最普通的投资方式，要想在股票市场立足，真是难上加难。

因此，在合适的时机买入具有持续发展能力的高价股，或许是一种稳健盈利的方式。

## 2. 许多高价股公司具有持续发展的能力

虽然高价股中有一些凭借一时利好业绩暴增，从而带动股票价格上涨的股票，但是更多的高价股能够长时间维持高价，却是因为其具备可持续发展的能力。这些具备可持续发展能力的股票，其股价往往长期维持在高位，偶尔跟随大盘下跌至相对低位，随后又会恢复到合理的价格。对于这样的股票，操作起来就显得比较容易了。

我们来看一个案例。

图 2－1 是张裕 A（000869）上市以来的月 K 线图，从上图中我们可以看到，自 2003 年以来，一直保持高速上涨，股价从前复权后的 2.33 元

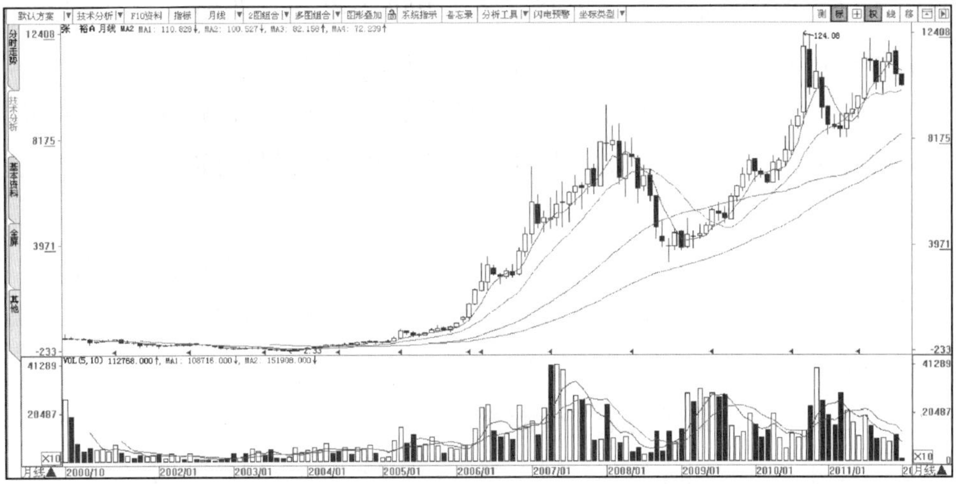

图 2－1

最高上涨至 124 元，上涨了 52 倍，8 年时间股票年均上涨 64%。这是中国 A 股史上的一个高价股上涨神话。

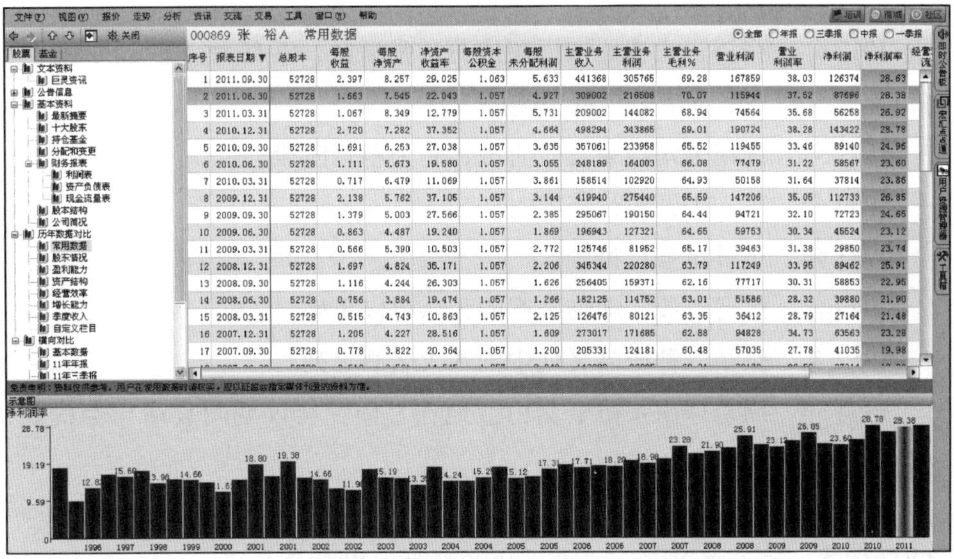

000869 张 裕A 常用数据

| 序号 | 报表日期 | 总股本 | 每股收益 | 每股净资产 | 净资产收益率 | 每股资本公积金 | 每股未分配利润 | 主营业务收入 | 主营业务利润 | 主营业务毛利% | 营业利润 | 营业利润率 | 净利润 | 净利润率 |
|---|---|---|---|---|---|---|---|---|---|---|---|---|---|---|
| 1 | 2011.09.30 | 52728 | 2.397 | 8.257 | 29.025 | 1.063 | 5.633 | 441368 | 305765 | 69.28 | 167859 | 38.03 | 126374 | 28.63 |
| 2 | 2011.06.30 | 52728 | 1.663 | 7.545 | 22.043 | 1.057 | 4.927 | 309002 | 216508 | 70.07 | 115944 | 37.52 | 87696 | 28.38 |
| 3 | 2011.03.31 | 52728 | 1.067 | 8.349 | 12.779 | 1.057 | 5.731 | 209002 | 144082 | 68.94 | 74564 | 35.68 | 56258 | 26.92 |
| 4 | 2010.12.31 | 52728 | 2.720 | 7.282 | 37.352 | 1.057 | 4.664 | 498294 | 343865 | 69.01 | 190724 | 38.28 | 143422 | 28.78 |
| 5 | 2010.09.30 | 52728 | 1.691 | 6.253 | 27.038 | 1.057 | 3.635 | 357061 | 233958 | 65.52 | 119455 | 33.46 | 89140 | 24.96 |
| 6 | 2010.06.30 | 52728 | 1.111 | 5.673 | 19.580 | 1.057 | 3.055 | 248189 | 164003 | 66.08 | 77479 | 31.22 | 58567 | 23.60 |
| 7 | 2010.03.31 | 52728 | 0.717 | 6.479 | 11.069 | 1.057 | 3.861 | 158514 | 102920 | 64.93 | 50158 | 31.64 | 37814 | 23.86 |
| 8 | 2009.12.31 | 52728 | 2.138 | 5.762 | 37.105 | 1.057 | 3.144 | 419940 | 275440 | 65.59 | 147206 | 35.05 | 112733 | 26.85 |
| 9 | 2009.09.30 | 52728 | 1.379 | 5.003 | 27.566 | 1.057 | 2.385 | 295067 | 190150 | 64.44 | 94721 | 32.10 | 72723 | 24.65 |
| 10 | 2009.06.30 | 52728 | 0.863 | 4.487 | 19.240 | 1.057 | 1.869 | 196943 | 127321 | 64.65 | 59753 | 30.34 | 45524 | 23.12 |
| 11 | 2009.03.31 | 52728 | 0.566 | 5.390 | 10.503 | 1.057 | 2.772 | 125746 | 81952 | 65.17 | 39463 | 31.38 | 29850 | 23.74 |
| 12 | 2008.12.31 | 52728 | 1.697 | 4.824 | 35.171 | 1.057 | 2.206 | 345344 | 220280 | 63.79 | 117249 | 33.95 | 89462 | 25.91 |
| 13 | 2008.09.30 | 52728 | 1.116 | 4.244 | 26.303 | 1.057 | 1.626 | 256405 | 159371 | 62.16 | 77717 | 30.31 | 58853 | 22.95 |
| 14 | 2008.06.30 | 52728 | 0.756 | 3.884 | 19.474 | 1.057 | 1.266 | 182125 | 114752 | 63.01 | 51586 | 28.32 | 39880 | 21.90 |
| 15 | 2008.03.31 | 52728 | 0.515 | 4.743 | 10.863 | 1.057 | 2.125 | 126476 | 80121 | 63.35 | 36412 | 28.79 | 27164 | 21.48 |
| 16 | 2007.12.31 | 52728 | 1.205 | 4.227 | 28.516 | 1.057 | 1.609 | 273017 | 171685 | 62.88 | 94828 | 34.73 | 63563 | 23.28 |
| 17 | 2007.09.30 | 52728 | 0.778 | 3.822 | 20.364 | 1.057 | 1.200 | 205331 | 124181 | 60.48 | 57035 | 27.78 | 41035 | 19.98 |

图 2－2

我们再来看看其从 1996 年以来的净利润率增长情况。通过图 2－2 我们看到，自 2002 年之后，张裕 A 的利润率一直处于缓慢上升的格局，2005—2011 年的这 6 年间，其年均净利润率一直保持 20% 左右的增长速度，可以用高速稳定增长来形容，而自1996年以来，张裕A的年利润率一直保持在10%以上，业绩一直保持持续稳定的增长状态。

其实张裕A公司是具有百年历史的老品牌，其具备极强的生存和可持续发展能力，下面我就带大家来回顾一下这家中国葡萄酒始祖企业的发展历程：

1892年　张裕酿酒公司创立，开创了中国工业化生产葡萄酒之先河。

1896年　从欧洲大批引进优质葡萄苗木，创建葡萄园。酿造出中国第一批葡萄酒。

1905年　亚洲最大的地下大酒窖竣工。

1912年　孙中山先生到张裕参观，并题赠“品重醴泉”四字。

1914年　张裕“双麒麟”商标注册成功，公司正式对外营业。

1915年　参加巴拿马太平洋万国博览会，张裕的四种酒——（可雅）白兰地、红玫瑰葡萄酒、琼药浆和雷司令白葡萄酒，获金质奖章和最优等奖状。

1917年　张裕正式营业四周年庆典，张学良、康有为、黎元洪等社会名流前来祝贺并留下诸多宝贵手迹。

1929年　张裕公司结束自营阶段，转为租赁阶段。

1934年　进入中国银行接管时期。

1941年　被日军强行接管。

1949年　烟台解放，濒临破产的张裕得以重生。

1952年　张裕三种产品名列中国八大名酒之列。

1954年　周总理用张裕金奖白兰地在日内瓦会议期间宴请与会代表，被称为“金奖白兰地外交”。

1956年　张裕公司向毛泽东主席呈写了《烟台张裕葡萄酿酒公司生产情况报告》，毛主席指示：要大力发展葡萄和葡萄酒生产，让人民多喝一点葡萄酒。

1958年　创办张裕酿酒大学，为中国葡萄酒业培养了大批人才。

1981年　烟73、烟74优质色素葡萄品种培育成功。

1982年　恢复“张裕”名号，定名为“烟台张裕葡萄酿酒公司”。

1987 年　烟台被命名为“国际葡萄·葡萄酒城”，这是亚洲第一个葡萄酒城。

1989 年　受计划经济影响，销售困难。

1990 年　成立销售公司，开始以市场为导向强化销售管理。

1992 年　张裕百年庆典，江泽民总书记视察张裕并题词：“沧浪欲有诗味，酝酿才能芬芳”，同年，张裕获外贸出口自主权，公司旧址被定位为省级文物保护单位。

1993 年　“张裕”商标被国家工商局认定为“中国驰名商标”。

1994 年　烟台张裕集团有限公司成立。

1996 年　公司利税首次突破亿元。

1997 年　收购烟台福山葡萄酒公司和烟台第二酿酒厂，烟台张裕葡萄酒股份有限公司成立，同年，张裕 B 股发行，成为国内同行业首家股票上市公司。

1998 年　利税突破 2 亿大关，正式接收烟台中药厂和烟台酿酒厂，股份公司通过 ISO 9002 质量体系认证。“张裕”获中国消费者当年购物首选品牌、当年最喜爱的品牌和明年购物首选品牌等三个第一，集团技术中心被认定为“省级技术中心”。

1999 年　北京中华世纪坛把张裕公司的创建记载为中国 1892 年所发生的四件大事之一，“张裕”解百纳干红在法国巴黎“中国文化周”上被誉为“经典的东方美酒”。在上海全球 500 强“财富论坛”年会上，张裕解百纳干红被认定为唯一专用葡萄酒。随后收购了烟台云龙制瓶厂。同年，中国最大的发酵中心——张裕福山发酵中心正式投产。

2000 年　张裕矿泉水公司投产，张裕增发 3200 万股 A 股，成为国内首家 B 股增发 A 股的企业及同行业中唯一同时拥有 A、B 股的上市公司。同年，利税突破 3 亿元大关，荣获“全国质量管理先进企业”称号。

2001 年　张裕与法国顶级葡萄酒企业卡斯特集团进行战略合作，并参股卡斯特集团在廊坊投资的红城堡酒厂。张裕在烟台福山区北于家西开始动工兴建专业葡萄酒庄园，卡斯特集团参股，酒庄占地 2000 余亩，标志着张裕全方位与国际接轨。

2002 年　张裕与德国合作生产玻璃瓶装矿泉水，同年，张裕 110 周年厂庆。

2008 年　张裕成功创下了 5 个中国葡萄酒在欧洲的“首次”：首次进入了 3000 多家欧洲超市；首次进入了欧洲邮购销售系统，如拥有 100 万个家庭客户的 Hawesko 邮购企业；首次进入了欧洲葡萄酒专卖店，包括 Karstadt 和分布在不同城市的单体专卖店；首次进入了欧洲五星级饭店；首次进入了德国汉莎航空公司的头等舱。

2008 年　张裕股份实现销售收入 34.53 亿元，净利润 8.95 亿元。

2009 年 9 月　张裕正式授权宝维斯特（ballwest）成为“张裕旗下定制产品特别代理商”，在全国范围内，主营张裕系列产品的个性化定制业务。此次合作的达成，巩固了张裕在中国葡萄酒直营及个性化服务领域内的领先地位。

2009 年 11 月　宁夏青铜峡市当年新增葡萄种植面积 2.4 万亩，将成为张裕在全国的第二大生产基地。

近百年来，张裕解百纳一直见证着中国葡萄酒业的发展，推动着世界葡萄酒文化的进步。过去，在高档宴会上，大家看到最多、选用最多的可能是白酒，随着“健康饮酒”概念的滋生和普及，葡萄酒如今已成为酒饮料的新宠。说到葡萄酒，我们可能听说过一个地名法国波尔多。波尔多是葡萄酒的王国，这里有世界上最好的葡萄酒。美中不足的是波尔多产区的葡萄酒产量有限，漂洋过海来到中国的更是屈指可数。其实，在我国，也有“东方的波尔多”——烟台。中国烟台和法国波尔多处于同一纬度，且土地肥沃，气温、日照量、降雨量、湿度都非常适宜酿酒葡萄的生长。葡萄酒的品质首先取决于葡萄质量，随着中国葡萄酒业的发展，烟台在世界葡萄酒城中的地位越来越突出。在烟台葡萄酒城崛起的背后，张裕一直致力于整个葡萄酒业的发展。如今，在品过五花八门的洋葡萄酒之后，再品张裕解百纳，品酒者会说：“我们自己的葡萄酒更好”。

通过上面对张裕公司的简单回顾，我们了解到张裕公司是一家有着 110 多年的历史悠久的企业，虽然历经了中国近代史上的政局变迁，各种困难，但是最终还是凭借公司强大的品牌号召力最终获得了持续的发展，而时至今日，张裕解百纳这个葡萄酒品牌已经不仅仅在中国，乃至全世界都享有很高的知名度。

一个具有百年历史，具有强大品牌号召力的公司，凭借着其可持续扩张能力，使其净利润逐年稳定增长，这样的高价股公司，一旦股价非理性下跌，就会给我们带来较好的投资机会。

从上面的案例我们可以看出，在大盘下跌时，如果那些具有可持续发展能力的优质公司的高价股非理性下跌，就是我们买入它们的时机。

## 3. 大部分高价股的业绩有保障，具备十足的安全边际

高价股的业绩往往非常出色，基本年度每股收益都在 1 元以上。正是如此出色的业绩支撑，才能保证其股价达到 100 元甚至 200 元以上时，其市盈率仍然处于合理的位置。如果一只股票价格过高，而其业绩不能获得支撑，其就会因为市盈率过高，达不到其预期收益而下跌至合理位置。

在中国股票历史上，我想大家不可能不知道中国茅台，这只股票大部分时间占据了中国第一高价股的历史宝座。

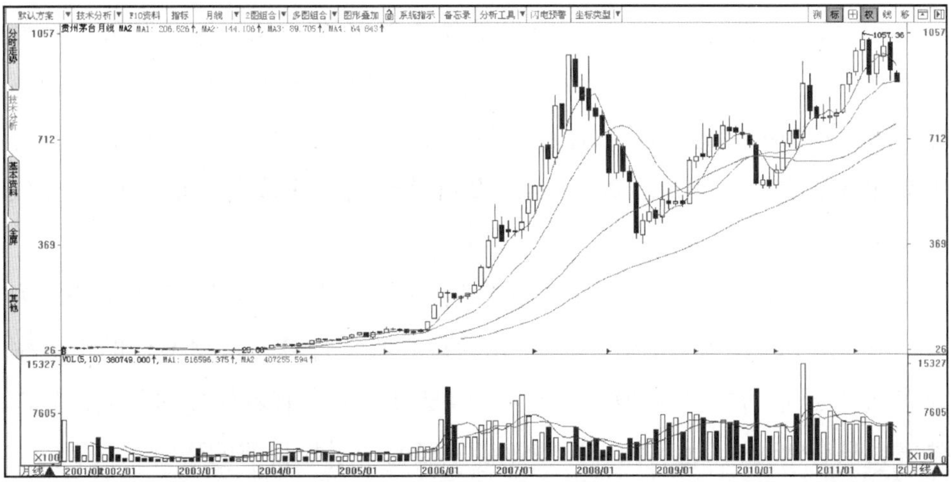


图 2－3

图 2－3 是贵州茅台（600519）上市以来的月线图，该图所示价格是后复权价格，后复权之后，我们发现，自 2006 年 2 月开始，贵州茅台股价

就站上100元大关，在此后的5年内，股价再也没有跌到100元以下，这5年间，股价又累计上涨了651%，最高曾经达到1057元。

下面我们就来看看其一直保持高价股的原因。

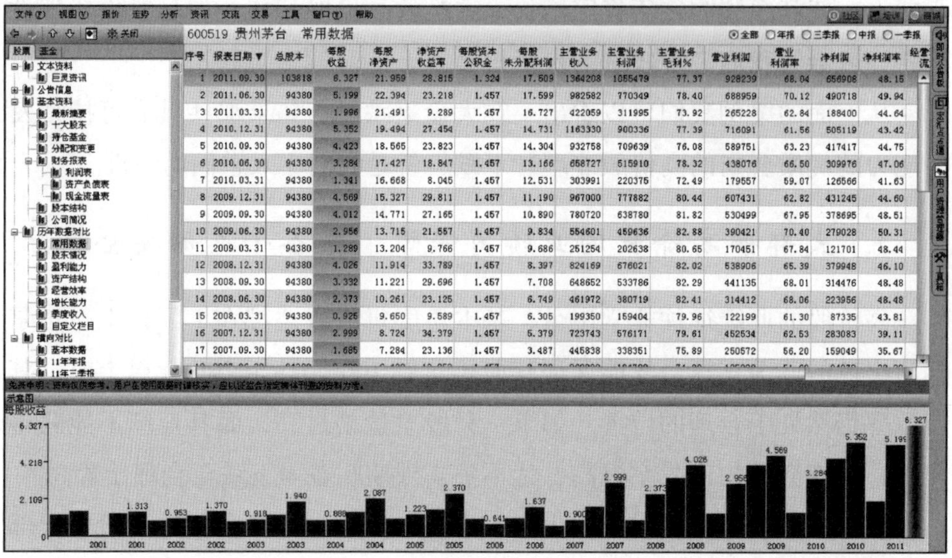


**图2-4**

从图2-4我们可以看到，贵州茅台自2001年上市以来，除权后年度每股收益最少都在1元以上，2006年之后，贵州茅台每股收益开始加速增加，2007—2010年这几年分别为2.99元、4.02元、4.56元、5.35元，每年都在逐渐增加，进入了2011年，贵州茅台前三季度每股收益已经突破了6.33元。

2011年12月30日，该年度的最后一个交易日，贵州茅台收盘价为214.93元，按照2011年年底8.44元的每股收益计算，贵州茅台的市盈率为25倍，虽然价格高达200元以上，但是贵州茅台有着优异的业绩，其市盈率也只有25倍，远远低于那些业绩一般的中小板目前的估值。

稳定增长的每股收益，降低了贵州茅台的市盈率估值，这也是2011年这样的弱势市场贵州茅台能够逆市创出新高的重要原因。

贵州茅台稳定的业绩给公司的高价带来了强大的支撑，使公司具有了较高的安全边际，所以贵州茅台在2006年之后，一直维持高价。

对于投资者来说，那些在市场弱势中业绩稳定增长的高价股，往往比那些业绩差的绩差股更有安全边际和投资价值，也比它们更加具有防御性。

## 第三节 高价股实战投资策略

在这一章节的最后一部分，我将把投资高价股作为一种单独的盈利模式，完整立体地去阐述其投资策略。

### 1. 选出高价股标的

投资高价股的第一步就是选出所有的价格高于 50 元的股票，这是一项非常简单的工作，我们可以打开任何一个股票软件的报价窗口，点击 A 股板块，再点击现价排序，就可以将所有股票的股价按照由大到小的顺序排列开来，这样我们就可以把股票价格大于 50 元的股票统统加入到自选股或者其他的板块里面去了，这样第一个步骤就算完成了。

### 2. 技术面筛选

接下来是技术面的筛选，这就比第一步复杂一些了，好在这些大于 50 元的股票并不多，我们可以一个个的来翻页查看，从技术面上来看，如果大盘处于上涨段，我们就要寻找与大盘同时突破甚至强于大盘的股票，这样才有可能跑赢大市，在大盘处于振荡市场的下跌段，特别是类似于 2011 年 4 月至今的下跌段，各种低价股由于业绩一般，缺乏支撑，或者可以说贝塔系数过高，最终都逃脱不了大幅下跌的命运，但是在这一阶段，寻找先于大盘调整的高价股票，即 2010 年 11 月见顶以后一直处于调整阶段，2011 年 1 ～ 4 月的上升阶段无明显上涨的股票，这样的股票由于调整充分，又具有业绩支撑和安全边际，在大盘较长的下跌段中，能够抵御下跌风险甚至上涨。

我做了一个统计，从2011年4月18日至2011年12月13日这样一个大的下跌区间，上证指数下跌了26.29%，再来看这一阶段涨幅排行榜的前60名，有15只股票属于大于50元的高价股，这些排名中，去除那些因为重组而上涨的股票，大部分都是高价股和中高价股上涨居多，占到其中近70%。这正说明，在大盘行情处于弱势时，如果必须要买股票，就要买那些中高价的具有强烈业绩支撑和安全边际的股票。

### 3. 基本面筛选

在我十几年的投资生涯中，我总结出一句话，在股票投资中，基本面是股票投资的本质，技术面是股票投资的辅助手段，要论重要性，基本面占到七成，技术面占三成。

要想从众多走势类似的高价股中分辨出哪些股票在今后会走出上涨行情，必须要靠基本面来把握。

基本面上我们要寻找近几年业绩和公司主营业务都实现稳定增长的公司，而不是那些凭借某突发性利好消息在单个年度业绩大增的股票，只有稳定增长，估值合理，具有极强的安全边际的股票，才是我们选择在振荡市场或者相对较弱市场投资的最佳标的股票。

在这里我特别提出一点，在其他条件均符合条件的前提下，流通盘小的高价股票更容易上涨，这一点我们通过五粮液和贵州茅台就可以看出来了，五粮液总股本为38亿股，贵州茅台的流通盘为10.4亿股，在2011年4～9月的这段上涨行情中，五粮液上涨近30%，贵州茅台上涨40%，流通盘小，股票上涨更加轻快，如果机构控盘较重，在下跌的段中也更具备防御作用，从9月份高点至12月份，贵州茅台累计下跌8%，而五粮液下跌近15%。

下面我们就来看一个基本面分析案例。

图2-5是洋河股份（002304）自2009年上市以来的周K线图，我们注意到，自洋河股份上市以来，2年多时间已经上涨了150%多，最高涨幅曾经达到过2倍以上，作为一直流通股本只有4亿股，总股本只有9亿股的洋河股份，其总市值最高曾经达到1300多亿元，其总市值已经超过

图 2－5

中国太保这样的老牌保险公司，真是 A 股市场的又一奇迹。

下面我们就来具体看看洋河股份的基本面情况。

2009 年上市前不久，中信建投证券公司的研究报告指出其是白酒行业的一匹黑马。

该研究报告如是说：

历史悠久的洋河大曲可以考证的历史有 600 年，1915 年参加过巴拿马国际博览会，1979 年跻身八大名酒之列。白酒深厚的文化底蕴是企业核心竞争力之一。洋河的发展拥有坚实的酒文化基础。

迅速崛起的蓝色经典，开创白酒行业先河，但显然洋河的经营者没有过多倚重洋河的传统与文化。而是在创新上下足了工夫。公司推出另一高端品牌—蓝色经典，无论是从品质定位上、文化蕴意上还是包装形状和使用蓝色上，都开创了白酒行业先河，给人以耳目一新的感觉。产品本身设计已经使蓝色经典快速崛起成功了一半。

深度营销，“1＋1”营销模式是成功关键，以营销渠道为王在酒水行业是制胜法宝。洋河公司采取经销商与厂家紧密配合的“1＋1”模式。与大区粗放式管理方式不同，公司在目标市场直接设置营销网点，并派驻厂家代表，协同经销商铺货、促销、维护市场。这种模式增强公司对市场和终端的控制能力，促进产品销售。

白酒行业是经久不衰的行业，洋河发展潜力依然很大，我们认为中国经济越是发展，本民族的产品越会得到发扬光大，王老吉的兴起就证明这一点。我们预计未来3年白酒行业复合增长15%以上。2011年行业总产值接近2000亿元，白酒总产量超过600万吨。

洋河公司高速增长期尚在延续。2008年公司，公司白酒年销售量7.8万吨，营业收入26.8亿元。无论销售量和收入水平占行业比重还较低。公司已跻身到行业前6名，未来还会保持快于行业发展水平而发展。利润增长点在于省外市场拓展与高终端产品比重增加。本次募集资金项目支持公司发展目标。

合理估值为70元左右，公司预计2009—2011年摊薄每股收益将达到2.43元、2.97元和3.6元。

相对估值给于2010年动态PE25倍，上市后合理价位70元左右。

2009年11月6日，洋河股份正式登陆深圳交易所，当天收盘价为87.91元，已经超过了中信建投证券公司研究报告的评估价70元，可见洋河股份果然深受投资者的喜爱，尤其是那些机构投资者，随后洋河股份缓慢上涨，截至2009年末已经上涨了16%。

2009年年报显示，洋河股份每股收益为2.786元，已经超出了之前中信建投证券公司的预测收益。

进入了2010年，洋河股份业绩更加蒸蒸日上，仅半年报业绩就已经达到每股收益2.372元，远远超过了在其上市前分析师们对其的预期。

2010年8月20日，申银万国证券发布分析报告指出：

洋河股份业绩符合预期：上半年洋河股份营业收入34.9亿元，同比增长93.2%，其中洋河蓝色经典收入预计同比增长60%～70%（梦之蓝预计增长200%以上，天之蓝预计增长80%以上），4月份开始与双沟战略整合也有助于收入的增长。上半年归属于母公司的净利润10.7亿元，同比增长81.4%，EPS为2.372元，符合预期。

投资评级与估值：上调2010—2012年EPS至4.96元、7.51元和10.28元，分别增长78.0%、51.4%和36.9%。公司优异的股权结构、超强的管理和营销能力使我们预期2011—2013年洋河股份的净利润复合增长率仍有望达到 35% ～ 40%，因而上调 12 个月目标价至 263 ～ 300 元，对应 2011 年 PE 35 ～ 40 倍。

有别于大众的认识：

（1）自上市当日起我们持续推荐并战略性看好洋河股份的理由：①治理结构好，管理团队在业内最有动力；②管理和营销能力突出并且得到业界公认；③定位中高档酒为主（2004—2007 年是超高端白酒的消费升级，2009—2012 年是次高端和中高端白酒的消费升级），海之蓝和天之蓝有望成为相应价位的全国性第一品牌，当然，超高端梦之蓝的增长势头也超出预期；④正逐渐成为全国性品牌，品牌力正处于快速上升期，上半年省外市场收入增长 138%；⑤将成为行业整合的领跑者（帝亚吉欧就是靠不断收购兼并才使得市值接近 3000 亿元）。

（2）管理和营销能力超强表现为：①真正将白酒作为消费品来营销，以消费者需求为导向来设计和营销产品；②把握了中国白酒未来的发展趋势——低度化、绵柔清爽化、时尚化；③深度营销业内领先。

（3）上半年梦之蓝及省外市场收入增长超预期，未来两者将成为重要的盈利增长点。上半年梦之蓝收入增长 200% 以上，2010 年预计能到 6 亿～8 亿元，2011 年预计再增长 60% ～ 100%，上半年蓝色经典省外收入预计增长 100% 以上，上海、广东等地均翻番不止。

（4）上半年盈利快速增长的原因：①销售结构的不断优化使得白酒价格不断提升。②全国化布局已进入第二步，省外市场拓展迅速，拐点放量，多数省市呈现翻番增长。2010 年预计有 10 个省市收入过亿元，2012 年目标是所有省市均过亿元。

（5）产品将跟随提价。茅台、五粮液、1573 等终端价格不断上涨后最大的受益者其实是中档酒。

（6）洋河股份的投资机会来自由多数投资者尚不熟悉的公司变为越来越多地为投资者认可。

股价表现的催化剂：与双沟的整合效应不断体现；年报高比例送转股的预期；业绩不断超市场预期；行业内并购；市场不断认可后相对估值不断提升。

随着洋河股份业绩的不断增加，同时产业整合预期的不断推进，分析师们也逐渐调高了对其的估值水平，从之前上市前的25倍PE已经调高至2010年8月的35倍左右了。

二级市场上，洋河股份股价更是突飞猛进，在2010年11月26日创出284.6元的新高，稳健的业绩增长，洋河股份作为高价股仍然得到了中国机构投资者的认可。

2010年，洋河股份每股收益达到4.899元，再次符合了券商的预期。

进入2011年，洋河股份进入了阶段调整行情中，但是我们观察洋河股份的业绩情况，虽然增长速度并没有2010年那么迅猛，但是2011年3季度每股收益还是达到了3.24元，这个业绩也是支撑其高价的原因。

进入到2011年6月以后，随着上涨指数展开短暂反弹，洋河股份走入上升通道，1个多月上涨了近50%，并且创出之前的历史新高，成为此阶段涨幅领先的股票。

下面我们再来看看洋河股份上市以来的每股受益情况。

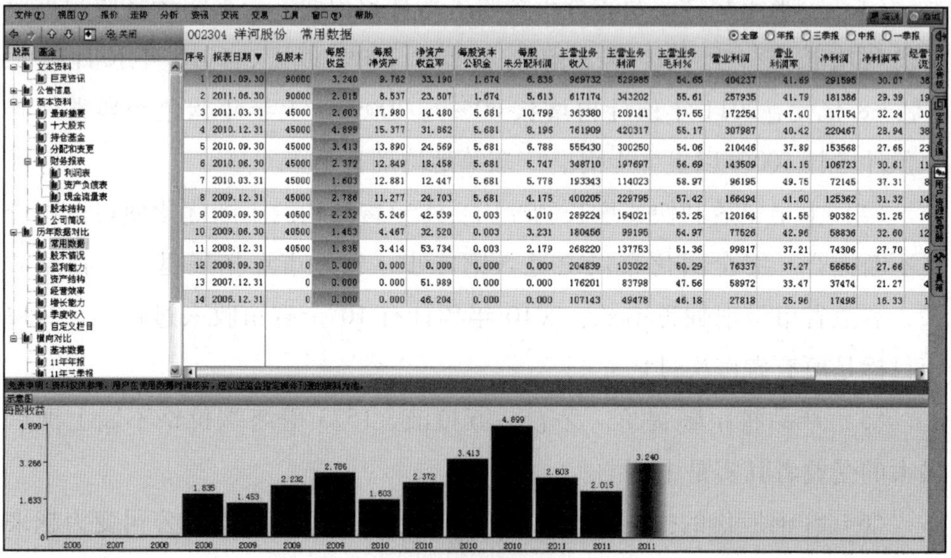

002304 洋河股份 常用数据

| 序号 | 报表日期 | 总股本 | 每股收益 | 每股净资产 | 净资产收益率 | 每股资本公积金 | 每股未分配利润 | 主营业务收入 | 主营业务利润 | 主营业务毛利% | 营业利润 | 营业利润率 | 净利润 | 净利润率 |
|---|---|---|---|---|---|---|---|---|---|---|---|---|---|---|
| 1 | 2011.09.30 | 90000 | 3.240 | 9.762 | 33.190 | 1.674 | 6.838 | 969732 | 529985 | 54.65 | 404237 | 41.69 | 291595 | 30.07 |
| 2 | 2011.06.30 | 90000 | 2.015 | 8.537 | 23.607 | 1.674 | 5.613 | 617174 | 343202 | 55.61 | 257935 | 41.79 | 181386 | 29.39 |
| 3 | 2011.03.31 | 45000 | 2.603 | 17.980 | 14.480 | 5.681 | 10.799 | 363380 | 209141 | 57.55 | 172254 | 47.40 | 117154 | 32.24 |
| 4 | 2010.12.31 | 45000 | 4.899 | 15.377 | 31.862 | 5.681 | 8.195 | 761909 | 420317 | 55.17 | 307987 | 40.42 | 220467 | 28.94 |
| 5 | 2010.09.30 | 45000 | 3.413 | 13.890 | 24.569 | 5.681 | 6.788 | 555430 | 300250 | 54.06 | 210446 | 37.89 | 153568 | 27.65 |
| 6 | 2010.06.30 | 45000 | 2.372 | 12.849 | 18.458 | 5.681 | 5.747 | 348710 | 197697 | 56.69 | 143509 | 41.15 | 106723 | 30.61 |
| 7 | 2010.03.31 | 45000 | 1.603 | 12.881 | 12.447 | 5.681 | 5.778 | 193343 | 114023 | 58.97 | 96195 | 49.75 | 72145 | 37.31 |
| 8 | 2009.12.31 | 45000 | 2.786 | 11.277 | 24.703 | 5.681 | 4.175 | 400205 | 229795 | 57.42 | 166494 | 41.60 | 125362 | 31.32 |
| 9 | 2009.09.30 | 40500 | 2.232 | 5.246 | 42.539 | 0.003 | 4.010 | 289224 | 154021 | 53.25 | 120164 | 41.55 | 90382 | 31.25 |
| 10 | 2009.06.30 | 40500 | 1.453 | 4.467 | 32.520 | 0.003 | 3.231 | 180456 | 99195 | 54.97 | 77526 | 42.96 | 58836 | 32.60 |
| 11 | 2008.12.31 | 40500 | 1.835 | 3.414 | 53.734 | 0.003 | 2.179 | 268220 | 137753 | 51.36 | 99817 | 37.21 | 74306 | 27.70 |
| 12 | 2008.09.30 | 0 | 0.000 | 0.000 | 0.000 | 0.000 | 0.000 | 204839 | 103022 | 50.29 | 76337 | 37.27 | 56656 | 27.66 |
| 13 | 2007.12.31 | 0 | 0.000 | 0.000 | 51.989 | 0.000 | 0.000 | 176201 | 83798 | 47.56 | 58972 | 33.47 | 37474 | 21.27 |
| 14 | 2006.12.31 | 0 | 0.000 | 0.000 | 46.204 | 0.000 | 0.000 | 107143 | 49478 | 46.18 | 27818 | 25.96 | 17498 | 16.33 |

**图2-6**

通过图2-6我们发现，洋河股份自上市以来，每年的每股收益都在2.5元以上，这也正是其能够维持高价，在大盘弱势逆市上涨的根本原因。

对于基本面的分析，我们一定要考察企业是否能在几年之内保持稳定的业绩，每股收益是否符合高价股的估值条件，如果一只100元的股票，每股收益都不足2.5元，那么显然处于高估的状态，那么这样的价格是很难在长时间来维持的，我们要避免参与这种高估值的高价股，而要购买那些业绩稳定增长、价格跌到合理位置的低估的高价股。

## 4. 选择介入和卖出时机

有了成熟的操作模式，如果操作不好，也不能最终收获丰厚的利润。在大盘处于上涨的波段，我们选择强于大盘突破的且没有上涨过多的股票买入，在大盘处于弱势阶段，我们买股票一定要讲究艺术了，一定要在大盘下跌阶段中的横盘整理和反弹阶段去买入这些股票，卖出时机可以采用股票跌破周线的上升轨道线卖出。

由于操作高价股最有利的时机是大盘处于振荡阶段，更主要是振荡阶段的下跌段，所以下面我们主要介绍几个在2011年4月18日至2011年12月13日以来的高价股操作案例。

我们再来以洋河股份说明情况。

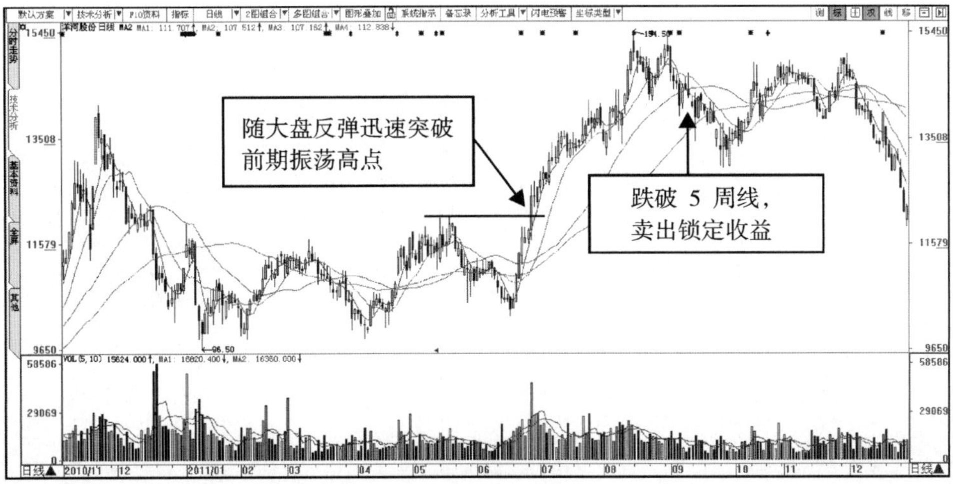


**图2-7**

图2-7是洋河股份于2010年11月至2011年12月的日线图，从图中我们可以看到，2011年6月下旬，随着大盘进入阶段反弹行情，洋河股份

迅速突破前期振荡高点，打破了7个月以来的振荡整理格局，此时正是我们的介入时机，虽然，大盘反弹至7月中旬便开始掉头下跌，但洋河股份仍然保持强势走势，直到2011年9月2日，洋河股份跌破了本轮上涨以来的5周线，一个波段上涨行情即将结束，我们选择止盈卖出，2个多月的时间，我们在这只高价股上获利17%，而同期上证指数跌幅达8%，我们可获得25%的超额收益。

上面的案例说明，选对基本面优异的高价股，再以合适的时机作出正确的操作，即使在弱势市场，我们也可能获得正收益。

# 第三章

# 横盘整理股票的应对

当股票处于横盘整理这种运动状态时，它们就会保持在一个窄幅交易的范围内，有时会长达几个星期或几个月，既不会超过以前的顶部也不会低于以前的底部。这种情况时常会愚弄交易者并给他们造成损失。某只股票开始向上，交易者认为该股即将走高，但却停顿了下来，回调，返回到原来底部附近，而交易者认为该股即将走低，于是卖空，但却发现这只股票又出现了停顿并再次转而向上。当某只股票出现这种情况时，唯一要做的事情就是不去碰它，等待它向上或向下突破。在股票走出常常属于吸筹或派发的横盘整理状态后，而且进入了新的高低价位区域，就基本上可以确定出正确的趋势并进行交易了。

——江 恩

从宏观的操作层面来说，如果股票进入横盘整理状态，最好的操作策略就是耐心等待，等其股价作出向上或者向下的选择之后，再采取行动，这样是最合理的操作方式。

作为股票投资者，耐心固然重要，但是前瞻性也一样不能少，我们如果能在股票横盘整理的阶段，大体认识清楚各种横盘整理的特征，做到心中有数，那么等到股票行情突破的时候，我们就能够迅速判断其真假突破方向，迅速作出操作的回应，我想这样对于我们投资者是一件非常重要的事情。

那么在接下来的第三章，我将带领大家去解析横盘整理的各种类型以及在不同大盘环境之下如何去应对横盘整理，如何在某些时候利用横盘整理为我们的资产增值作出贡献。

## 第一节　横盘整理概述

### 横盘整理定义

横盘又称盘整，横盘是指股价在一段时间内波动幅度小，无明显的上涨或下降趋势，该阶段的行情振幅小，方向不易把握，是投资者最迷惑的时候。

### 横盘种类

横盘的出现不仅仅出现在头部或底部，也会出现在上涨或下跌途中，根据横盘出现在股价运动的不同阶段，我们可将其分为：上涨中的横盘、下跌中横盘、高位横盘、低位横盘 4 种情形。

### 1. 上涨中的横盘

此种盘整是股价经过一段时间急速的上涨后，稍作歇息，然后再次上行。其所对应的前一段涨势往往是弱势后的急速上升，从成交量上看，价升量增，到了盘整阶段，成交量并不萎缩，虽有获利回吐盘抛出，但买气旺盛，不足以击退多方。该盘整一般以楔形、旗形整理形态出现。

### 2. 下跌中的横盘

此种盘整是股价经过一段下跌后，稍有企稳，略有反弹，然后再次调头下行。其所对应的前一段下跌受利空打击，盘整只是空方略作休息，股价略有回升，但经不起空方再次进攻，股价再度下跌，从成交量看，价跌量增。

### 3. 高位横盘

此种横盘是股价经过一段时间的上涨后，涨势停滞，股价盘旋波动，多方已耗尽能量，股价很高，上涨空间有限，庄家在头部逐步出货，一旦主力撤退，由多转空，股价便会一举向下突破。此种盘整一般以矩形、圆弧顶形态出现。

### 4. 低位横盘

此种横盘是股价经过一段时间的下跌后，股价在底部盘旋，加之利多的出现，人气逐渐聚拢，市场资金并未撤离，只要股价不再下跌，就会纷纷进场，由空转多，主力庄家在盘局中不断吸纳廉价筹码，浮动筹码日益减少，上档压力减轻，多方在此区域蓄势待发。当以上几种情况出现时，盘局就会向上突破了。此种盘整一般会以矩形、圆弧底形态出现。

## 横盘的表现形式

横盘整理的表现形式多种多样，股票上涨或者下跌中的任何一个中场休息，我们都可以叫做横盘整理，然而我们这里主要介绍平时最时常发生的并且比较具有运用意义的横盘整理来给大家介绍。

我这里最主要给大家讲述矩形类型的横盘整理和收敛三角形的横盘整理。

### 1. 矩形横盘整理

矩形是指股价或股指，由一连串在二条水平的上下界线之间变动而形成的形态。股价在这一范围之内，呈现上升和回落。当价格上升到某水平位时遇到阻力，随即掉头下落，但很快便获得支持而重新回升，可是回升到上次同一高点附近时，再次受阻，挫落到上次低点，则再次得到支撑，将这些短期高点和低点分别以两条直线连接起来，便可以绘出一条通道，这通道既非上倾，亦非下降，而是平行发展，这就是矩形整理形态。

矩形整理又常常被人们称为箱形整理。意思是股价好像被关在一个箱子里面，上面有盖，下面有底，而股价在两层夹板之间来回运动，如果这种来回运动具有一定的规律性，即上升时成交量放大而下跌时成交量缩小，并且随着时间的推移，成交量整体上呈现缩小的趋势，那么这个形态就是矩形整理了。

矩形的横盘整理的不同在股票的各个阶段都有可能发生，有发生在底部区的横盘整理，有发生在顶部区的横盘整理，也有在上涨中段或者下跌中段的横盘整理，各种不同的情况我们都会在其运用中详细分析。

矩形为冲突形态，是描述实力相当的多空双方的争斗。这一形态明显告诉我们多空双方的力量在该范围之间几乎完全达到均衡状态，看多的一方认为其价位是较理想的买入点，于是股价每次回落到该水平便即买入，形成了一条水平的需求线。与此同时，另一批看空的投资者对后市没有信心，认为股价难以升越其水平，于是股价每次回升至该价位时，便即卖出，形成一条平行的供给线。从另一个角度分析，矩形也可能是投资者因后市发展不明朗，投资态度变得迷惘和不知所措而造成的。所以当股价回升时，一批对后市缺乏信心的投资者退出；而当股价回落时，一批憧憬未来前景的投资者又加入，由于买卖双方实力相当，于是股价就来回在这一段区域内波动。一般来说，矩形整理形态，在牛皮市和涨升市及跌市中都可能会出现。长而窄且成交量小的矩形在原始底部比较常见。如果矩形整理突破了上限或下限，便发出了买入和卖出的信号，涨幅或跌幅通常等于矩形本身高度。

另一种对于矩形意义的理解就是，当一只股票遭遇主力洗筹，且主力不想提高其吸筹成本时，就会采取矩形来回拉锯吸筹，如果主力的资金链充沛并且耐心十足，这样的振荡状态就可能持续数月之久。

下面我们就来看几个矩形横盘振荡的股票案例。

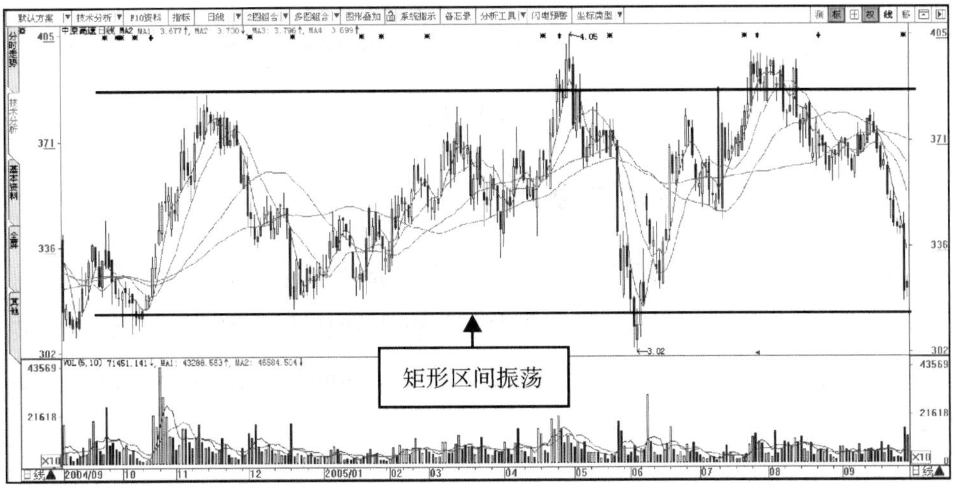


**图 3－1**

上图（图 3－1）是中原高速（600020）自 2004 年 9 月至 2005 年 9 月的日 K 线图，在这段时间大盘走出一段巨大的下跌浪，中原高速围绕 3.1 ～3.85 元价格间有规律的来回振荡，一旦股价下跌至 3.1 元附近，迅速反弹，当股价反弹至 3.85 元附近之后，很快又开始下跌，这样的规律持续了近一年时间。

再来看另一个案例。

与中原高速类似的是，粤高速（000429）（图 3－2）也在 2002 年 12 月至 2006 年 4 月这段更长的时间里同样呈矩形振荡。在这 3 年多的时间里，粤高速总是围绕 2.3 ～ 3.5 元之间振荡，只是相对于中原高速，粤高速每次循环的时间更长，每次高低点的涨跌幅更大而已。

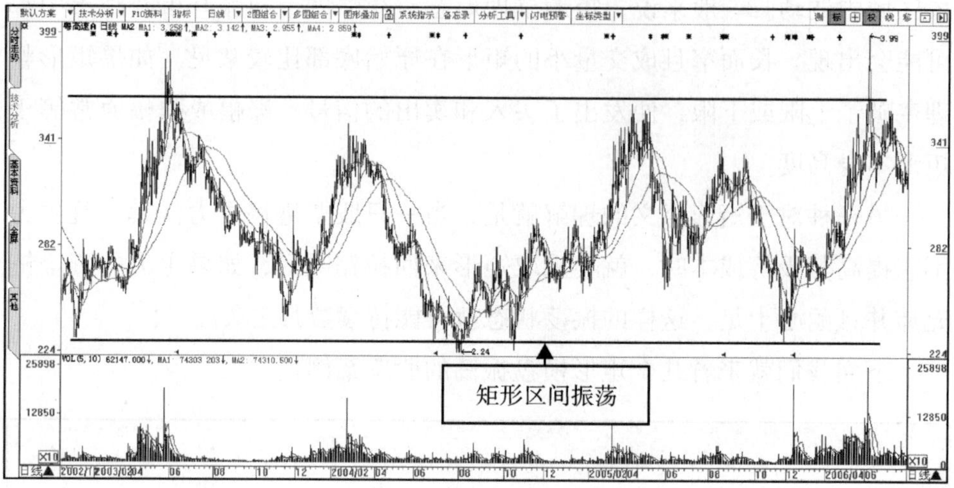


图 3－2

## 2. 收敛三角形横盘整理

收敛三角形横盘整理特征：股价在某一阶段出现了徘徊争执局面，每一次上升高点都比上次低，而每一次下跌低点却比上一次高，于是股价波幅越来越小，成收敛三角形状，而成交量在这期间呈现出减少的趋势，图3－3是收敛三角形的示意图。

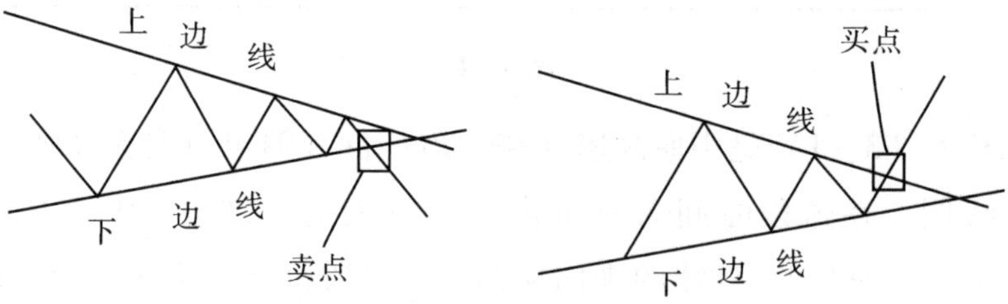


图 3－3

收敛三角形的形态特征是反弹高点不断下移、下跌，低点不断抬高。从技术上分析收敛三角形至少需要四个转折点构成，即在一段时间内至少应形成两个高点、两个低点，因为每条直线都需要两个点来加以确定。上面直线向下倾斜，对股价具有压力作用，下面直线向上倾斜，对股价具有支撑作用。

收敛三角形通常表示投资者的投资心态比较缺乏信心和趋于犹疑，投资行为更加谨慎，观望心理占据上风。这种形态在大多数情况下会延续原有的运行趋势，但是也有 1/4 的概率会演变成反转形态。

收敛三角形是个整理形态，整理结果向上突破或向下突破均可。不过在下跌趋势中出现，它最终选择往下的可能性略大些；在上涨趋势中，选择往上的可能性略大。收敛三角形向上突破的时间往往选择在收敛三角形的中下端，而向下突破的时间往往选择顶端附近。

下面我们来看几个现实中收敛三角形的向下和向上突破的案例。

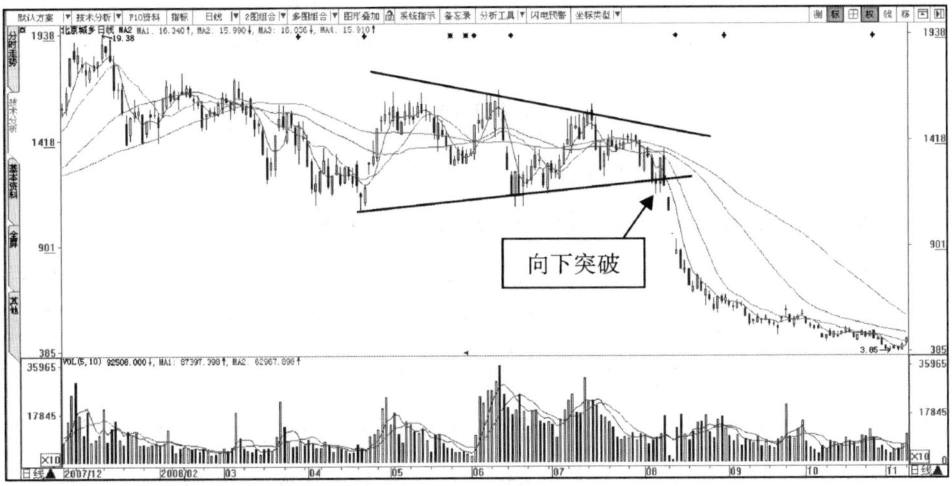


**图 3 –4**

图 3 –4 是北京城乡（600861）在 2007 年 12 月至 2008 年 11 月的日 K 线图，从上图我们可以看到，自 2007 年 12 月之后，北京城乡就走入下降通道，从 2007 年 12 月下跌至 2008 年 4 月之后，跟随大盘进入了一段反弹行情，之后的几个月就走入了图 3 –4 所示的三角形整理格局，但好景不长，在主力们维持了 4 个月基本出掉手中剩余的筹码之后，最终北京城乡向下突破，迅速下跌了近 70%。由于北京城乡在进入三角形整理之前就已经处于下跌行情中，所以，最终选择向下也是在我们的意料之中。

我们继续来看另一个向上突破的案例。

图 3 –5 是建设银行（601939）自 2008 年 8 月至 2009 年 7 月的日 K 线图，2008 年金融危机，刚刚上市的建设银行跟随大盘下跌了近 70%，2008

图 3－5

年 9 月之后，政府陆续开始救市。

2008 年 9 月 19 日，政府推出三大救市组合拳：

第一，经国务院批准，财政部、国家税务总局决定，从 2008 年 9 月 19 日起，调整证券（股票）交易印花税征收方式，将现行的对买卖、继承、赠予所书立的 A 股、B 股股权转让书据按 1‰的税率对双方当事人征收证券（股票）交易印花税，调整为单边征税，即对买卖、继承、赠予所书立的 A 股、B 股股权转让书据的出让方按 1‰的税率征收证券（股票）交易印花税，对受让方不再征税。

第二，国资委主任李荣融表示，国资委一贯强调国有企业尤其是中央企业要成为推动资本市场稳定发展的积极力量。在目前股市低迷的时候，国资委支持中央企业增持或回购上市公司股份。李荣融强调，中央企业所控股上市公司要成为资本市场的表率。总体上看，我国的经济形势是好的，中央企业的生产经营也是好的。国资委支持中央企业根据自身发展需要增持其所控股上市公司股份，支持中央企业控股上市公司回购股份。他同时表示，中央企业增持或回购上市公司股份希望能得到金融方面的支持。

第三，中央汇金公司昨日也透露，为确保国家对工、中、建三行等国有重点金融机构的控股地位，支持国有重点金融机构稳健经营发展，稳定国有商业银行股价，中央汇金公司将在二级市场自主购入工商、中国、建设三行股票，并从即日起开始有关市场操作。

证监会调整证券交易印花税，只向出让方征收；国资委支持央企增持或回购上市公司股份；汇金公司将在二级市场自主购入工商、中国、建设三行股票，在这三大组合拳的刺激下，2008 年 9 月 19 日，上证指数上涨 9.46%，沪深股市所有股票基本都已涨停报收。当日，建设银行也以涨停板报收，并且连续 2 天涨停，随后，上证指数在此创出新低，而受到汇金增持的建设银行则率先企稳，没有在此创出新低。

自 2008 年 9 月之后，建设银行就开始了三角形整理振荡行情，由于大盘股盘子大，在大盘刚见底阶段，不仅吸筹需要时间，同时，市场投资者人气尚未恢复，故而很难有好的表现。所以建设银行自 2009 年 9 月至 2009 年 5 月这段时间，一直处于三角形振荡的走势，每次低点不断抬高，每次高点不断下降，终于在 2009 年 5 月末的这次向下调整后，建设银行一举突破三角形整理格局，随后上涨了一个多月时间，共上涨了 44%。

虽然建设银行是从下跌浪开始走入三角形振荡的，但是由于熊市已经见底，所以其最终选择了向上突破，之前所述，下降中的三角形整理往往向下突破，上涨中的三角形整理往往选择向上突破，这些都是一般情况。如果个股见顶或者见底之时，情况就会发生逆转，我们要根据股票进入三角形调整之前的大盘的大环境和个股自身的情况作出分析，不能用教条主义的思路去处理问题。

## 第二节 横盘整理研究意义

横盘整理是一种股票的运行状态，这种运行状态在不同的大盘环境下有不同的含义，如果我们能够弄清楚各种横盘整理的内在意义，这将会在我们的股票操作中大有裨益。

下面我们就来具体分析一下研究横盘整理能够给我们带来什么优势。

首先，理解不同大盘环境和个股环境下的横盘整理的意义，能够让我们分清个股正处于一个什么样的运行状态，从而作出正确的操作判断。

在股票操作中，我们经常会犯下主观主义的错误，在大势不好的情况下，虽然自己手中的股票亏钱了，但是只要是处于振荡状态，就认为手中的个股不会向下破位，继续持有，最终落到补跌的下场，越亏越多。

或者只要看到手中的个股运行至振荡的高点，就以为会向上突破，不管目前大盘环境是否支持股票的上攻，这时候大部分的投资者肯定是不愿意抛出手中的股票的，往往都落到坐过山车的结局，运气不好的有可能落得亏损的下场。

这些问题的根源在哪里呢，答案就在于我们没有真正的弄清楚自己手中股票横盘整理的内在意义。

第一节说道，横盘整理有底部的横盘整理，也有顶部的横盘整理，有上升阶段的横盘整理也有下跌阶段的横盘整理，不同的横盘整理所代表的意义各有不同，我们只有弄清楚在各种情况下其运行的含义，才能在股票操作中做到心中有数，不至于犯下低级的失误。

其次，把横盘整理阶段的股票进行分类整理，研究其股票走势特点，选出具备突破潜力的股票进行关注，待到这些股票突破时，及时介入，享受横盘股票突破拉升的收益。

由于横盘突破股票的爆发非常不易，可能几个月甚至更长时间的盘整才有可能最终突破，如果不是长期对盘整股票的跟踪分析，仅仅看到股票突破前期平台，我们是不敢贸然购买的，因为突破有真有假，万一买到假突破，我们不仅要面临亏损，还要面临长时间股票盘整的煎熬。

因此，透彻的研究盘整股票的特点，并结合成交量以及基本面等因素进行细腻的分析，密切关注那些具有突破潜力的股票，一旦判定这些股票属于真突破，就可能给我们带来不错的投资机会。

最后，对于横盘整理的深刻研究和解读，有可能在某些时候为我们带来额外的套利收益。

在大盘处于振荡市场下降通道弱势的时段，或者处于下降通道中的振荡行情，在如上两种状态之下，最好的策略就是按兵不动，不要去冒任何的风险去操作股票，然而，总有一些投资者总是闲不住，或者因为亏损太多按捺不住，如果在这样的市场状态下必须要操作股票的话，我的意见是可以小仓位选择处于横盘振荡，并具有十足安全边际的股票去进行套利。

## 第三节　横盘整理的运用

通过第二节的介绍，我们知道了利用横盘整理这一股票运行特征，不但可以帮我们了解个股当前所处的具体运行状态，而且还能帮助我们去寻找突破的牛股和在大盘环境处于较为弱势的时候进行套利。

那么你们知道如何具体去运用横盘整理去解决上述问题吗？在第三节我们将给大家揭晓答案。

### 不同大盘环境下的横盘整理解读

我们对于个股的任何操作，都离不开大盘的环境，只有在特定的大盘环境下，才能确定对某种形态采取何种措施，对于横盘整理的分析也不例外。

我们把大盘分为上涨段、下跌段、阶段顶部和阶段底部四部分来考察在不同阶段下横盘整理的具体意义。

#### 1. 大盘阶段底部

在这样的大盘环境之下，最容易产生的横盘整理是底部区的横盘整理，因为个股和大盘的走势虽然相关度很大，但是却不尽相同，可能大盘还处于下跌阶段之时，一些股票已经下跌到位，提前见底，虽然已经提前见底，但是毕竟大盘环境太差，这些股票也很难走出独立的上涨行情，所以它们更有可能的就是走出底部区来回振荡的行情，这种情况下，一旦大盘的阶段底部得到确认，这种横盘的股票一般都会向上突破。

我们在第一节说到的建设银行就是此类情况，在此我不再赘述。

如果在大盘阶段底部区，且上一阶段下跌幅度较大，一些股票还处于上涨中段或者高位的横盘整理中，且其公司基本面并没有强烈的安全边际作为支撑，那么这样类型的股票即使在后面大盘见底上涨中，也难有上佳的表现，这样的股票在操作中，我们就要回避了。下面我们来看一个案例。

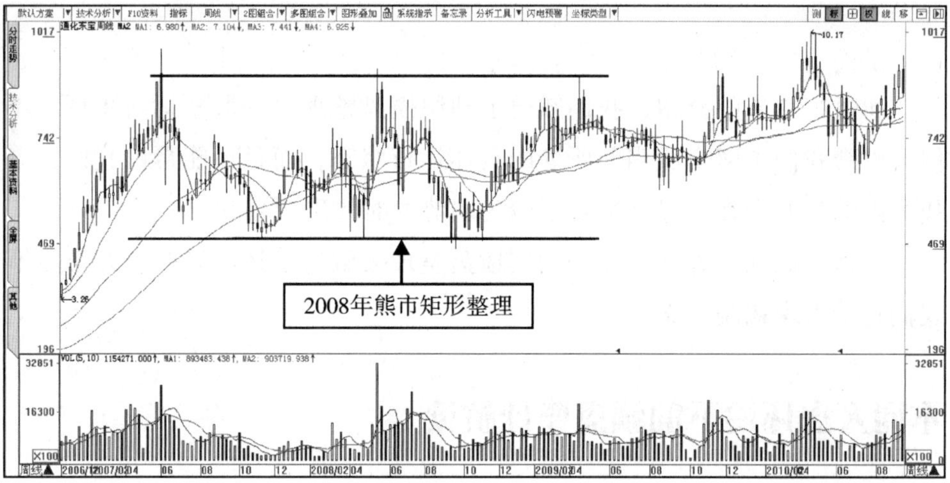


**图 3-6**

上图（图 3-6）是通化东宝（600867）在 2006 年 12 月至 2010 年 9 月的周 K 线图，从上图我们可以看到，自 2007 年 6 月之后，通化东宝并没有在此创出新高了，而是围绕 4.9 ~ 9.1 元做矩形整理的走势，即使大盘处于 2008 年的巨大跌浪，通化东宝仍然顽强地走着矩形整理的走势，没有被大盘拖累下跌。然而，2008 年 10 月上证指数见底之后，许多股票开始反弹上涨，并且创出历史新高，而通化东宝仍然没有表现，依然做着横盘整理的走势，这种格局一直持续到 2010 年 10 月之后，从 2008 年年底至 2010 年 10 月底长达 2 年多的时间里，通化东宝涨幅不足 50%，走势严重落后于其他中小盘股票。

其实 2008 年第一季度，通化东宝的每股收益 0.05 元，到了 2008 年年底，通化东宝每股收益只有可怜的 0.13 元，净利润同比减少 39.53%，可见，并没有强大的业绩支撑的通化东宝在随后的牛市中表现糟糕，走势严重落后于大盘和其他大部分中小盘股。

通过上面的案例我们知道，在大盘下跌时抗跌的股票，如果不是业绩优异且具有安全边际的股票，那么这样的股票在大盘见底之后，往往也很难有好的表现。

## 2. 大盘阶段顶部

在大盘见到阶段顶部的情况下，很多股票都处于高位横盘的情况，这些股票之所以没有破位下跌，就是在争取时间出货，待到大盘见顶下跌之时，主力们可能已经基本完成派发了，在这样的情况下，破位大跌也是理所当然的事情。

下面我们来看几个这样的案例。

在2007年底至2008年初，这样的案例屡见不鲜，我们之前所说的北京城乡就是利用三角形横盘整理来出货的典型案例。

我们再来看一个例子。

**图3－7**

图3－7是自仪股份（600848）自2007年3月至2008年4月的日K线图，通过上图我们看到，在2007年5月23日创出历史新高之后，自仪股份就早早就进入整理的态势，自仪股份自2007年6月至2008年3月这段时间一直呈现三角形横盘整理的走势，每次整理的相对高点都会放出较大

的成交量，而且每次调整的地点都越来越低，最终，在2008年3月整理中的一次巨量反弹后，自仪股份最终选择了向下突破。

类似自仪股份这样整理出货的股票在当时还有很多，在大盘见顶附近我们尤其要注意这样的股票向下突破的风险，一旦向下突破，我们要坚决清仓锁定既得收益。

在大盘阶段见顶之时，还有一类横盘股票，由于之前涨幅不大，一直处于吸筹状态，主力们仍然没有吸收到既定数量的筹码，这样的股票有两种情况，一种会在大盘有见顶迹象之前突然爆发，另一种会仍然保持原先的横盘整理状态，趁着大盘下跌之际继续吸筹，这种股票一旦等到大盘企稳或者下跌放缓之际，就会突然爆发，经常以直线速度拉升，这样的股票多发生在大盘走出一段较大行情的后期。

下面我们来看一个案例。

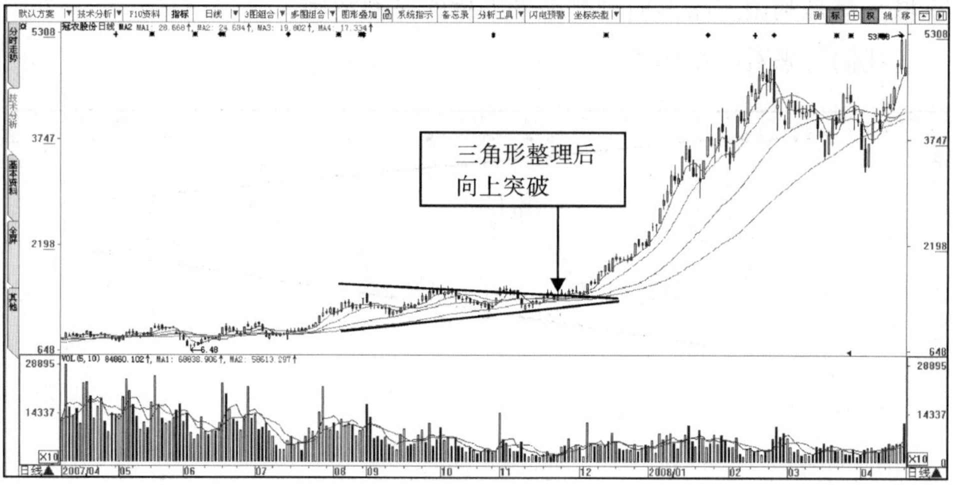


**图3－8**

上图（图3－8）是冠农股份（600251）自2007年4月至2008年4月的日K线图，通过上图我们看到冠农股份在2007年4月之前就已经处于振荡盘整中了，其走势自2007年年初就落后于大盘，在大盘与2007年10月见顶之后，冠农股份进入了三角形整理走势，与其他出货的三角形整理不同，冠农股份的每次三角形整理的高点处的成交量并没有明显的放大，而是呈逐渐缩小的状态，而整理过程中总体成交量呈现缩量状态，2007年

12 月，随着大盘进入反弹，冠农股份随即爆发，向上突破了三角形整理区，2 个多月时间上涨了 210%。

可见，在大盘刚刚见顶的前期，寻找那些之前走势落后于大盘的，并且前期有充分建仓吸筹的横盘整理向上突破的股票，也可以给我们在大盘刚见顶之前获取超额收益。

### 3. 大盘上涨段

首先要弄清楚我们这里所说的大盘上涨段的含义，我们这里所说的上涨段是指一个大的上升周期，这个上升周期包括较完美的上涨段和上升过程中的横盘振荡行情。

在这里我们暂且将大盘上涨段分为上涨段和上涨中的振荡行情。

如果大盘处于非常完美的上涨段，一般个股都会处于与大盘类似的上涨段中，此时如果某些股票处于横盘振荡的状态，一般情况来说可能是该股之前已经大幅上涨并提前进入休整，又或者该股主力洗筹不够，不愿拉升，不管是哪种情况，在大盘的完美上涨段，我们都应该避免购买这些股票，一定要购买已经突破了并且持续上涨的股票。

如果大盘处于上涨行情中的横盘休整阶段，一般大盘在上涨过程中的横盘修正一旦形成，都会有数月甚至几年的时间，这时候操作好股票是我们资产能否持续增值的关键。

在这样的大势前提之下，大部分股票都会随大盘走入振荡行情，在这样的振荡行情中，我们寻找振荡底部购买股票，振荡高点抛出股票的投资策略是较明智的做法。

由于大盘的大方向处于上升状态，所以一般中途的振荡调整阶段也并不是十分可怕，在这样的前提之下，我们寻找之前大盘上涨段并未大幅上涨，且近期一直处于横盘整理的股票，把具备这些特征的股票加入股票池，再进行进一步的基本面等的研究之后，把符合条件的横盘整理的股票加入自选股密切关注，一旦在大盘振荡盘整的相对较好时机突破之后，便可以大胆介入。

我们来看几个案例。

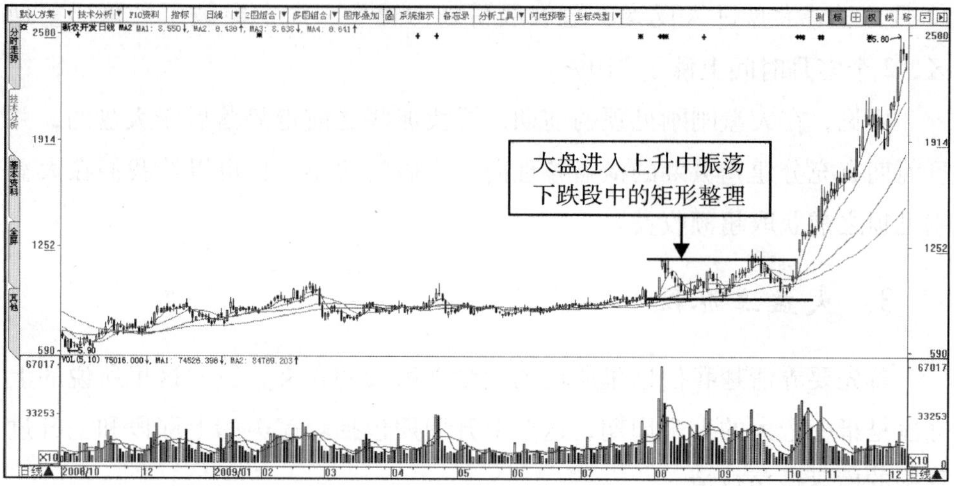


**图3－9**

图3－9是新农开发（600359）的日K线图，可以看到，该股在大盘2008年见底之后至2009年8月初进入调整这段牛市以来，涨幅严重落后于大盘，该股自2009年2月底开始就进入振荡盘整状态，只是振荡幅度非常小，2009年8月之后，大盘进入上升浪调整阶段，新农开发并没有跟随大盘快速下跌，而是构筑了一个较大的矩形振荡盘整区间，在2009年10月之后，大盘进入振荡上升段，新农开发借机爆发，2个月上涨了154%。

我们来看看新农开发的基本面状况。

2009年8月24日，新农开发发布半年报，指出2009年1～6月每股收益0.026元，净利润扭亏为盈，我们看到虽然新农开发每股收益扭亏为盈，但是并没有想象中的那么好，仅仅凭借这样的利好股价难有好的表现。

更加劲爆的消息随之而来。

2009年10月26日，新农开发召开三届三十四次董事会，此次会议通过了以下两个投资议案：

第一，《关于收购新疆金墩矿业公司的议案》：

本公司拟出资1200万元收购新疆金墩矿业公司股权，占新疆金墩矿业公司注册资金的60%。

第二，《关于设立阿拉尔青松海龙化工有限公司的议案》：本公司拟

1840万元设立阿拉尔青松海龙化工有限公司，占阿拉尔青松海龙化工有限公司注册资本的11.5%。

新农开发从一家农业企业，摇身一变成为具有矿产和化工的多元化企业，进一步提高了企业抵御风险的能力。

此后新农开发的股价再次被激活，迅速上涨。

因此我们看到，在牛市初期涨幅落后大盘，在大盘步入振荡调整时，这些前期滞涨股如能介入利好，顺利突破横盘整理振荡区间，则有可能给我们带来可观的收益。

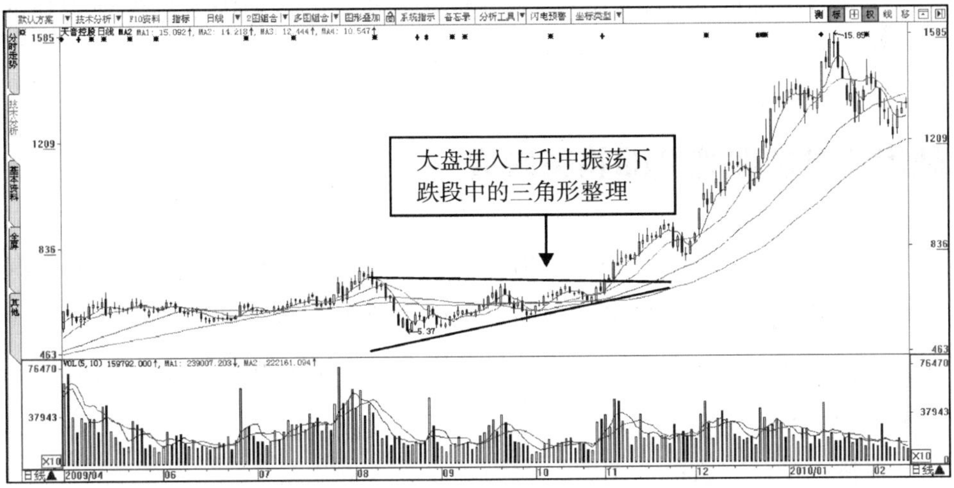


**图3－10**

如图3－10，与新农开发相类似的，天音控股（000829）也在2009年8月后大盘进入振荡下跌段时进入了三角形整理形态，随着大盘在10月见底回升，天音控股也向上突破了整理三角形的形态，迎来了较大的上涨。

## 4. 大盘下跌段

大盘的下跌段是指大盘阶段见顶之后长达数月甚至几年的下跌浪。

与大盘的上涨段类似，大盘的下跌段也可以类似地分为完美的下跌浪和下跌浪中的横盘振荡两种情况。

在这里我首先要强调一点，在大盘处于下跌段中的完美下跌浪中，我们最好的操作策略就是空仓，这一点是股票操作铁的纪律，此时投资者一定要管住自己的手，保住自己的本金安全，留得青山在，不怕没柴烧。

那么在下跌段中的振荡市场，是不是要跟上涨段的振荡行情一样去寻找将要突破的股票？

答案是否定的，在下跌市场，下跌中散户们割肉的量多过于反弹中散户们的买入量，在这样的一个弱势的行情中，我们不能奢望股票能够突破上涨，同时我们也不能随意挑选股票去做波段行情。

在这样的情况下，我们一定要考虑自身的资金安全，如果要做波段套利行情，我们一定要寻找具有十足安全边际并且流通性好的个股去操作。

有关这方面的案例我们会在本节最后一部分——利用横盘整理套利里面说道，请读者参阅之后的案例。

## 利用横盘整理挑选即将突破股

本节的第一部分，我们详尽地分析了不同大盘环境下个股横盘的意图及其之后的发展方式。接下来我们来把横盘整理作为一种单独的选股模式去分析，寻找买入横盘突破股票的最佳时机，争取为我们的资产增值作出贡献。

在挑选横盘突破的股票时，我们要注意以下几点：

### 1. 看大势环境是否适合横盘整理突破股票的投资

承接第一节的分析，在大盘处于一段完美上升段的尾声或者在大盘处于上涨段的振荡行情的上涨尾声或者处于上涨中振荡行情的阶段底部，在这三种情况之下，挑选具有潜力的横盘整理股票最有用武之地，正是因为在大盘行情好的阶段，这些股票一直处于横盘整理状态，相对大盘，其涨幅靠后，在大盘处于上升段中，这样的股票具有一定的补涨效用，上面这种思路同样适用于上升段中振荡行情的阶段顶部的情况。在振荡行情的阶段底部，由于突破的股票较少，此时很难找到突破股去购买，在之前一直保持横盘整理状态的股票形态保持较好，很容易形成突破，成为下一阶段的领头羊。

上面我们所说的新农开发和天音控股都是属于在大盘上升振荡市场底部启动突破横盘整理格局而爆发的股票。

## 2. 看个股技术面条件是否具备爆发条件

技术面上，看个股的筹码是否集中，筹码集中与否是这些股票的主力是否吸足筹码的重要指标之一，以及股票价格是否太高，流通盘是否太大等这些都是从技术面考量股票能否爆发的条件。

我们来看一个案例。

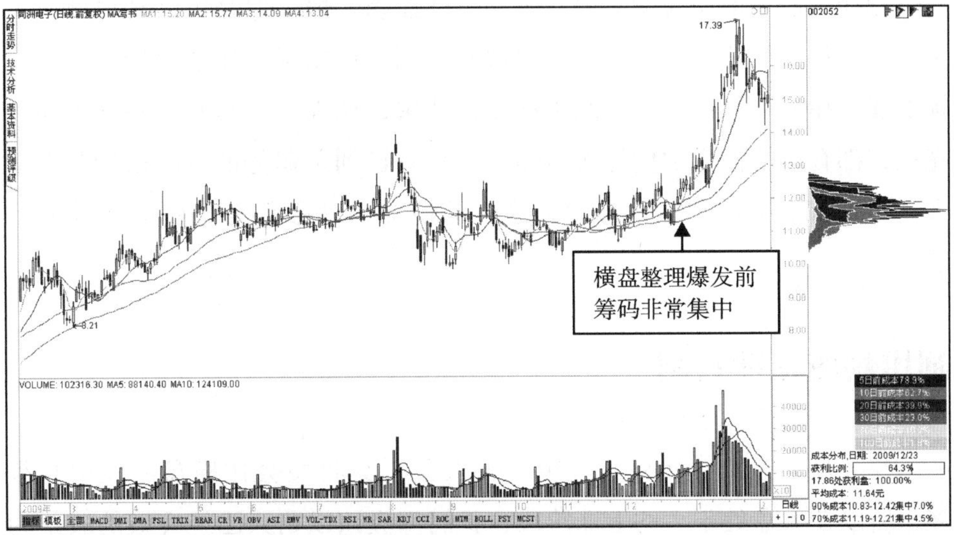


**图 3 –11**

上图是我们在 2009 年底成功狙击的一只股票。2009 年 11 月底，大盘进入了振荡行情的阶段顶部，此时市场已经较难寻找到涨势较好的股票了，在 12 月初，同洲电子（002052）这只股票吸引了我的注意，自 2009 年 5 月后，同洲电子就先于大盘开始了整理行情，而大盘进入 2009 年 8 月调整之后，同洲电子仍然我行我素地吸筹振荡，通过查看筹码，我们发现，这段时间同洲电子的筹码集中度越来越高，在 2009 年 12 月末，其 90% 的筹码集中度已经达到了 7%，这个已经属于非常集中了，在振荡行情一旦主力筹码吸食完毕就会带来一波拉升行情，因此我们在 12 月末逐步建仓同洲电子，博取短期差价，凑巧的是，在 2009 年 12 月 23 日之后，大盘进入了阶段底部，此时同洲电子也是放量上攻，我们逐步加仓，达到既定仓位，随后，同洲电子还算给力，一个多月上涨了46%，我们也获利40%以上。

### 3. 看个股的基本面是否具备亮点

由于在市场的上升段中，并不要求每个横盘突破股票都要基本面过硬，每股收益都要达到1元以上，在大盘形势好的情况下，只要某一个基本面的亮点就有可能成为主力们操作的条件。

例如我们之前所说的新农开发，虽然业绩一般，但是由于其对外投资了矿产和化工行业，拓宽了自己的盈利范围，在振荡市场中股价获得了大幅上涨，在上涨行情或者上涨中振荡行情中，如果公司具有一些基本面的亮点，都有可能被主力们挖掘炒作，但是一旦到了弱势的下跌市场，由于人气不足，投资者都比较谨慎，这样的情况下就必须有过硬的业绩支撑了。

## 利用横盘整理套利

在大盘上涨段，购买已经突破的股票，其收益会比横盘的股票高很多，所以在大盘处于大的上涨阶段，我们都应该以购买已经突破的股票为主。

那么在何种时候我们会用到横盘整理去套利呢？

在大盘处于上涨阶段的振荡行情中，当下跌段持续时间较长，市场已几乎没有什么突破股票可以购买的时候，又或者下跌段跌破前一阶段的地点，形成短暂的恐慌的时候，此时市场信心处于比较脆弱的状态，在市场上操作股票变得力不从心，此时我们就可以选择具有高安全边际的股票进行套利，赚取短期差价。

自2011年4月大盘进入下跌浪以来，基本没有像样的反弹，每次反弹时间只有十几个交易日，市场人气非常不足。在这样的情况下，对于那些用较大的资金购买小盘袖珍股博取阶段大反弹，显然已经不合时宜了，那么在这样的行情下，大资金能够通过什么方式获利呢？

下面是一个2011年4月下跌浪中的横盘套利的案例。

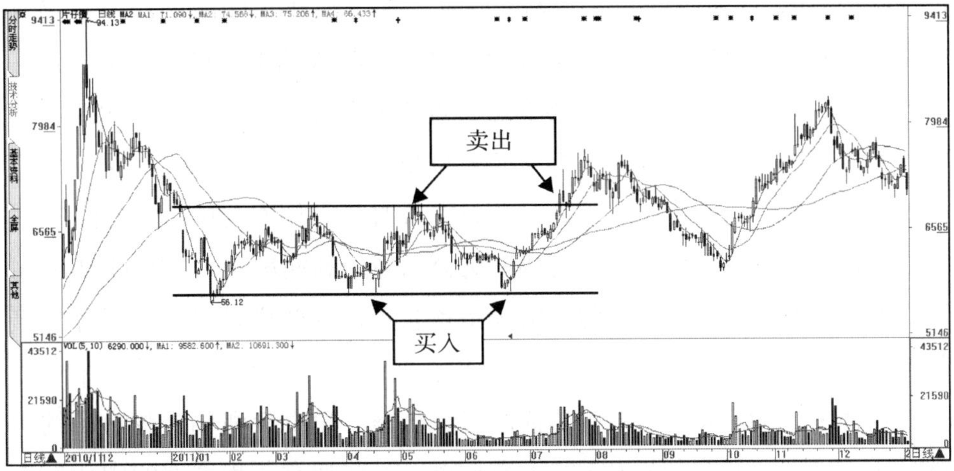


**图3－12**

图3－12所示的是片仔癀（600436）的日K线图，通过该图我们发现，片仔癀自2010年11月调整之后，股价便回归振荡整理走势，2010年1月后，虽然大盘经历了一波较强的反弹，但是片仔癀涨幅不大，并且已经于2011年3月中旬先于大盘见顶下调，至大盘4月见顶时，片仔癀已经达到阶段底部区，正式形成了矩形振荡格局，此时我们就可以果断介入片仔癀做横盘整理套利，截至2011年5月，片仔癀达到前期振荡高点，我们可以抛出，这一波段我们可以获利15%，随后片仔癀于2011年6月再次跌至振荡低点，我们再次买入套利，2011年7月15日，片仔癀再次达到前期振荡高点，我们再度抛出，获利19%。

从4～7月下跌以来，大盘最高下跌了14%，而我们却获利36%。这个收益已经远远领先大盘近50个百分点。

另外，我们敢于在大盘弱势时购买片仔癀套利，不仅仅因为其处于矩形振荡格局，更为重要的是其基本面的情况。

我们先看看国都证券对片仔癀的调研要点：

一是片仔癀提价放量，净利润大幅增长。公司一季度实现净利润6550.19万元，同比大幅增长95.53%，超过市场预期。公司净利润大幅增长的原因是主导产品片仔癀提价放量所致。公司发布提价公告，从2011年1月1日起片仔癀内销价格调整为220元人民币/每粒，提价10%；外销价格调整为24美元/每粒，提价17%。我们预计片仔癀提价后，仍有10%以上的销量增长，预计一季度片仔癀销售收入约1.2亿元。由于片仔癀占公司业务结构80%以上，提价使产品毛利率小幅上升，致公司收入增幅大于成本增幅。公司未来根据中药材价格还可能对片仔癀进行提价，将成本压力转嫁至消费终端，因此中药材涨价对公司整体毛利率影响较小。

二是药妆系列增势显著，有望成为公司新的利润增长点。2011年公司计划把化妆品和日化产品作为新的经济增长点，因此增资对子公司片仔癀化妆品公司进行搬迁改造，并加大对片仔癀药妆的广告投入。品牌中药在药妆、日化产品等大健康领域延伸的优势显著，2010年我国药妆市场约为480亿元，未来仍将保持20%的年增长率。目前拥有药妆系列的中药上市公司较少，公司无疑是中药药妆系列的领军人，有望充分分享行业增长带来的收益。我们预计一季度药妆系列销售收入同比增长在70%以上，未来有望成为公司新的利润增长点。

三是盈利能力稍有改善。公司一季度综合毛利率同比上升10.8%，盈利能力微幅提升。毛利率提升系主导产品片仔癀提价放量所致，其他产品增长平稳。一季度公司销售费用率大幅提高，同比增长133.37%，主要原因是子公司福建片仔癀化妆品公司为增加销售，加大产品宣传广告投入所致。

四是首次给予公司“短期－推荐，长期－A”的投资评级。我们预计公司2011—2013年的每股收益分别为1.57元、1.82元、2.11元，目前股价对应2011—2013年的动态市盈率分别为42倍、36倍和31倍。我们认为未来公司片仔癀产品仍有提价预期，且VIP营销策略成效较为显著，公司业绩还有可能超预期，我们首次给予公司“短期－推荐，长期－A”的投资评级。

通过大券商的调研报告我们发现，片仔癀能够维持如此高价，的确是因为其良好的业绩情况，自2008年以来，片仔癀的年度每股收益基本都在1元以上，且近年来有加速增长之势。

强大的业绩支撑和安全边际是我们在大盘处于弱势阶段敢于大手笔参与横盘调整套利的根本原因。

之前在第二章，高价股投资里面提到的张裕 A 和贵州茅台及洋河股份等公司都具备这样的条件，这些股票在大盘弱势的时候都能在2011 年4 月之后提供给我们振荡行情套利的机会，在此我便不再详细说明了。

另一种情况，大盘处于下跌段的振荡行情中，由于完美下跌段中几乎没有获利的机会，因此在大盘处于下跌浪中的振荡行情时，我们可以选取高安全边际且流通性非常好的股票，进行套利，赚取短期差价。

在这样的情况下，我们只能选择那些非周期性防御性质非常明显且业绩不错的股票，类似公路、港口以及电力等进行套利。

我们来看一个案例。

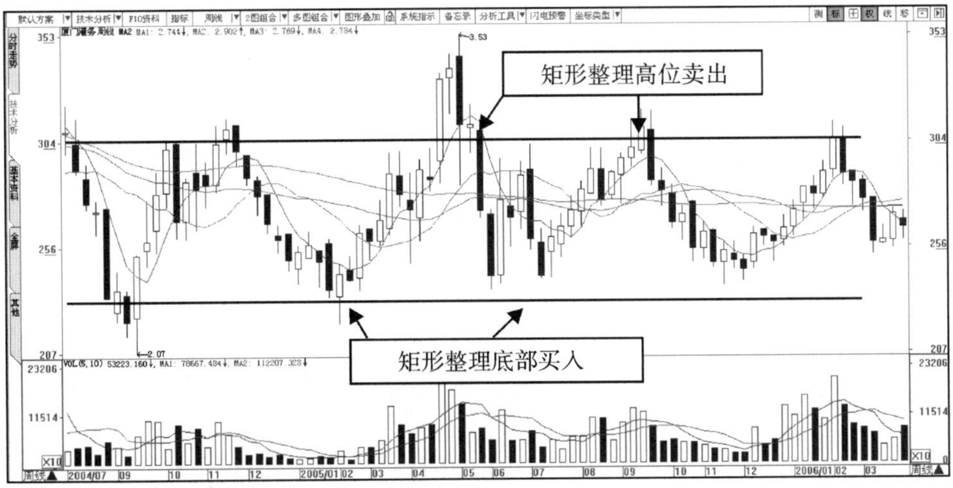


**图 3 – 13**

图 3 – 13 是厦门港务（000905）自 2004 年 4 月至 2006 年 3 月的周 K 线图，我们知道 2001 年 6 月开始的一轮熊市持续了近 4 年，在经历了 2002 年 1 月至 2004 年 9 月下跌中的振荡盘整行情之后，上证指数终于还是以迅猛之势杀跌下来，自 2004 年 9 月至 2005 年 6 月这段时间，上证指数 1496 点最低跌至 998 点，下跌幅度达到了 31%。这轮熊市的最后一波下跌杀伤力极大，众多有实力的券商机构都是倒在这样一波杀跌之中。

然而在这样的阶段仍然能够独善其身的股票非常稀少，厦门港务就是其中一只，尤其身处港口这个防御性较强的行业，在 2004 年其业绩也算中规中矩，每股收益达到 0. 33 元，但相对于其低廉的价格，其估值水平已经很低了。

从图 3 – 13 我们看到，厦门港务在这轮大盘最后下跌中一直维持着矩形横盘整理的走势，两次从振荡地步买入至振荡高点卖出可分别获利 38% 和 28%，在大盘处于这样弱势的情况下，仍然能有利润实属难得。

但是在大盘处于极端的下跌行情下，除非找到类似于厦门港务这样的股票，否则不可轻易套利。

与厦门港务类似的，还有我们之前所说到的粤高速等股票都具有横盘整理的特点，在 2004 年的那波下跌浪中均获得一定的套利收益。

# 第四章

# 缓慢上升的股票

某些股票在很长的时间内都运动缓慢，但只要其趋势是向上的，就可以指望这类股票最终一定会有一次快速上升的过程。买入这样的股票并等待其出现最后的上冲还是值得的。在这种股票的快速运动中可以赚到大钱，有的可能持续3～10天，有的则更长。

——江　恩

在平时的股票操作中，面对缓慢上升的股票，我们大都会表现出不耐烦的心态，当缓慢上升的股票突然爆发，接连上涨，我们又会不知所措，也许有人会说，见突破就追涨不就可以了，没必要不知所措啊！答案是否定的，我们之所以不知所措，正是因为我们都有过追涨突破股票的经历，有时赚钱了，但大部分时候都是以亏损收场，这就是我们为什么不知所措的根源所在了。

那么我们为什么追涨的大部分都会以亏损收场呢？如何能做到追涨赚钱呢？

读完本章可能会对你有所启发。

我们先来看看为什么我们追涨会亏钱？

首先，上涨的股票类型大有不同，按照股票的二八定律，在大部分时间里，股票要么下跌要么来回振荡，真正突破的概率是非常小的。其次个股的突破与大盘的情况息息相关，只有大盘的大方向保持稳定的前提下，个股的突破才有可能是真突破。最后，在那些上涨的股票中，大部分的上涨可能是暂时性的，未构成长期的突破行情，我们必须要分清个股上涨的根本原因，从基本面上去分析上涨个股是否具备持续上涨的动力。只有基本面优异，自营业务情况发展良好，具有安全边际的股票才具有持续上涨的能力，否则，随便追涨，必然会带来苦果。

知道了亏损的原因，那么我们来试着分析一下能否在特定条件下，某种追涨有较大可能能够赚到钱呢？

带着这些问题，我们进入第一节的内容。

## 第一节　不同大盘环境下缓慢上涨的含义

### 大盘上涨段上升浪中的缓慢上涨

大盘处于较为完美的上升浪中时，如果某个股处于缓慢上涨的阶段，那么可能会有以下几种情形。

## 1. 该股已经提前大幅上涨，透支了上升浪中的涨幅，提前进入缓慢上升盘整状态

下面我们来看几个类似的案例。

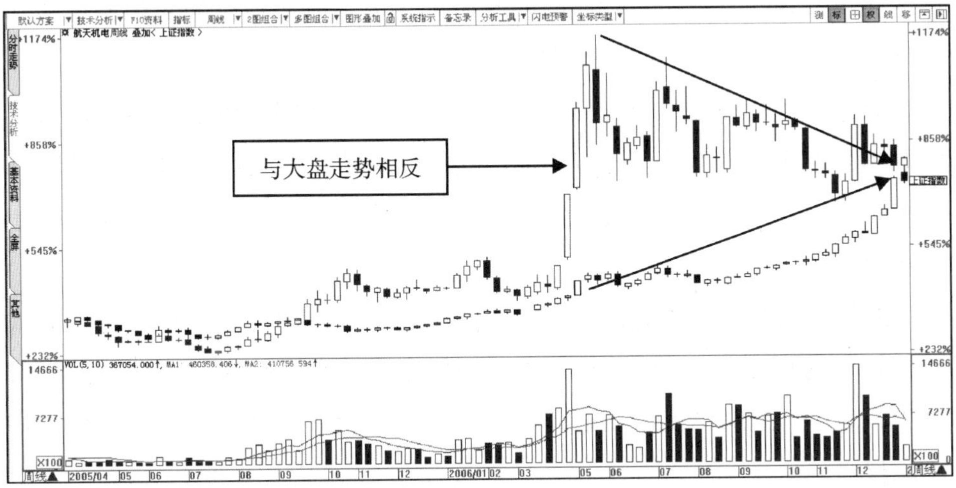


图 4-1

图 4-1 是航天机电（600151）于上证指数在 2005 年 4 月至 2006 年 12 月的周 K 线叠加图。通过该图我们可以清晰地看到在 2006 年 6 月过后，上证指数逐渐攀升，而航天机电却逆势下跌，走势非常弱势。我们来看看这其中的一些原因。

2005 年 6 月之后，随着大盘见底回升，航天机电也是跟随大盘快速上涨，并成为当时第一阶段反弹中涨幅不错的股票，2005 年 11 月之后，航天机电跟随大盘走入调整行情，虽然大盘在 2005 年 12 月至 2006 年 3 月快速上涨，但是航天机电却没有继续上攻，股价陷于振荡整理的格局之中。

2006 年 2 月 27 日，航天机电公告股改方案，每 10 股流通股送 2.8 股股票，27 日起停牌，航天机电非流通股股东一致同意以支付股份的方式换取其非流通股股份的流通权。根据股权分置改革方案，流通股股东每持有 10 股流通股将获得 2.8 股股票的对价。此对价安排实施后，原非流通股股东持有的股份即获得上市流通权。

紧接着，2006 年 3 月 9 日，航天机电把原来的股改方案由每 10 股流通股送 2. 8 股调整为送 3. 2 股。

航天机电自 2006 年 2 月 27 日公告股权分置改革方案以来，公司董事会协助非流通股股东，通过热线电话、举行投资者网上交流会、拜访投资者等多种形式与流通股股东进行了充分的沟通和协商。在广泛听取投资者意见和建议并结合公司实际情况的基础上，提出改革动议的非流通股股东提议，对公司股权分置改革方案部分内容作如下调整：

原方案的对价安排为：公司非流通股股东一致同意以支付股份的方式换取其非流通股股份的流通权。流通股股东每持有 10 股流通股将获得 2. 8 股股票对价。此对价安排实施后，原非流通股股东持有的股份即获得上市流通权。

调整后的对价安排为：公司非流通股股东一致同意以支付股份的方式换取其非流通股股份的流通权。流通股股东每持有 10 股流通股将获得 3. 2 股股票对价。此对价安排实施后，原非流通股股东持有的股份即获得上市流通权。

在 2007 年 3 月 27 日的股东会上，同意了之前更改后的股改方案。

2006 年 4 月 7 日，航天机电股票简称改为“G 航天”，股改方案正式实施，当天股价大涨 37. 47% （复权涨幅），随后经历了几天的调整之后，股价再次启动，连续涨停，4 周内股价涨幅达到 165% 。至此，航天机电自本轮牛市 998 点低点以来，已经累计上涨了 9 倍多，而同期上证指数涨幅仅为 61% 。

因此，对于在牛市初期涨幅严重大于大盘的股票，我们要注意其上涨的动能是否还存在，如果其上涨动能相对大盘明显减弱了，这样的股票我们就要十分警惕了。

如果某股票在大盘上涨阶段走势明显弱于大盘，且之前有过大幅上涨，那么这样的股票我们最好敬而远之。

我们再来看另一个案例。

与航天机电相类似，丹化科技（600844）也同样是因为股改而导致股价大涨，与之前航天机电不同的是，2005 年 5 月 29 日之前，该股还不叫

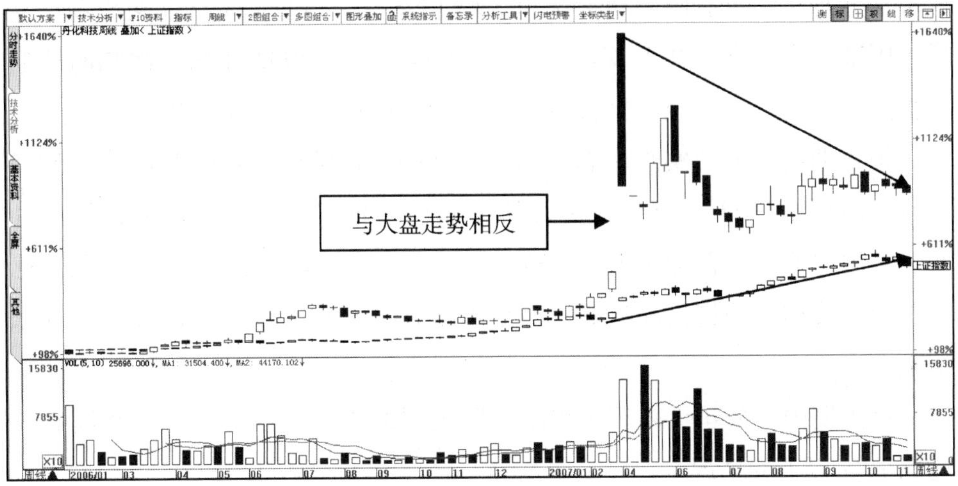


**图 4－2**

丹化科技，名为 SST 大盈，在 2007 年 4 月 26 日，该公司刚刚实施完 10 送 3 的股改方案。

2007 年 4 月 30 日，公司发表公告，具体谈到了近一年的业绩情况和对以后的规划：

SST 大盈 2006 年度每股收益 0. 2014 元，每股净资产 0. 423 元，净资产收益率 47. 634%；实现主营业务收入 699. 34 万元，同比减少 44. 648%，实现净利润 6133. 65 万元，同比增长 2077. 93%；不分配不转增。

公司报告期内总体经营情况：

2006 年是公司进行重大调整和谋求发展机遇的关键年，公司主要从以下几方面作为工作切入点，全力推进并取得了实质性突破：

报告期内，上海轻工控股（集团）公司已通过上海英雄实业有限公司全部还清了其关联企业对公司的欠款。公司通过司法途径对原大股东上海市农业产业化发展（集团）有限公司及其关联企业的全部非经营性关联欠款提起诉讼进行追讨。通过对资产盘活和处置以及对银行债务的整合，增加收入并减少费用支出。

报告期内，为彻底改变公司可获利经营性资产不足的局面，2006 年 8 月 24 日，公司与江苏丹化集团有限责任公司、上海盛宇企业投资有限公司分别签订了资产购买协议，公司以分期付款的方式分别向上述两家公司购买江苏丹化醋酐有限公司45%和30%的股权。该重大资产购买事项已获得中国证监会核准，并于2007年3月2日在公司2007年第一次临时股东大会上获得通过。截至本报告披露日，相关产权交割手续已办理完毕。

报告期内，公司实现主营业务收入699.34万元、主营业务利润53.8万元、净利润6133.6万元，实现的净利润来自于以前年度坏账计提的冲回。其中农业类主营业务收入687.24万元。南宁新上海大厦房产项目已竣工交付使用，预售情况良好。截至本报告披露日，该项目审计工作尚未结束。

报告期内，公司无来源于单个参股公司的投资收益对公司净利润影响达到10%以上的情况。

2007年的发展规划及未来发展的展望。

公司的重大资产重组全部完成后，江苏丹化醋酐有限公司（以下简称“丹化醋酐”）成为公司主要的经营性资产，公司的主营业务转为煤化工领域。

（1）公司所处行业的发展趋势及公司面临的竞争格局。

目前国内醋酐产量尚不能满足国内需求，每年约有1/3需求依赖进口。丹化醋酐为国内主要生产厂家之一，其通过自主创新，已建成亚太地区唯一一套、全球第七套羰基化合成醋酐生产装置，成为全球继塞拉尼斯、伊斯曼、BP后第四个掌握该项技术自主知识产权的企业。该项技术是我国“八五”期间煤化工领域四大技术攻关项目，其与传统的石油裂解法相比，具有明显的成本优势。因此该装置的建成投产是我国在精细煤化工领域的重大突破，它打破了国外醋酐羰基化技术的长期垄断格局。

丹化醋酐现拥有3万吨醋酐产能，并在进行4万吨醋酐产品生产线的建设。由于国内醋酐市场供不应求，加之公司拥有成本优势明显的垄断技术，预计将会给公司带来较好的经济效益。

（2）公司未来的发展机遇。

醋酐是一种用途广泛的有机化工产品，主要用于生产醋酸纤维素（又称醋片，因其阻燃性和截留烟气焦油效果好，是制造卷烟过滤嘴、高等级胶片、高档纺织面料的最佳材料），醋酐的其他用途包括用于制造药品、染料、香料、漂白剂等；随着科技的不断进步，近年涌现出醋酐很多新的用途。

我国近几年醋酐市场需求高速增长，丹化醋酐作为全球第四家、国内唯一一家掌握先进的羰基合成法工艺技术的企业，具有明显的技术优势和成本优势；2007 年新建 4 万吨醋酐产能投产后，公司年产能将达到 7 万吨，届时将兼具规模优势和技术优势，有望成为国内醋酐行业的龙头企业；此外，公司将充分凝聚金融资本、前瞻性技术和产业化能力的合力，依托国内丰富的煤炭资源，不断大力开发精细煤化工系列产品，构建国际一流的煤化工及其他相关化工技术研发和产业化开发平台。

虽然 SST 大盈在公告中说明了之后重组的具体细节，而且在随后重组却是也成功了，但是这些并没有在随后的牛市末期行情中给公司股价带来上涨，相反的是，从 2007 年 5 月 29 日之后至大盘见顶的 10 月 16 日，公司股价累计下跌了 30%，而同期上证指数上涨了 40%。

究其主要原因，只是该股在牛市之前涨幅过大，这个是其重组成功后仍然表现弱势的原因。

从以上的案例，我们认识到在牛市中，对于那些前期涨幅过大，且在牛市上涨段涨幅明显弱于大盘的股票，无论该股的基本面或者题材有多诱人，我们都要坚决回避它们。

### 2. 该股尚处于低位，主力们的吸筹量尚没有达到既定目标的数量

众所周知，任意股票的爆发，都可能或多或少与主力机构们有关，有了他们的大幅买入，个股在某一时段的供求关系就会发生逆转，这样股票在某一时段股票严重供不应求，就会导致股票价格大幅上涨。但是当主力们觉得自身的吸筹量不足以影响到供求关系时，他们就会继续不温不火地吸筹，于是就造成了股票的缓慢上涨。

下面我们继续来看一个案例。

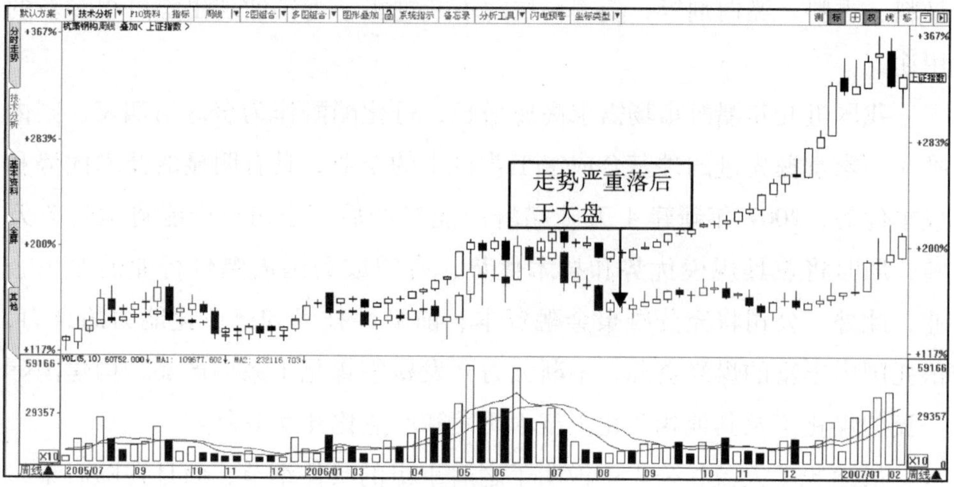


**图 4－3**

图 4－3 所示的是自 2005 年 7 月起至 2007 年 1 月这段时间杭萧钢构（600477）与上证指数的周 K 线叠加图，我们看到，这段时间上证指数大幅上涨，涨幅达到 160%，而反观杭萧钢构，其涨幅却只有 68%。虽然在这段缓慢上涨期间，杭萧钢构涨幅不大，但是其却已经有三次较为明显的放量吸筹行为。进入到 2007 年 2 月，杭萧钢构迅速暴发，11 周时间上涨 6 倍多。

对于那些在牛市中缓慢上涨吸筹中的股票我们不宜介入，但是他们一旦突破，却往往能在短时间内给我们带来不小的收益。

但是杭萧钢构之所以能在短期内被爆炒，不到 3 个月时间上涨 6 倍以上，还有更多的内幕在里面。这个案例牵涉到一桩重大的牛市内幕交易案。

至于案件具体的细节我就不再赘述了，下面列出一张 2007 年杭萧钢构事件的回顾：

2 月 12 日杭萧钢构突然爆发，股价连续 3 个涨停。

2 月 15 日杭萧钢构第一次复牌后又是连续 3 个涨停。

2 月 27 日杭萧钢构开始停牌，停半个月。

3 月 13 日杭萧钢构披露与中国国际基金公司签订合同，以 344.01 亿元总价承建安哥拉某工程。当天股票复牌后，又是连续 4 个涨停。

3 月 19 日上证所对杭萧钢构实行停牌处理。至此，杭萧钢构 10 个交易日股价飙升至 10.75 元，累计涨幅达 159%。同时，对于 344 亿元合同的质疑之声充斥整个市场。

3 月 22 日证监会表态，对杭萧钢构的信息披露问题，以及是否存在二级市场操纵、内幕交易行为进行调查。

4 月 27 日证监会经调查认定杭萧钢构合同信息披露方面违规，并已将有关证据及线索移交公安机关。

5 月 11 日上证所公开谴责杭萧钢构及董事长等人。

5 月 14 日杭萧钢构披露证监会已向该公司及相关负责人共开出 70 万元“罚单”。

6 月 11 日浙江省公安机关对涉嫌泄露内幕信息罪的犯罪嫌疑人罗高峰、涉嫌内幕交易罪的犯罪嫌疑人王向东、陈玉兴执行逮捕。罗高峰为杭萧钢构证券事务代表，陈玉兴为其前任。

虽然轰轰烈烈的杭萧钢构事件涉案的人员都遭受到法律制裁，但是在牛市中，公司基本面的重大利好的确可以给公司股价上涨带来催化剂，只是许多股票的利好消息没有杭萧钢构的利好消息那样劲爆，而且股价上涨也没有杭萧钢构那么勇猛罢了。

所以，从侧面来看，在牛市中寻找那些之前建仓吸筹而又涨幅很小的股票作为观望对象，一旦这些公司基本面出现利好同时股价也突破前期盘整平台，我们很容易在这样的股票上获取超额收益。

## 大盘上涨段中振荡行情的缓慢上涨

上涨阶段的振荡行情比起下跌阶段的振荡要安全得多，与下跌阶段的最明显差异在于，在上升振荡行情中，每一阶段的上涨段的换手率一段都会大于下跌振荡行情中上涨段的换手率，相反的，上升振荡行情中每一阶段下跌段的换手率一般都会小于下跌振荡行情中的下跌段的换手率。这正体现出在上升振荡的行情中，虽然下跌段行情较差，但是其换手率普遍不高，说明在大的环境下，投资者惜售手中的股票，但是在下跌段振荡行情中，由于处于熊市的大背景下，每一阶段的下跌基本都会比上涨段的成交量放出要多，正是众多投资者对后市的看淡态度造成了这一规律。

个股在大盘上涨段中振荡行情中保持缓慢上涨一般有以下两种情形。

### 1. 前期上涨过大，已经早早进入派发期的股票

此种类型的股票一般都是在大盘上升阶段已经大幅上涨的股票，大盘进入振荡阶段，由于这些主力仍然相当顽强，为了吸引散户关注他们，进而走出缓慢振荡上升的态势，吸引散户们关注，好让主力顺利出逃。

对于这样类型的股票，我们主要有两个判断，一个是相对于大盘的涨幅是否大幅上涨，一般涨幅超过大盘的 2 倍以上或者更多就可以认为透支涨幅了，第二个，看个股的基本面，分析其上涨后股指是否已经大幅高估了，如果一个股票大幅上涨，其业绩却支撑不了其涨幅，那么一旦大盘走出下跌段行情，这样类型的股票很容易暴跌，我们要高度警惕此类股票。

### 2. 在前期上涨段基本与大盘同步甚至落后于大盘的股票

此类型的股票是我们要关注的焦点，大盘运行至振荡区间，上涨和下跌的频率一般都会比较频繁，在这样的前提之下，很难有独树一帜能较大上涨的股票，在这样的环境下，前期上涨阶段大幅落后于大盘的个股有着十足的防御能力和爆发动力，这样的股票就类似于被压得很短的弹簧，具有短期迅速的爆发能力。对于那些在上涨阶段落后于大盘，在上涨中振荡阶段保持缓慢上涨的股票，我们要高度警惕。

下面我们来看一个案例。

图 4 -4 是同仁堂（600085）和上证指数自 2008 年 9 月至 2011 年 7 月的周 K 线叠加图，通过该图，我们发现上证指数自 2008 年 10 月开始反弹以来，同仁堂的股价总是不温不火地缓慢上涨，到了 2009 年 5 月后，同仁堂股价更是进入逆市调整走势，从 2008 年 10 月至 2009 年 8 月初，上证指数上涨了 101%，而同仁堂只上涨了 60%。

这种情况与同仁堂前期缓慢建仓有一定关系，同时由于同仁堂属于医药行业，属于非周期性行业，在大盘反弹初期上涨动力不如那些周期性较

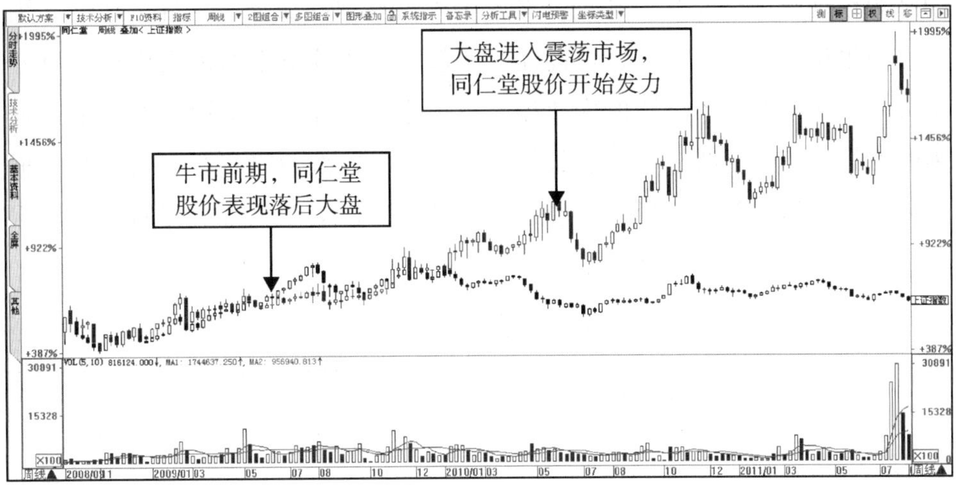


图4-4

为明显的行业。

自大盘进入2009年8月调整以后，始终没有在创出新高，而同仁堂则缓慢爬升，至2011年7月，同仁堂最高已上涨了420%，而同期大盘却只上涨了5%。

所以在大盘进入上升中振荡市场，对于那些前期涨幅不大的非周期性行业，我们要注意其是否有投资机会。

## 大盘下跌段振荡行情中的缓慢上涨

下跌段的振荡行情是熊市下的产物，一般来说，一旦股票长期的大趋势已经破坏，就基本不适合操作了，上面我们也说过，在大盘处于上升阶段的振荡行情中，个股下跌段的恐慌放量大于上涨段中投资者的买入量，因此在下跌段的振荡行情中操作股票具有较大的风险。

如果我们真的想在下跌振荡行情中过把瘾，那么我们最好是寻找与大盘同步的横盘振荡的股票，而且这些横盘振荡的股票必须有着非常好的流动性和很强的基本面的安全边际，对于这样的股票在解读横盘振荡一章中我们也说过具有套利功能，在此我不再赘述。

在这样的行情下，产生的缓慢上涨的股票，一般都是在之前一波牛市中涨幅远远落后于大盘，并且早早先于大盘见顶的股票，这样的股票，由于之前牛市一直没有上涨，可能还跌幅较大，再往下下跌的动能已经基本不大了，所以在熊市下跌的中段振荡行情中，这样类型的股票有可能会迎来上涨行情，但是我们一定要警惕，因为此类股票数量稀少，对于技术面和基本面的研究要非常透彻才能进行投资，所以对于大部分投资者，如果不具备深度挖掘技术面和基本面的功底，建议不要盲目操作。

下面我来给大家展示几个类似的案例。

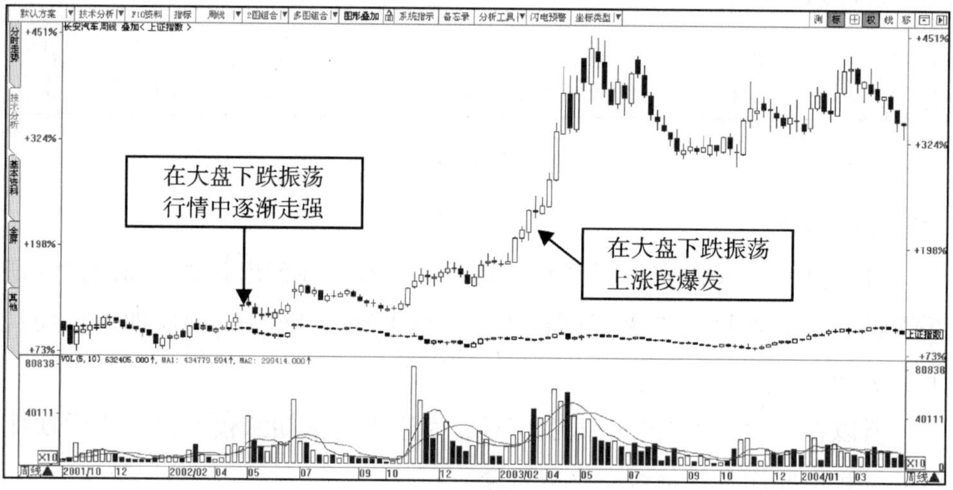


**图 4－5**

上图（图 4－5）是长安汽车（000625）在 2001 年 10 月至 2004 年 3 月这段时间的周 K 线叠加图，自 2001 年 6 月上证指数见顶下跌以来，经历了一波快速下跌之后，终于在 2002 年 2 月初开始见底企稳，之后，便围绕着 1300 点至 1780 点做来回的振荡行情，在此市况下，股票交投并不活跃。

通过图 4－5 我们看到，在 2002 年初这段时间，长安汽车也是同大盘呈同步的振荡，与大盘不同的是，2002 年 5 月之后，长安汽车走时开始逐渐强于大盘，但是总体来说，还是跟随大盘运动方向上涨或者下跌，只是上涨幅度大，下跌幅度小而已，终于在 2003 年 1 月随着大盘再次进入振荡市场的上升段，长安汽车正式爆发，4 个多月上涨了 180%，成为当时市场上涨的领头股。

在大盘处于振荡市场的初期，走势慢慢强于大盘，缓慢上涨，这段时间正是股票吸筹之时，在大盘处于振荡市场，尤其是下跌中振荡市场时，我们更要关注这样微小的变化，对这样的公司进行技术面和基本面的研究和分析，在下一次大盘振荡市场上升段这样的股票一旦暴发，我们就要做出是否购买的决策。

我们先来看长安汽车的技术面情况，自 1997 年 5 月 23 日上市以来至 2003 年初，长安汽车基本没有任何上涨，价格还低于首日上市的价格，虽然大盘经历了 1999 年 5 月至 2001 年 7 月的牛市，虽然长安汽车也有微小的上涨，但是始终不足其 1997 年上市当天的最高价，从 1997—2002 年都是处于熊市格局，所以这次振荡市场，长安汽车具有技术上暴发的要求。

我们再来看其基本面的情况。

2002 年 10 月 30 日，长安汽车公告称其 2002 年 1 ～ 9 月每股收益 0. 33 元，净资产收益率 13. 73%。前三季度共实现主营业务收入 740983 万元，实现净利润 40982 万元。公司坚持“创新、务实、效率、效益”的指导思想，构筑管理创新、技术创新、营销创新“三大体系”，生产经营继续保持稳步发展的势头，为全面完成 2002 年生产经营目标奠定了良好的基础。报告期内共生产汽车 208309 辆，销售汽车 191808 辆。

公司当年生产经营状况一直保持非常良好的上升趋势，1 ～ 9 月的收入和利润指标均大幅度超过去年全年水平。预计本年最后一季度仍将继续保持增长趋势，全年业绩较 2001 年的增幅预计会超过 50%。

2002 年年报长安汽车再传捷报，当年每股收益 0. 68 元，净利润同比增长 421. 17%。

我们可以看到在业绩上，长安汽车蒸蒸日上，业绩不断增加，这给股价的上涨提供了坚实的基础。

与其同时，长安汽车更是进行了一些战略性的投资运作。

2003 年 4 月 8 日，长安汽车公告将出资 20000 万元收购长安集团持有的长安福特 24% 股份。

至此，长安汽车正式进入合资车领域，为后来大举与外商车企合作奠定了基础，使其成为当时国内具有竞争力的汽车制造企业。

正是长安汽车优异的业绩和长远的战略运作，才使得其股价能够在下跌的振荡市场中率先突围，涨幅傲视其他股票。

我们再来看另一个案例。

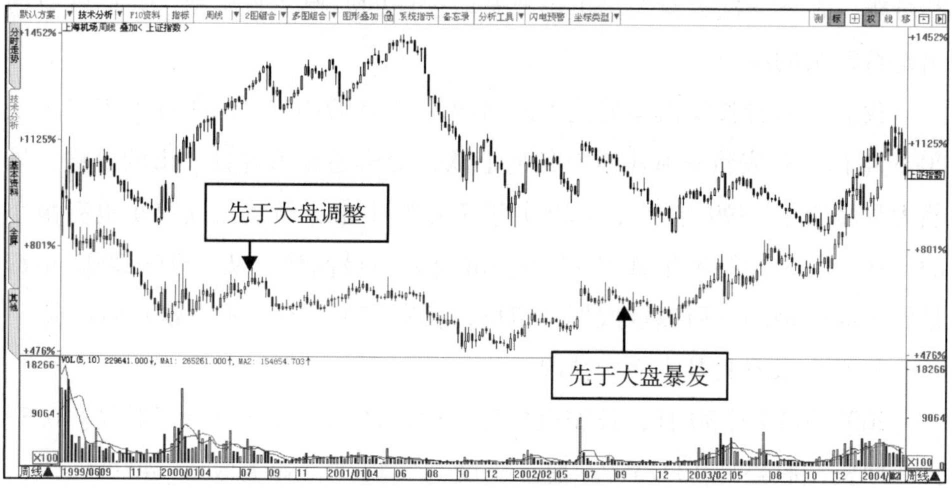


**图 4－6**

图 4－6 是上海机场（600009）与上证指数从 1999 年 6 月至 2004 年 4 月底的周 K 线叠加图，从图中我们可以看出，自 1999 年 6 月起，上海机场就已经率先进入了调整，直到 2001 年底才慢慢企稳回升，之后虽然上证指数呈现振荡格局，但上海机场却在缓慢上升，底部不断抬高，最终在 2002—2005 年间走出了远远领先于大盘的行情。

通过上面的案例，我们可以看到，在下跌浪中的振荡市场，那些先于大盘见底企稳，缓慢上涨，同时之前在牛市中先于大盘调整，并且基本面优异的股票，很有可能在振荡行情的上涨段走出行情。

## 大盘下跌段中下跌浪中的缓慢上涨

在大盘处于下跌段的下跌浪中，此时是股票最为脆弱，投资者的心理最为恐慌的时候，在这样的情况下，操作股票就等于以卵击石，自寻死路，对于买股票做多的中国股票市场，任何招数可以说在此时都会失灵，在这一阶段我们最好的就是等待。

在这一阶段可能也会产生一些缓慢上涨的股票，但是这些股票大部分可能会产生在下跌的开始阶段，也就是下跌段的第一阶段，很多人可能并没有意识到熊市已经来临。那些缓慢上涨的股票可能是前期落后于大盘很多的股票，他们虽然能在大盘下跌的第一阶段保持顽强的状态，可是随着大盘的下跌他们最终也会支撑不住。

下面我们来看几个案例。

在大盘纯粹下跌浪中，投资者处于非常恐慌的情绪中，基本上难有不跌的股票，然而在一些大跌浪中，却会有少数跌幅非常少，甚至还缓慢上涨的股票，下面我们就来看几个案例。

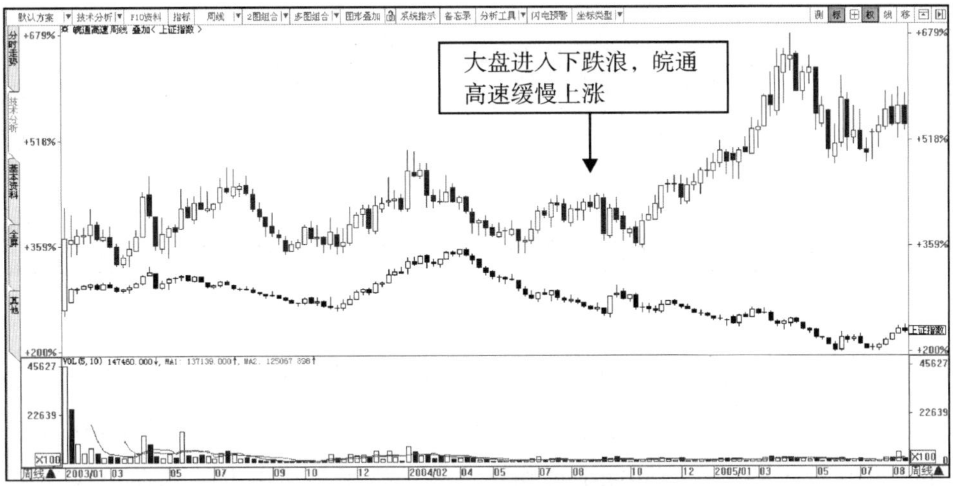


**图 4－7**

图 4－7 是皖通高速（600012）与上证指数在 2003 年 1 月至 2005 年 8 月的周 K 线叠加图，从图中我们可以看到，进入 2004 年 4 月之后，上证指数逐渐下跌，走入下跌浪中，而皖通高速逐渐走强，缓慢上涨，到了 2004 年 9 月末之后，上证指数加速下跌，从 1496 点跌至最低的 998 点，跌幅高达 33%，而同期皖通高速却上涨了 23%，收益领先大盘 56 个百分点。

皖通高速之所以能如此抗跌，主要是由于其行业的特点。皖通高速属于标准的公路行业股票，该类型股票属于防御性品种，收益与经济周期的波动关系不大，在大盘较弱的时候，抗跌性较好，与皖通高速类似的赣粤高速、福建高速等在这一段时间都有缓慢的上涨行情。

但是在这样的弱势行情中，上涨的股票毕竟少之又少，即使是高速类防御性股票，也并不是所有品种都获得了上涨，所以在这一阶段，对于缓慢上涨的股票，我们的态度是保持观望，不宜轻易介入。

与高速行业类似的，商业连锁行业在熊市中也具备一定的防御性。

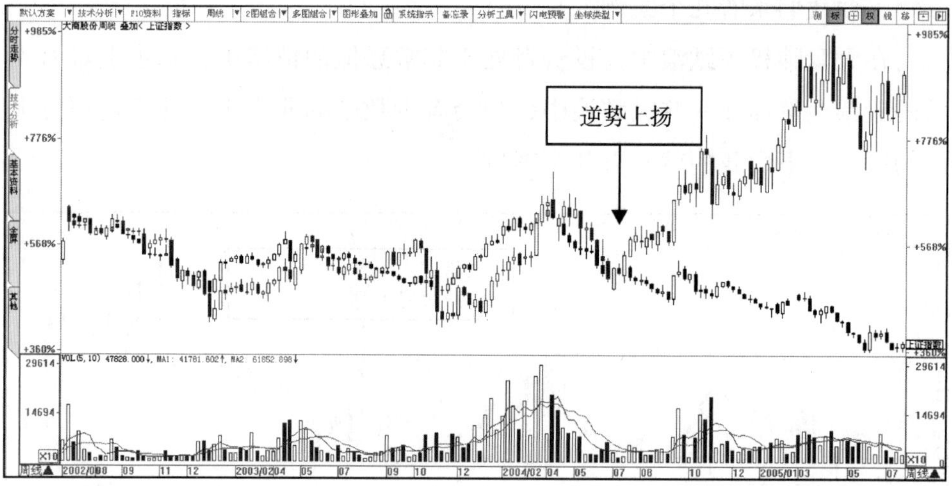


**图 4 – 8**

图 4 – 8 是大商股份（600694）与上证指数在 2002 年 6 月至 2005 年 7 月的周 K 线叠加图。大商股份 1993 年 11 月上市，上市之后至 2001 年 7 月，涨幅不足 80%，而同期上证指数已经上涨了 2 倍以上，其在上次牛市中的涨幅远远落后于大盘。这是该股能够在 2004 年 7 月至 2005 年 6 月上涨的技术面基础。

与皖通高速类似，从 2004 年 7 月之后，大商股份就开始逆势上涨，至 2005 年 6 月涨幅已达 60%，更是领先大盘 90% 以上。

我们再来看看大商股份上涨的基本面因素。

2004 年 8 月，大商股份公告了 2004 年半年报，2004 年中期每股收益为 0.32 元，每股净资产 5.28 元，净资产收益率为 6%，净利润为 8448 万元，净利润同比增长 45.14%。

报告期公司经营业绩呈现大幅增长势头。上半年公司以“上毛利、抓调整、搞整合、增效益”为经营战略，积极推进各店铺经营结构的调整，实现经营档次、经营布局和品牌形象的升级换代；对新增店铺进行全面整合，拓展其生存空间，挖掘其最大盈利潜能，使其快速增效；同时大力推进超市和家电连锁的开发建设，网络体系和规模逐步构筑成形，保证了公司业绩的大幅攀升。

上半年公司实现主营业务收入294385.95万元，同比增长15.20%，实现净利润8448.35万元，同比增长45.14%。

在随后的2004年10月份，公司又公布了3季度的季度报告。

报告指出大商股份2004年前三季度每股收益为0.43元，每股净资产5.37元，净资产收益率为7.93%，实现净利润11369.31万元，比上年同期增长66.07%。

报告期公司经营业绩继续保持稳定增长势头。按照年初公司制定的发展计划，报告公司积极推进东北发展战略，先后购并了佳木斯、吉林、鸡西等地多家百货企业，同时加速大商电器和新玛特超市的新店开发力度，报告期新增店铺20余家，有力地带动了公司经营业绩的稳步攀升；其次在巩固现有店铺优势资源，确保其稳定增效的情况下，努力整合改善弱势项目，挖掘其盈利潜能，报告期公司投资子公司大连国际商贸大厦及沈阳新玛特均实现了盈利；再次，公司以旅游、店铺周年庆、传统节日等市场旺销为契机，发挥多店铺联动效应，为销售推波助澜，保证了公司经营业绩的稳步增长。

截至报告期末，公司累计实现主营业务收入431814.87万元，比上年同期增长13.81%；实现利润总额17146.23万元，比上年同期增长36.28%；实现净利润11369.31万元，比上年同期增长66.07%，经营活动产生的现金流量净额18554.01万元。

在大熊市的环境下，业绩稳健上升，尽显商业连锁行业的防御性本色。

大商股份稳定增长的业绩和上一轮牛市极小的涨幅都成为大商股份在这轮下跌浪中逆市上涨的关键因素。

通过以上的案例，我们知道，在熊市中的下跌浪，如果要想买到上涨的股票，我们一定要选择那些属于防御性行业，并且业绩优异，在上一轮牛市中涨幅严重低于大盘的股票。

当然，在熊市中的下跌浪中，上涨的股票寥寥无几，我们不能用我们的资金去冒险，经统计，2008 年 5 ～ 9 月这段下跌浪，除了那些重组股票，其他的股票基本很少有上涨，即使有，涨幅也不足 10%，在迅速下跌的熊市中，持币观望是最好的投资策略。

## 第二节　如何利用缓慢上涨股获利

经过第一节对各种大盘环境下的缓慢上涨的分析，我们对各个阶段缓慢上涨股票的产生背景都已经有所了解，那么我们如何利用缓慢上涨股来获利才是最佳的策略呢？

下面我们先来做一下回顾分析，在大盘上涨行情的上涨段，各种股票都处于突破状态，在这样的前提之下，购买缓慢上涨、不温不火的股票显然不合时宜，在此阶段我们最好的办法就是购买那些刚刚突破，并且具有加速上涨潜力的股票，在大盘处于下跌行情中的下跌段，此时股票基本都处于下跌状态，几千只股票难得有几只上涨，而且上涨之后，往往会快速补跌回去，因此，在这一行情背景下，我们最好的策略就是持币等待。再来看下跌行情中的振荡行情，之前说虽然有一些大幅落后于大盘的股票具有爆发潜力，但是这需要我们具备很强的基本面和技术面的判断能力，能够对所要投资的股票做到深刻挖掘，这些对于大部分投资者显然也是不具备的。那么在大盘上涨阶段中的振荡行情，尤其是振荡行情的相对低点，这时候是购买缓慢上涨的即将突破或者刚刚突破了的股票的最佳时机。因为在前次的上涨中这类股票基本没有什么较大的表现，处于韬光养晦的阶段，一旦主力筹码吸食完毕，或者有一些利好消息的刺激，这些股票可能就会在瞬间爆发能量，为我们带来不菲的收益。

在振荡市场中，若能够获得超越大盘的收益，并非易事，如果我们去跟踪那些在牛市初期就已经开始缓慢上涨吸筹的股票，从基本面和技术面都进行深入的研究，一旦这些股票在振荡市场突破走强，我们就可以迅速参与进去。

下面我们就来看几个具体的案例。

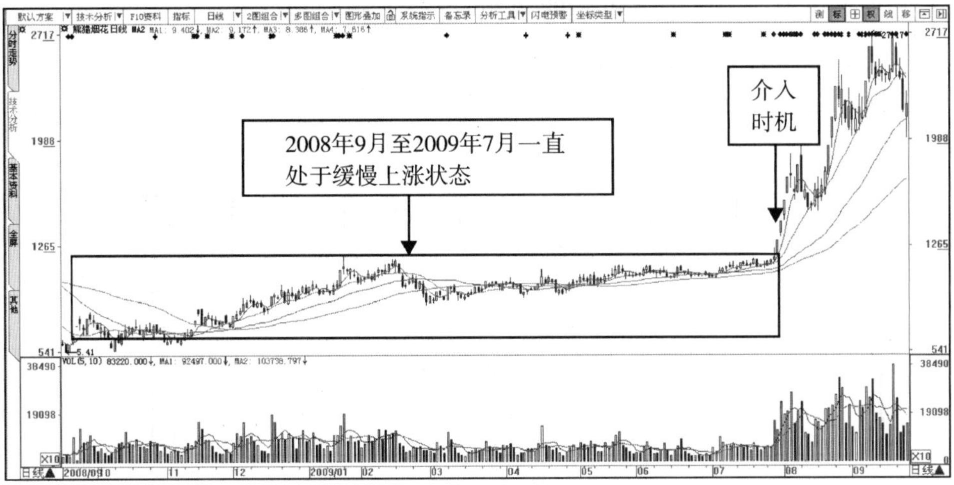


**图 4-9**

说到熊猫烟花（600599），在 2009 年就已经身在股市的投资者也许都记忆犹新，该股曾一度成为 2009 年 8 月后大盘调整阶段耀眼的逆市明星股。图 4-9 所示正是熊猫烟花自 2008 年 9 月至 2009 年 9 月的日 K 线图。

我们看到，自 2008 年 9 月之后，熊猫烟花一直处于缓慢上涨的状态，不论大盘是否层层上攻，它总是按照自己的节奏缓慢攀升，直到 2009 年 7 月 29 日大盘开始大跌，当日熊猫烟花却形成突破之势，7 月 30 日，趁着大盘反弹，熊猫烟花连续涨停。在随后跟随大盘调整了几天之后，熊猫烟花在此发力，一个多月上涨了 126%，而同期大盘下跌了 15%。

熊猫烟花之所以能在这轮大盘进入调整中爆发，不仅因为其在之前大盘快速上涨中缓慢吸筹，更有赖于其上涨的新颖题材。

熊猫烟花主营业务是生产销售烟花鞭炮，虽然在 2009 年 8 月前其基本面无太多异常变化。但由于 2008 年曾成功中标奥运会等烟花燃放工作，所以对于即将到来的建国 60 周年庆典，熊猫烟花可能会在此中标烟花燃放工作，一旦中标，年底公司的业绩可能会大幅飙升。

基于此题材的联想，我们不难猜出 2009 年 7 月底熊猫烟花的上涨原因。

对于这种在牛市中缓慢上涨吸筹的股票，并伴有炒作题材，一旦强势突破，对我们来说就是一个较好的介入时机，这类股票很有可能在大盘进入振荡市场中，仍然取得不错的超额收益。

我们再来看另一个案例。

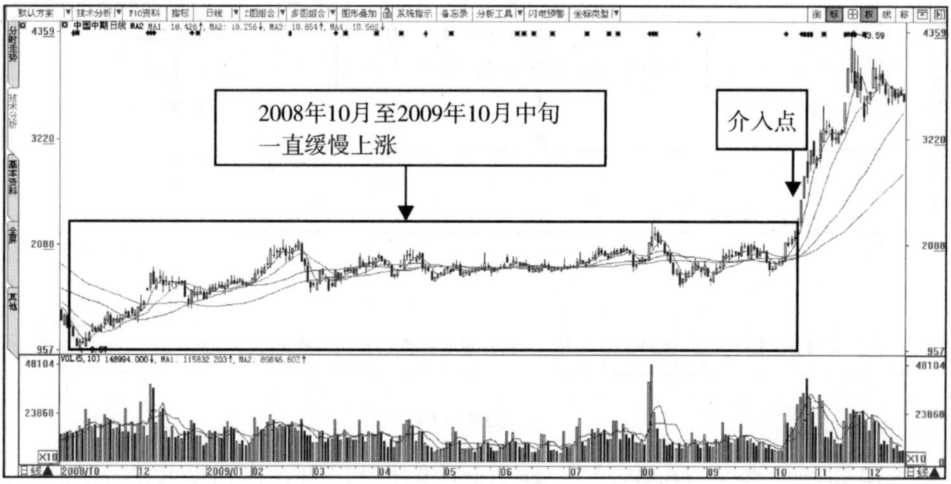


**图4－10**

图4－10是中国中期（000996）从2008年10月至2009年12月的日K线图，从上图我们可以看到自2008年10月上证指数见底以来至2009年10月初，中国中期一直以不温不火的速度缓慢上涨，相信在这段时间持有这只股票的投资者一定非常恼火，见到许多其他股票纷纷上涨，而中国中期却如蚂蚁一样缓慢爬行。从技术上来看，这正是庄家在牛市中使用的苦肉计，他们以滞涨的方式，让耐心不足的散户们纷纷交出了筹码。从这段时间的K线来看，中国中期处于缓慢的吸筹格局中。

一只缓慢上涨的股票要想爆发，还要有利好消息的刺激，这些中国中期同样具备。

2009年10月，中国中期公告将吸收合并国际期货、中期嘉合。

通过本次合并重组，有利于整合优化期货行业资源，减少期货公司数量，降低监管合规成本，同时会更进一步推动中期等3家期货公司合并后迅速做优做强，以便更好地适应中国期货市场的迅速发展、期货公司业务规模的日益扩大等多方面的需要。

本次吸收合并完成后，存续公司中期期货更名为“中国国际期货有限公司”，注册资本变更为 30000 万元，经营范围进一步拓宽，在北京、上海、深圳、武汉等多座城市设置 20 家营业部。

中国中期经过吸筹和合并国际期货、中期嘉合后，实力大幅增加，成为 A 股市场上实力强大且纯正的期货概念龙头股。

在二级市场上，随着上证指数于 2009 年 10 月阶段见底回升，中国中期于 2009 年 10 月 20 日一举突破前期的最高点，进入了快速上涨的行情中，公司股价在 17 个交易日内上涨了近 80%，成为当时炙手可热的明星股。

通过以上的案例，我们知道，在振荡市场中，如果我们想获得更多的超额收益，就必须要多加留意那些在牛市初期缓慢上涨的股票，一旦这些股票基本面上出现一些重大利好消息或者突发的概念题材，同时股价也强势突破前期的高点，此时就是我们介入这类股票的时机。

# 第五章

# 短期龙头股

选出那些在当天成交量最大的股票，就能够确定在特定的时刻哪些股票是领头股并且至少还有几天或者更长的时间可以介入。小心那些在很长时间内成交量极小并始终处于窄幅整理的股票。只要其成交量增加，留意该股票在向哪个方向运动，然后随走势而动。当某一股票突然活跃起来，并伴有成交量放大，就可以考虑该股可能会成为短期领头股，并介入该股。

——江　恩

## 第一节 龙头股的简介、条件和识别

### 龙头股的简介

龙是中国古代皇帝的化身，代表着至高无上的地位。龙在中国有着非常重要的地位。而龙头，又是龙的最主要最精髓的部分，所以，龙头的意义不言而喻。

我们所说的龙头股，就是在所有股票里面起着重要的作用，为其他股票起指引方向和示范的作用，并引领其他股票走出行情的股票。

龙头股指的是某一时期在股票市场的炒作中对同行业板块的其他股票具有影响和号召力的股票，它的涨跌往往对同行业板块股票的涨跌起引导和示范作用。龙头股并不是一成不变的，它的地位往往只能维持一段时间。

可以说，龙头股是一段行情启动的发动机，有着驱动其他股票上涨的作用。

短期龙头股，是指龙头股的上涨持续时间并不长，这种股票多发生于大盘处于上升段和下跌段的整理行情的阶段底部来临之前，由于其节奏比较快，一般上涨之前散户们都是犹豫不决，等到看出龙头股迹象时，一般这些短期龙头股已经上涨过高，投资者也不敢再追高了。

在后面的内容里，我们会涉及如何较早地判断短期龙头股并寻找合适的时机介入。

### 龙头股的条件

第一，龙头股必须从涨停板开始，涨停板是多空双方最准确的攻击信号，不能涨停的个股，不可能做龙头。

第二，龙头股必须是低价股，我们这里所说的低价股分为两个层面。对于那些业绩一般的老股票，一般价格要低于 10 元，对于那些业绩优秀的次新股，一般价格在 20 元之下。

第三，龙头股流通股本与其炒作时的大盘环境有关，如果大盘环境非常不错，那么龙头股一般是市值较为适中的股票，例如其流通股本一般大于 2 亿以上的股票，对于大盘环境比较差时所产生的短期龙头股，其流通股票一般要小于 1 亿股。

第四，龙头股必须是在底部区吸筹明显的股票，这一点非常重要。试想，如果我们去卖东西赚取差价，凑巧某种东西非常好卖，但是如果我们手上没有拿到足够的货物，即使我们再想赚钱也是徒劳无功，因此，对于股票操作也是如此，一只龙头股要想爆发，可以说在上涨前一定会吸足筹码，正所谓："三军未动粮草先行。"那么我们运用这样的思路往往可以比较容易地找到龙头股。

第五，龙头股往往都是先于大盘启动，在大盘的上升段，龙头股会在其上涨阶段的调整后期提前拉升。对于振荡市场，不管是振荡上涨还是振荡下跌的相对底部来临之前，龙头股往往都会提前爆发，龙头股具备先于大盘上涨后于大盘下跌的特点。

## 龙头股的识别

在识别龙头股之前我们要先搞清楚有哪些龙头股类型，一般来说龙头股包括行业龙头股、概念龙头股、地域性龙头股和综合性龙头股。

行业龙头股是那些公司具有持续发展潜力，并且业绩稳定增长的公司，类似酿酒业的贵州茅台（600519）。

概念龙头是那些具有某种题材，预期在未来有重要现象空间的股票，类似于太阳能概念、风能概念等股票。例如太阳能的天威保变（600550）和风能的金风科技（002202）。

地域龙头一般是一些偏远地区或者受到政策倾斜地区的股票，这类股票往往数量较少，在炒作时具备稀缺性的特点，例如西藏板块和新疆板块中的西藏发展（000752）和新疆城建（600545）。

综合性龙头股是同时具备以上2种或者多种特点的龙头股。例如西藏发展既是地域概念的股票又是稀土题材的股票，同时兼具概念龙头和地域龙头的特点。

### 1. 利用与大盘的涨跌对比来识别龙头股

不论是大盘的上涨段还是振荡阶段，龙头股一般都处于大盘调整的末期，阶段行情即将见底的时候。如果有股票在大盘即将见底之前就已经提前爆发，我们就要对其进行关注，并结合下面的特点进一步判断。

### 2. 利用成交量来识别龙头股

成交量是我们用来识别龙头股的又一大重要指标。说起成交量识别，很多投资者可能会不以为然，我想大部分投资者从各种讲座或者书籍上都或多或少接受过一些关于成交量的知识，但是我们这里讲的成交量没有5日均量和10日均量的金叉那些，我更多是从一种思维去解读为何成交量那么重要。

之前说过，如果我们去高价卖出东西，前提是我们必须有货去卖，因此任何一位龙头股在拉升之前，一定会有一段时间持续地吸筹。

问题的焦点就在这里。持续一段时间的吸筹如何衡量，我们是看一天的成交量放大还是持续5日或者10日的成交量放大？放量的大小是多少，阶段换手率又是多大？

上面提出的所有问题中，都有一个难以解决的难题，上面所有问题都是依据某一只股票，每只股票的价格、流通股本、市值都不同，所有根本就没有一个关于多少算是吸筹充分的标准答案。

那么这里，我引入了一个我自己发明的指标，我管它叫相对吸筹动量指标，往后我们会简称其为上涨动能。其计算公式是个股启动前的50日的总换手率与之前50日总换手率的商。

在大盘处于振荡行情和上升行情的初期时：

对于一般的次新股，如果这个商大于3，且之前并未大幅上涨，这样类型的股票往往是经历了一次比较充分的吸筹。

对于一些老股票，如果这个商大于2，且之前并未大幅上涨，且是最近只有这一次比较明显的吸筹，则可以判断该股也经历了一次比较完整的吸筹。

在大盘处于上涨行情的上升段的中后期和振荡行情初期时：

对于一般的次新股，如果这个商大于2.5，且之前并未大幅上涨，这样类型的股票往往是经历了一次比较充分的吸筹。

对于一些老股票，如果这个商大于1.5，且之前并未大幅上涨，且是最近只有这一次比较明显的吸筹，则可以判断该股也经历了一次比较完整的吸筹。

之所以划分不同的类型，是因为在大盘上涨一段时间之后，成交量本身就比较均匀和活跃，此时如果有股票的上涨动能指标大于1.5，就表明主力的吸筹已经非常强劲了。而在振荡市场，由于成交量比较低迷，所以必须以更高的参数才能更好地探测出吸筹充分的股票。

当然，对于这个指标没有一成不变的教条运用，我们要根据不同的大盘环境，个股的基本面等情况做出综合判断。

需要注意的是，这个指标不是在大盘相对高点去看，而是在大盘处于调整结束前期或者刚刚见底时，仍然有如上数据的股票，表明其在大盘弱势中就已经开始吸筹了，因此，一旦大盘见底，这些股票爆发的可能就非常大。

由于识别龙头股是一个综合的能力，我们将在学完所有识别方法之后再来看几个案例。

### 3. 进行基本面的分析，看基本面是否符合龙头股的条件

基本面的分析对于识别龙头股有着重要的作用，一般龙头股的业绩都是过得去的，一般每股收益不会低于-0.1元，还有其流通股本一般都不会太大，流通市值同样也不会太大，财务方面没有明显的地雷。主力在挑选龙头股的时候，肯定做过多方研究，确定没有明显的问题之后，他们才

敢对其下重注。

## 4. 判断准龙头股的类型和可能持续的时间

如果我们遇到一只吸筹充分并且先于大盘，在大盘尚未见底之前就已经涨停的牛股，我们首先就要判断该股可能属于行业龙头，概念龙头还是地域龙头，然后再结合当前的大盘环境，判断其可能持续的时间。

下面我们就来看一个案例，我们会对照上面所说的识别思路进行解读。

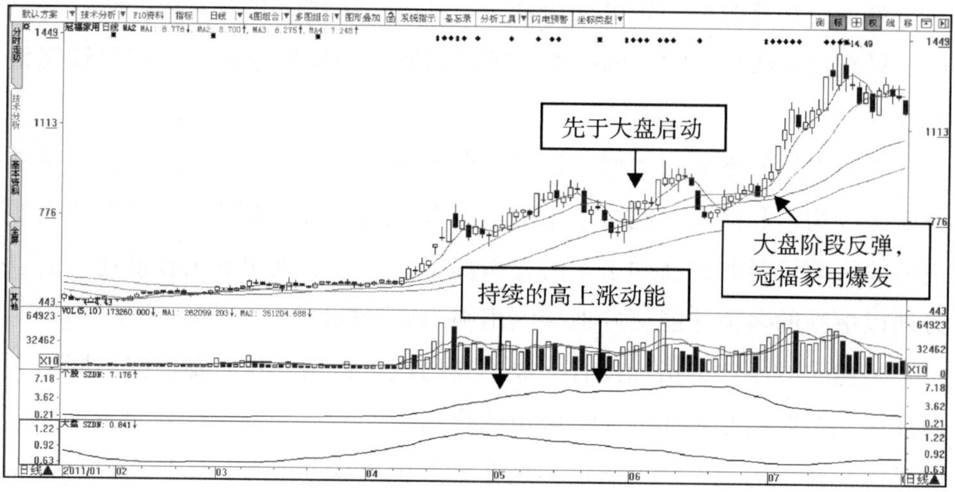


**图 5 - 1**

图 5 - 1 是冠福家用（002102）自 2011 年 1 月至 2011 年 8 月的日 K 线图，自 2011 年 1 月上证指数反弹以来，冠福家用表现一直比较平淡，根据 2010 年年报显示，冠福家用每股收益 - 0.49 元，每股净资产 2.7 元，净资产收益率 - 22.32%；实现营业总收入 6.77 亿元，同比减少 15.63%，实现净利润 - 8652.73 万元，同比亏损。

2010 年，公司经营面临巨大困境。全球经济没有出现全面复苏，全国经济增长速度放缓，社会消费仍然疲软；公司经营步履维艰，企业面临不小困境；同时，2010 年是公司第二个 5 年计划最后一年，5 年来公司围绕经营战略转型和业务延伸，在分销模式方面进行了大量的尝试，获得了经验，部分模式取得了成功，为公司下一步发展提供了决策依据；但尝试总得付出代价，大量的模式尝试导致公司投资面广、投资额分散，经营费用大，特别是一些被确定为前景不容乐观的模式的投入使得公司整体投入产出不成正比，整体经济效益差。因此，在2010年公司经营首次出现了大额亏损。

然而这一切，却在2011年4月19日发生改变。

2011年4月19日，冠福家用发布公告称其2011年1～3月每股收益0.186元，每股净资产2.9元，净资产收益率6.64%；实现营业总收入1.81亿元，同比增长18.84%，实现净利润3806.77万元，同比增长2730.51%。

同时，公告还预计2011年上半年净利润同比增长6550%～7000%（2010年上半年净利润58.78万元），原因是根据三届董事会25次会议《关于转让控股孙公司上海海客瑞斯酒店用品有限公司部分股权的议案》，本次股权转让已经完成，取得投资收益约4000万元。5天分销和“一伍一拾”连锁店的经营业务稳步增长，规模效益逐步释放。

与此同时，公司还在当日放出高送转方案，以每10股转增10股。

正是利好接踵而至，公布消息的当日，冠福家用股价高开高走，早盘牢牢封死涨停板，随后，虽然大盘已经进入了下跌通道，冠福家用还是逆市放量大涨，判断个股大涨是否是吸筹还是出货，主要看其起涨前不久后是否上涨动能已经充足，同时还要看其上涨后股价是否能够维持在高位，我们注意到，冠福家用上涨不久，其上涨动能指标就已经远远超过2以上了，到2011年5月底，冠福家用的上涨动能已经达到5以上，同时，虽然大盘逐渐创出新低，此时的冠福家用仍然非常具有抗跌和强势，在2011年5月30日，大盘进入缓慢盘跌，冠福家用迅速反弹，已经有提前大盘启动之势头，2011年6月20日以后，大盘进入了为期一个月的短期阶段反弹，此时冠福家用抓住此次大盘反弹之机，迅速突破前期高点，20个交易日上涨了78%。

通过对冠福家用的分析，我们知道，冠福家用有以下特点：走势领先于大盘，先于大盘企稳；上涨动能非常充足，远远大于同期的大盘和其他大部分股票，说明有强力资金已经进驻；基本面方面，冠福家用有突发性利好消息刺激，业绩大增，同时还有每 10 股转增 10 股的高送转方案；冠福家用同时具备高送转和业绩反转的双重概念，在概念上也是别具一格，有点乌鸦变凤凰的意思。

综合以上几点，就是我们识别龙头股的策略。

## 第二节　龙头股的持续性

### 龙头股与热点的关系

每一轮行情中都有热点产生。龙头股与热点是息息相关的。市场热点是龙头股的诞生地，而龙头股一飞冲天的走势又引发热点炒作行情得以深化。市场在变化中发展，热点在市场的变化中交替更迭。以逐利为目标的投机资金与投资资金，也伴随着市场热点的变换而获取最大收益。投资者必须透过现象看本质，抓住市场热点，把握热点板块中的龙头股。

世界上任何事物都有生命周期，股市也不例外。大盘行情、个股走势、黑马题材、公司业绩、热点板块等皆有周而复始的轮回历程。对于投资者来说，如果了解股市的生命周期理论，依照股市的生命周期来确定投资方式、投资方向和投资时机，也就等于抓住了赚钱的机会。在股市的生命周期中游刃自如，获利丰厚。

正是由于热点具有明显的生命周期，所以依据热点而爆发的龙头股同样具有生命周期，热点生命周期的长短和持续的时间是影响龙头股持续性的重要因素。

顺着这样的思路，我们先来看看如何研判热点的持续性，从而判断龙头股上涨所能持续的时间。

## 热点与龙头股的持续性

热点的出现，是龙头股诞生的基础条件。但热点的持续性是不一样的，有的连续表现，有的仅是昙花一现，一日表现后很快便偃旗息鼓。热点的持续性不仅影响到板块行情，也会影响龙头股的市场表现，并进而影响到投资者的获利情况。

在个股上面，热点的持续性对于投资者选择投资策略和追涨龙头股的操作有一定影响，在大盘处于上涨阶段或者下跌阶段的振荡行情或者下跌阶段的反弹阶段时，市场热点的持续性不佳，此时针对龙头股进行波段操作就显得尤为重要。

在大势行情方面，如果板块热点的持续性比较短时，往往说明后市没有大行情。因为热点持续性较差时，将使长线资金难有获利空间，大资金就会保持场外观望姿态，而短线投机资金对于整体行情的上涨贡献不大。

因此，投资者有必要加强对热点持续性的分析，可从以下几个方面研判：

### 1. 观察热点是否具有持久的生命力

捕捉热点不是指在市场中看到哪只股涨停了，或放出巨量就追哪只，那样极有可能被一些短线流动性强的坐庄资金所蒙蔽。近年来，市场中流行一种“涨停板敢死队”的短线操盘模式。就是利用投资者喜欢盲目追热点的心理，实施短线快速坐庄。这种热点常常昙花一现，没有持久的生命力。而有生命力的热点，虽然也会反反复复，但会始终贯穿于整轮行情中，不断地推动股指的上升。

### 2. 观察热点处于哪个阶段

市场热点的兴衰过程大致可以分为四个阶段：酝酿期、爆发期、成熟期、衰退期。从绝对股价的高低而言，酝酿期的股价是最低的，如果热点兴起后获利将最丰厚，但是热点在酝酿期时生命力也是最脆弱的，由于有多种不确定因素，有时即使有增量资金介入，也并不能保证该股一定有良好涨势。真正有生命力，也是最适合介入的阶段是热点的爆发期。这一阶段股价上升最快，受外界因素干扰最少，也是最容易获利的阶段。

### 3. 观察热点启动前是否有蓄势过程

很多投资者在追涨热点时，最关心该股已经涨了多少，如果涨了很多，就不愿追涨。这是一种投资误区，追涨热点重要的不是看该股以前涨多少。关键是要看其以后还能涨多少。而研判个股未来的涨幅，需要分析该股曾经是否有过蓄势的过程，蓄势越充分的个股，涨升潜力也越大。分析个股的蓄势情况要注意该股在启动前是否有构筑长期底部的过程，是否有筹码收集的过程。指标要处于长期超卖的钝化状况中，成交量要有不规则放大迹象等。

### 4. 观察热点的板块效应

所谓“孤掌难鸣”。单一个股的热点往往缺乏长久生命力，而同一板块的相互扶持，共同发展，才会形成有长久生命力的热点板块，并且对市场产生一定的影响力和号召力。而其中的部分个股也会得到主流资金的积极关照成为市场注目的龙头股，持有这类个股的投资者往往能轻松取得超越指数涨幅的收益。

### 5. 观察热点对大盘是否有领导作用

通过热点对整体大盘的领导能力进行研判。最简单的方法是观察热点对大盘的号召力，如果热点板块启动之后。能够迅速带动大盘放量上涨，市场反应积极，说明热点具有实质性内涵，其出现的时机也是正当其时，是行情发展所需的，对于这类热点可以积极参与；反之，如果热点板块启动之后，大盘反应冷淡。并且没有出现相应的上涨，则说明这种热点缺乏市场领导力，在参与的时候需谨慎。研判大盘的市场反应，还应注意：一是大盘的上涨必须放量，无量上涨的，往往持续性也不强；二是在长期的熊市中，由于市场形成的看空惯性思维没有立即转变回来，所以，热点产生初期，对大盘的带动效应并不明显，往往热点已连涨 2 ～ 3 日，市场才苏醒过来，这时需要参考其他条件综合考虑。

### 6. 观察热点对与同类板块是否具有领导作用

通过热点对同板块的号召力来研判热点的持续性。主力资金发动行情是有备而来的，事先会仔细研究大盘所处环境、同板块股票的上涨潜力。在拉升的过程中，也非常在意同板块股票的反应。如果反应积极，跟风热烈，可能会继续拉升；反之，如果市场反应不积极，一般不会孤军深入，增加投机风险。板块股票响应程度如何。关键还是取决于主力机构的建仓状况、技术状态等。

投资者在观察板块响应程度的同时，应重点研究其中有多少股票从技术上看具备连续走强的条件。当同类板块中具备连续上涨条件的股票寥寥无几时，还是谨慎为妙。

### 7. 观察热点启动次数

在主力资金建仓初期的一段时间内，比如 1 ～ 3 个月内，某些板块的股票可能会多次表现，但多数无功而返。反复表现的板块股票，应该引起我们的充分重视，这往往是行情即将产生的信号。当主力通过反复振荡，吸足筹码后，真正的行情即会来临。判断振荡吸筹的方法，是看股票的底部是否抬高。底部逐渐抬高，成交量逐渐放大，技术上逐渐向好，此时再启动，可信度较高。

### 8. 观察龙头股的阻力位

热门板块的产生固然是适应了行情的需要，但龙头股的激发作用也不可小视。一般规律是，如果龙头股上档无明显的阻力，板块股票的跟风会相对积极；反之，当龙头股上档有明显的阻力时，即便其执意突破，但其他市场主力从谨慎性原则出发，也不会跟风太紧密。市场跟风的弱势效应，反过来也会阻碍龙头股行情的深入发展。

### 9. 从历史角度分析

部分板块由于受到行业发展限制等一系列长期不变的因素影响，使得这些板块在股价的历史走势中往往显露出类似的情况。这需要从该板块的历史表现进行研判，对于热点的持续性较差，经常昙花一现或每轮行情中都涨幅不大的板块要注意回避。

## 第三节　短期龙头股投资策略

上面两节我们介绍了龙头股的含义，如何识别龙头股和判断热点以及龙头股的持续性等关于龙头股的重要知识，但这些仅仅是我们投资龙头股需要准备的基础知识，那些基本知识说起来是一套，如何才能真正参透他们，运用到我们龙头股的操作中去呢？

记得李小龙曾经说过截拳道的真正含义：以无限为有限，以无法为有法。意思是告诉那些学习截拳道的人不要模仿外形与招式，每个人要结合自身的优势与劣势，把自己的力量最大限度地发挥出来，要有自己的截拳道，这才是截拳道的真正意义，而截拳道本身只不过是一个代号而已。

而对于操作股票，我们也同样要遵循这样的思维，不能只是去看成交量是否放大，股价是否涨停，又或者总是纠缠某细节不放，要知道，每次龙头股的爆发形式，爆发的具体时间，上涨的幅度都是根据其在每次的特定大盘环境和主力的资金实力等息息相关的，这些都没有一个固定的模式，我们能做的就是掌握一种操作龙头股的思维，知道如何去根据不同的环境和条件去分析，只有做到活学活用，以无招胜有招，才是股票操作的最高境界。

## 探寻龙头股的总体思路

在龙头股识别的介绍部分，我已经简单说明识别龙头股的一些思路，在这里我们有必要再次详细说明探寻龙头股的思路。

### 1. 股价在大盘阶段见底附近是否强劲

任何大盘环境下，龙头股的爆发一般都会有种种走势上的迹象，最常见的是在大盘尚未见底前期就已经开始走强，或者大盘刚刚反弹该股就已经涨停或者大涨，又或者大盘反弹初期该股就开始明显走强。总之，无论在何种情况下，一定要与大盘作比较，才能从技术上确定该股是否为龙头股。

### 2. 股票动能是否已经充足

股票动能是指股票在开始爆发之前是否已经具备了充分的动能，所谓动能就是庄家吸筹量的大小，也是庄家控盘程度的强弱。

对于动能的衡量，我们在第一节识别龙头股里引入了相对吸筹动量指标，对于次新股，在大盘处于振荡阶段底部区域附近，当相对动量吸筹指标大于3时，个股属于吸筹比较充分，对于一些老股票，在大盘处于振荡市场阶段底部区域附近，当相对动量吸筹指标大于2时，一般来说其吸筹就比较充分了，当然，若个股在相对底部区域，其动能越大，说明其在下一阶段大盘见底之后，可能有较好的表现。

以上的情形是针对大盘处于振荡底部区域或者历史大底刚刚形成的区域附近时的参数，对于大盘已经处于上涨行情，并且处于上升段的时候，此时的参数我们要稍作调整，对于次新股采用2.5，对于老股票采用1.5来探测。

这里特别要注意的是，当大盘处于振荡市场相对的高位，阶段顶部区域，即使有很多个股相对动量吸筹指标较高，也是徒劳无功的，因为这一指标必须在大盘的相对底部区域附近才能探测到真正的短期龙头股。

对于那些在大盘振荡市场高位的时候动能大于3以上的股票只能说明其之前经历了吸筹的过程，若是其之前涨幅不大，随着大盘的调整股价又跌至吸筹之前价位附近，这样的股票很有可能在大盘反弹阶段有较好的表现，涨幅超过大部分股票。若是这些股票在大盘见底区域附近就开始明显走强，这些股票也有可能成为阶段的龙头股。

但是，若是一只股票在上涨之前动能非常弱，在突破时也只是几天的放量行情，这种股票一般都是短线主力们发动的短线行情，一般没有参与的价值。

股票动能对于龙头股的投资非常重要。

任何股票，只要其有不错的上涨表现，那么其在上涨之前都会有一段吸筹期，有些股票会在上涨前做足准备，在拉升前就会吸好筹码，这种一般都是有备而来的主力所为，这种情况是所有股票投资里面最理想的状态，因为既然主力有备而来，而且拉升初期刚刚是大盘阶段底部，那么在往后大盘上涨的日子里，这些股票会表现出非常强势的状态。

下面我们来看几个案例。

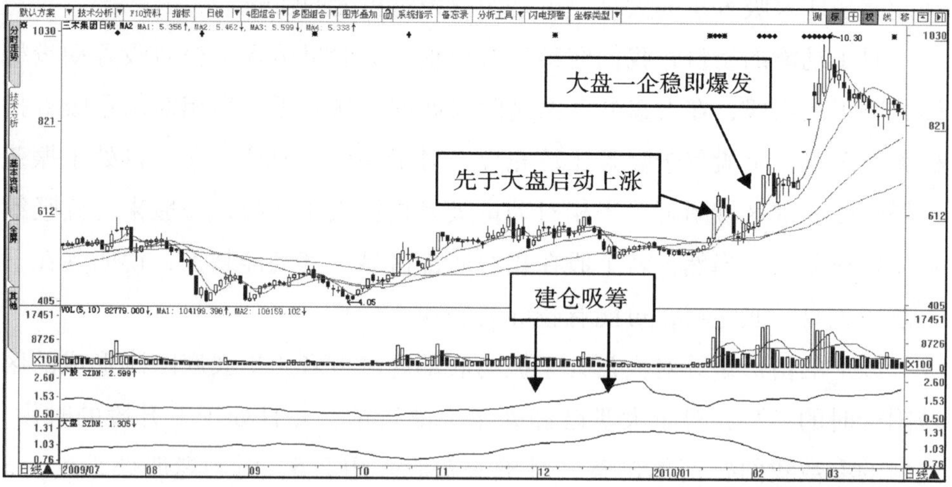


**图5－2**

三木集团（000632）（图5－2）是一家主营基础设施建设施工、土地连片开发、房地产开发与经营及国际贸易的上市公司。自2009年8月上证指数调整以来，三木集团股价表现平平，一直处于盘整状态。

2009 年 5 月 4 日，国务院常务会议讨论并原则通过《关于支持福建省加快建设海峡西岸经济区的若干意见》，这是国务院首次出台政策明确支持海峡西岸经济区建设。

2010 年 2 月 12 ～ 15 日，胡锦涛总书记去往福建省部分地区考察，并同广大群众共度新春佳节。经过此行实地了解当地经济社会发展情况，他指出，希望福建加快建设海峡西岸经济区，推动各项事业实现更大发展。自 2009 年年底以来，区域经济在政策利好的带动下发展势头迅猛。胡主席此行给无数人带来了海西板块的遐想。

在区域板块操作升温的大前提下，我们注意到，三木集团股价其实已经在 2009 年 9 月至 2009 年 12 月产生异动，有资金已经介入吸筹，并且在 2009 年 12 月底，上涨动能已经达到了 2 以上，符合我们的龙头股强力上涨动能的条件。

随后，2010 年 1 月 20 日，虽然大盘仍处于下降通道中，三木集团逆市涨停，股价再次异动，先于大盘表现出强势，至 2010 年 1 月底，随着大盘下跌放缓，三木集团也逐渐走强，2010 年 2 月 15 日胡主席考察了海西之后，三木集团彻底爆发，连续涨停，自 2010 年 1 月底以来，18 个交易日上涨了 77%，成为当时炙手可热的区域概念龙头股。

这正说明，有强力的上涨动能是个股强力上涨，成为龙头股的基础。

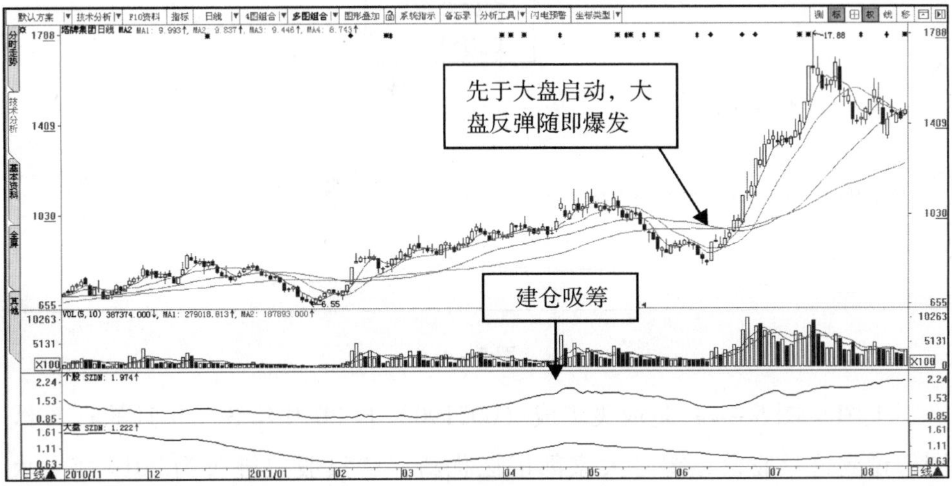


**图 5 – 3**

图5－3是塔牌集团（002233）自2010年11月至2011年8月底的日K线图，从图中可以看出，2011年2～5月这段时间，塔牌集团一直处于缓慢吸筹的态势，且上涨动能也基本达到2，大于振荡市场的最低标准1.5以上了，然而进入到2011年5月以来，大盘加速下跌，塔牌集团也未能独善其身，跟随大盘快速下挫，跌幅一度达到26%，2011年6月14日，大盘收出小阳线，塔牌集团迅速涨停，随后，大盘连跌4天加速赶底，而塔牌集团却依然逆市上涨，2011年6月21日，大盘收出4连阴之后的首根阳线，而塔牌集团大涨5.68%，随后塔牌集团正是爆发，在随后的18个交易日上涨了73%，成为这次反弹涨幅第三名的领涨股。

另外一种情况是个股出现了某种重大的实质性的利好，出乎主力们的意料之外，这种情况之下，股票在爆发之前没有充分的动能，因此，主力们就会不惜一切地拉高吸筹。这种股票在迅速放量拉高之后，一般调整的幅度非常有限，正是因为筹码来之不易，所以主力们也不忍打压过猛把低价筹码拱手让人。

我们来看几个这样的案例。

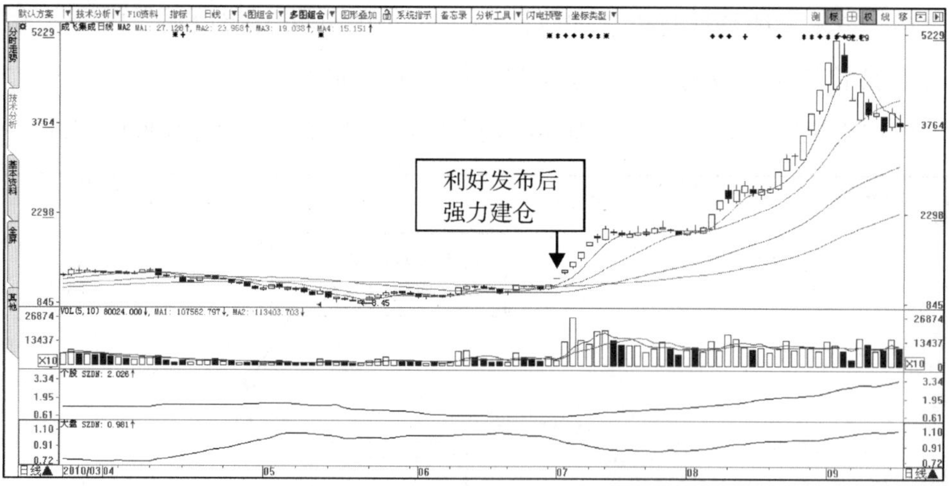


**图5－4**

上图（图5－4）是成飞集成（002190）自2010年3～9月的日K线图，说到这只股票，想必大家都记忆犹新，这只股票被誉为2010年一大妖股，连续涨停和短期涨幅都非常惊人。

2010 年 6 月 29 日，成飞集成筹划非公开增发，股票停牌。

2010 年 7 月 6 日，成飞集成发布公告称，成飞集成非公开发行募集资金总额不超过 10.2 亿元，募集资金扣除发行费用后的净额将全部用于增资中航锂电（洛阳）有限公司建设锂离子动力电池项目。

中航锂电成立于 2009 年 9 月 14 日，中航锂电是中国空空导弹研究院（以下简称“导弹研究院”）下属全资子公司，由于导弹研究院是中航工业举办的事业单位法人，因此中航锂电的实际控制人为中航工业。中航锂电的主营业务是从事锂离子动力电池及相关集成产品的研制、生产、销售和市场应用开发。

中航锂电是在国内居于领先地位的专业从事锂离子动力电池、电源管理系统研发及规模化生产的高科技新能源公司。中航锂电是由导弹研究院投资组建，依托其军工技术、管理经验及人力资源实现了快速发展。导弹研究院作为中国顶尖的军工装备研发机构，在锂离子动力电池领域已有多年耕耘，中航锂电生产的锂离子动力电池具有单体容量大、能量密度高、循环寿命长、耐过充放能力强、无记忆效应、自放电率小、清洁免维护等特点，产品覆盖 40AH－500AH 系列；同时其可为客户量身定制动力模块和储能模块，产品电压平台覆盖 24V－600V 系列。中航锂电的产品已应用于电动汽车、储能、机车及军用电源等领域。2010 年上海世博会场中主要的巡游花车以及部分警用巡逻车、新能源公交车、道路清扫车和游艇均采用了中航锂电生产的动力电池模块。目前公司拥有 6 项专利，并有多项专利申请正在受理过程之中，取得了包括 CE、Un38.3 在内的多项国际国内认证，在国内外市场具有一定美誉度和品牌影响力。

发展电动汽车产业被誉为我国汽车工业参与国际竞争最为千载难逢的一次良机，而锂电池既储能（技术）一直被视为电动汽车产业乃至新能源发展的瓶颈，是产业化进程中必须逾越的门槛，身处已跃居世界第一大汽车消费市场的中国，面对 2009 年产值已超 3 万亿元的汽车产业，谁掌握了电动汽车的命脉——储能技术，谁就掌握了打开财富大门的金钥匙。

成飞集成借助此次非公开发现不仅进军了锂电池板块，而且也于中航系成功联姻，在如此巨大的利好刺激下，成飞集成股价当日“一”字涨停，随后又连续上涨了4个涨停板，7个交易日上涨了80%，由于利好消息来得如此突然，以至于主力们没有任何心理准备，所以成飞集成上演出了各路资金连续抢筹的好戏。

短期大涨之后，虽然公司开始申请自查，披露上涨原因，并同时指出锂电池发展的风险。但是成飞集成的股价还是异常坚挺，没有出现下跌，只是高位横盘整理，在经历了10多天的横盘整理之后，成飞集成股价再次腾飞，在随后的16个交易日再度上涨了146%。

如果大家深知股票上涨前吸筹的道理，在2011年7月中旬就不会被上市公司的自查公告所迷惑，结合成飞集成的上涨动能和当时的大盘环境，我们不难知道，成飞集成的真正的拉升段其实并未展开，后面应该还会有一段行情。

与成飞集成类似的，还有我们在一开始列举的案例冠福家用，冠福家用也是随重大利好激活股价，主力资金才开始疯狂介入建仓的。

最后一种情况是某种股票在拉升之前动能都很弱，短线突然放量拉升，情况与上面的第二种情形非常类似，但是迅速拉升之后，股价却迅速回落，这一点是与迅速拉高吸筹的股票有本质区别，这样的股票，即使上涨后动能达到了要求，看其盘面走势就知道是短线主力所为，不具备龙头股的潜质。因此投资龙头股，在我们不能在其拉升的第一波时判定其是龙头股之时，我们可以选择继续观望，在其第二波再介入是相对安全的策略。

下面我们来看几个类似的案例。

图5-5是久其软件（002279）自2011年2～12月的日K线图，通过上图我们发现，自2011年10月24日起涨以来，久其软件的上涨动能不足1.5，非常弱势，而在随后股价经历3个连续涨停之后，虽然上涨动能变大，但是不是拉升前的吸筹所为，再来看看究其软件上涨之后的情况，股价在连续涨停后就停滞不前，短暂调整之后，就迅速暴跌，甚至还传出新低，在上涨之后股价没能企稳支撑之后，我们可以断定，久其软件的上涨是短线资金所为，难以成为这一阶段的龙头股，这样的股票我们要敬而远之。

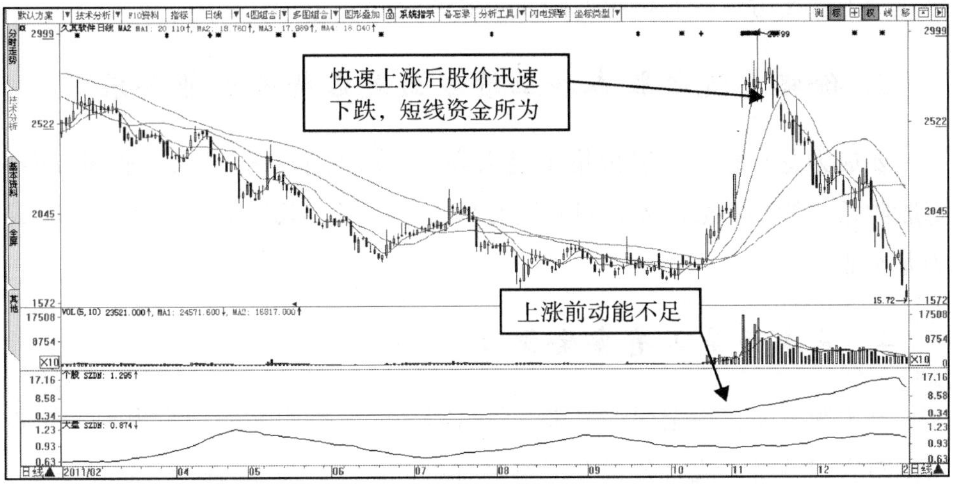


图 5－5

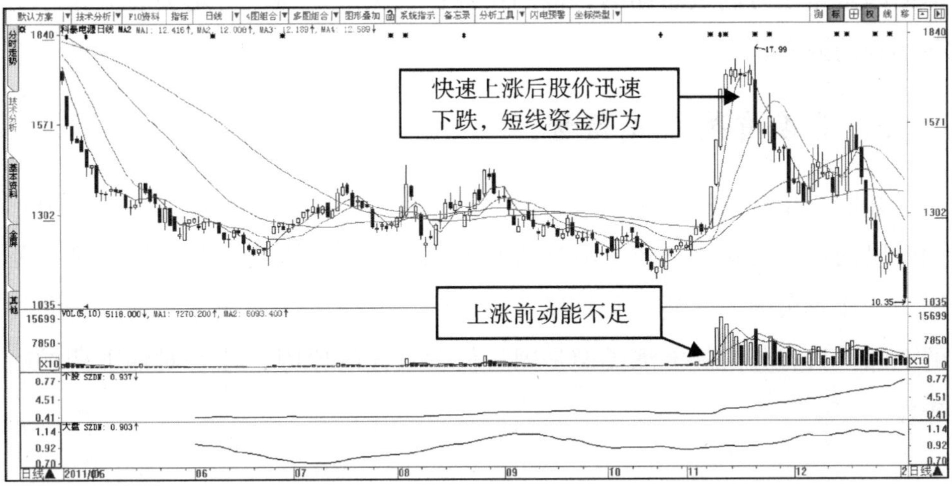


图 5－6

图 5－6 是科泰电源（300153）自 2011 年 4 ～ 12 月的日 K 线图，从上图我们可以看到，在科泰电源上涨前，同样没有十足的上涨动能，虽然科泰电源短期内迅速走强，连续 3 个涨停板，根据我们的上涨动能的判断，知道其很可能就是短线资金所为，果然，其在涨停后不久就开始加速下跌，股价在随后创出了新低。

上述案例说明，前期建仓不充分，动能不足的股票，是很难在这一阶段成为上涨凌厉、具有持续性的龙头股的。

### 3. 价格、流通股本和业绩方面是否符合一般要求

要成为龙头股，一般价格不能太高，流通股本不能过大，业绩方面，每股收益一般都不会太差，只有同时具备以上诸多条件的股票才有可能成为龙头股。

### 4. 基本面是否有安全保障

基本面方面，一定要在未来一段时间之内没有明显的地雷出现，例如可能有官司缠身，或者公司业绩糟很有可能被ST，又或者本身就是ST公司，业绩连续几年亏损有可能直接暂停上市的。这些很可能具有地雷的基本面因素是主力们最忌讳的，他们在选择龙头股之前，一定会充分排除这些不利的因素。

### 5. 是否有热点或题材

在股票拉升的过程中，要想搜寻出龙头股，必须要十分清楚地知道不同阶段的热点与题材，要分清楚那些上涨的股票是因为何种原因上涨，是因为行业龙头的上涨还是某种概念的上涨，又或者是地域龙头或综合龙头的上涨，只有分清楚上涨类型是因为何种具体的原因，才好对症下药的去操作。

## 不同大盘环境下寻找短期龙头股

在分析不同大盘环境下的短期龙头股之前，我先说明一下短期龙头股的含义，短期龙头股不是只是持续几天的龙头股，而是其在较短时间里有着强大爆发力的股票。

对于龙头股的寻找一定要依据不同的大盘环境，在不同的大盘环境下，龙头股的持续时间以及上涨和调整方式都是有着重大的区别的。我们一定要做到具体问题具体分析。即使对于同一大盘环境下，那些龙头股的

爆发方式可能都有所不同，所以我们更加不能搞一刀切的教条主义。

### 1. 从大盘处于上涨段上升浪中龙头股寻找

在大盘的大的上涨行情的上涨段中，每次调整的时间一般都比较短，一般为2～3周，在这有限的调整时间中，龙头股往往会表现出比大盘更加抗跌的情况，也会在大盘见底前几天提前爆发，这是上涨阶段龙头股的典型特征，同时这些龙头股往往之前吸筹已经十分充分，同时又有着特定的热点题材，基本面方面也没有明显的瑕疵。

由于在上升段初期与上升段中后期的动量参数不同，我们就分两部分来做案例讲述。

我们先来看几个在大盘上升段初期的龙头股案例。

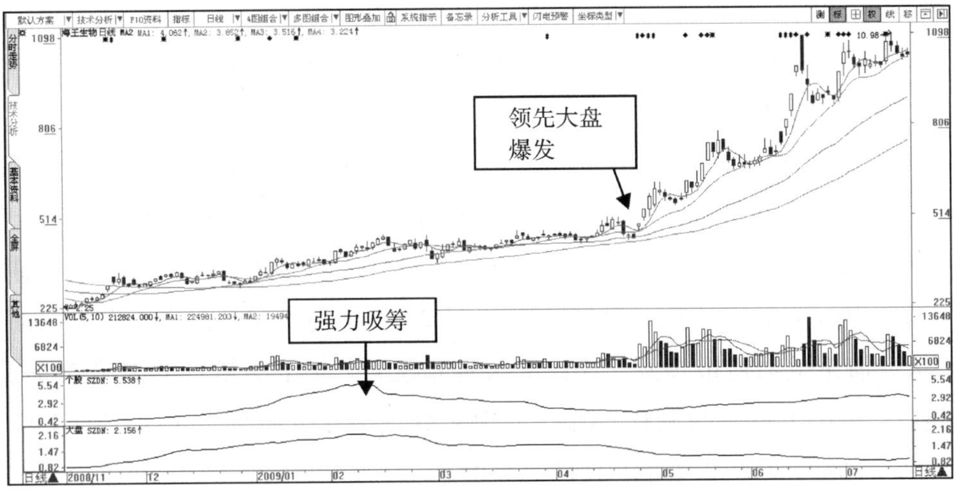


图5－7

海王生物（000078）（图5－7）是全国知名的医药龙头，拥有4个多功能的现代大型制药工业基地，生产化学药、生物药、中药和保健食品四大类370余种产品，形成以抗肿瘤产品和生物制品为主导，覆盖心脑血管、呼吸、消化系统等11大类品种齐全的产品体系。公司研发的多项新药列入国家863计划，涉及基因工程、转基因等最前沿领域，产品科技含量极高。同时公司控股子公司深圳市海王英特龙生物技术股份有限公司受让的国家二类新生物制品“流行性感冒亚单位流感疫苗”已经通过国家药品监督管理局新药审评并获新药证书。2006年9月，子公司海王英特龙100万人份疫苗生产车间通过GMP认证。全球疫苗市场以13%的速度增长，在禽流感威胁人类健康之时，国内疫苗的需求量将急剧增加，公司进入爆炸式的增长期。

2008年年底，海王生物公告称旗下子公司海王英特龙与葛兰素史克（GSK）正式签订合资合同，共同投资设立中外合资企业JV公司，以生产流感疫苗，总投资额为9990万美元。

葛兰素史克是全球最大的疫苗生产商，该合资公司将是葛兰素史克在中国的第一个疫苗生产基地。公告显示，该合资公司将主要进行疫苗的研发、生产及销售。

与国际疫苗巨头公司合作，海王生物正在打造亚洲最大的疫苗生产基地。

2009年初，甲型H1N1流感席卷全球，作为疫苗行业的龙头公司，海王生物股价蠢蠢欲动。

我们看到自2008年10月底，上证指数见底以来，海王生物就开始缓慢吸筹，到2009年2月，海王生物的上涨动能已达到惊人的5.53，大幅吸筹之后，海王生物股价开始小幅振荡整理，进入2009年4月下旬，上证指数开始了短暂的调整，于2009年4月29日企稳，在上证指数企稳的前2天，海王生物逆市爆发，连续2天逆市涨停，4个交易日上涨了35%，随后，经历了短暂的调整，海王生物又继续上攻，股价在1个多月上涨125%，成为2009年牛市初期的大牛股。

与海王生物类似的，还有莱茵生物（002166）（图5－8），在此我便不再赘述。

我们再来看一个在大盘处于上升阶段中后期的龙头股的案例。

如图5－9，三钢闽光（002110）于2008年12月至2009年初就已经大量建仓吸筹了，可惜股价迟迟未能爆发，2009年4月底大盘调整之后，三钢闽光迅速突破前期整理平台，走出强势行情，随后，又跟随大盘在5月底进行了小幅回调，这次回调之后，三钢闽光终于爆发，两个月快速上涨了83%。成为2009年牛市后期领涨的龙头股之一。

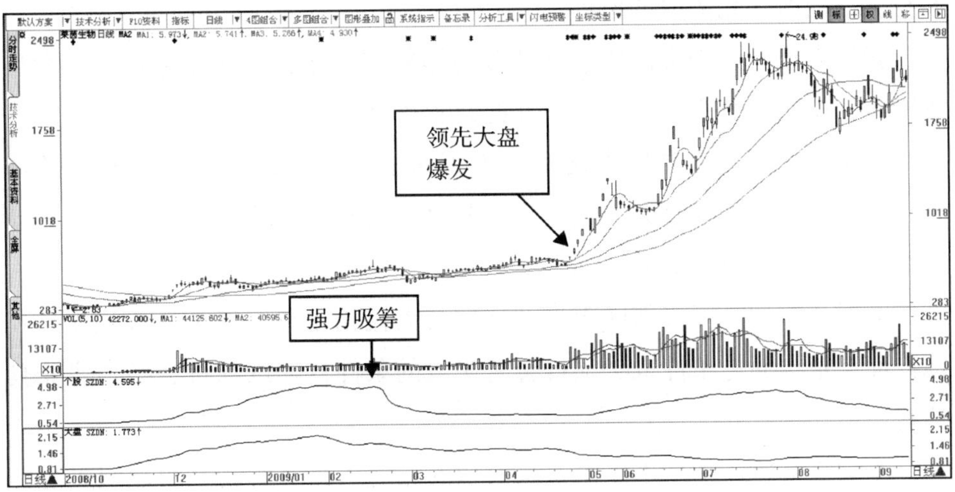


**图 5－8**

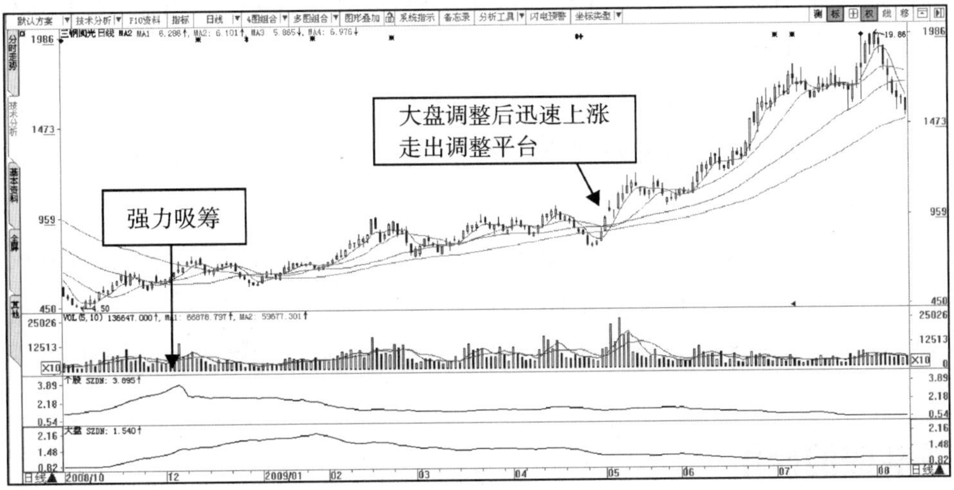


**图 5－9**

## 2. 大盘处于振荡阶段龙头股的寻找

在大盘刚刚进入振荡行情的初期，由于之前上涨阶段的股票成交量较高，而调整阶段的成交量普遍下降，所以在此阶段我们要寻找的龙头股动量参数方面应该分别大于 1.5 和 2.5，其他方面，个股必须在阶段底部区附近涨幅明显超过大盘，同时具有比较明显的热点题材，其基本面方面也要符合之前所述龙头股的条件。

我们在横盘整理突破股里面涉及的熊猫烟花和新农开发都是属于大盘刚刚进入振荡行情中的龙头股，在此我不再赘述。

在确定大盘进入调整期之后，不管是上涨中的调整还是下降中的调整，个股的活跃程度都会大幅下降，此时，我们就应该采取更加强力的动能数据去判断个股动能的强弱。

同时个股在阶段底部区附近的涨幅与大盘相比必须处于强势领先。其他方面，基本面等条件也必须符合龙头股的条件，热点题材也必须要兼具这些条件。

本章前文所述的三木集团就是典型的振荡市场下所诞生的地域概念龙头股，类似的案例还有罗顿发展等，在此我不再赘述。

需要特别说明的是，在振荡市场的不同触底反弹的类型中，各种龙头股的特点各不相同。

一般来说，如果振荡市场是处于一个相对平稳的三角形或者矩形区间之内，在每次阶段底部比较规律的情况之下，这样的阶段底部所产生的龙头股一般都是之前走势不错的股票。

如果振荡市场的阶段底部反弹过后，没有达到前次应该上涨的高度，也就是反弹不足，之后大盘又创出新低之后反弹，此时的龙头股往往是处于那些已经大幅下跌趋势，并不完美，但是在底部区振荡类型的股票。

## 龙头股的操作

经过了几部分的学习，我们已经基本清楚了龙头股的含义、热点以及龙头股的持续性和不同大盘环境下各种龙头股特点，接下来我们就来进入本章的最重要的部分，那就是如何才能操作好龙头股。

由于龙头股的种类繁多，在不同的大盘环境下有不同的分析和处理方式，因此我们学习龙头股没有必要给自己任何固定的模式，要求某龙头股必须所有条件都要满足。相反我们要顺应不同的大环境做到见招拆招，以不变应万变。

下面我们就来看一下龙头股的操作步骤。

### 1. 判断当前大盘环境以及在此环境下龙头股的可能走势情况

不管讲述任何盈利模式，我们都会首先分析大盘环境，虽然有时大盘下跌，个股却逆势上涨，但是并不能说明两者没有了联系，相反，我们通过对大盘的预先判断，可以洞悉一些股票的异动现象，从而在之后的大盘上涨段或者下跌段做出正确的操作策略。

通常在上涨行情的上涨段，龙头股多发于调整行情结束的前几天，此类型的龙头股调整时抗跌性较好，同时会先于大盘上涨。

在振荡市场的阶段底部区，如果是属于正常的阶段底部，此种龙头股一般走势比较强劲，一般都会在60日均线上方或者靠近60附近。

在振荡行情创出新低之后的阶段性短期反弹里，此时的龙头股一般都是之前大幅下跌，提前振荡吸筹，动能非常大的股票。

在这里我仅仅以2011年10月12日至11月15日振荡市场下跌段的反弹作为案例来判断其龙头股的情况。

在介入分析之前，我们先来看看从2011年4月大盘调整以来主力们每次阶段反弹的操作思路，在下跌初期，对于那些在4月初刚刚建仓吸筹好的股票，他们没有炒作完毕，只能老老实实地维护住股价，或者跟随大盘调整一段后等待大盘反弹。但是这些股票在大盘第一次阶段反弹时由于主力维护股价比较明显，所以趋势都非常不错，例如2011年6月21日之后这段反弹领涨股冠福家用和塔牌集团，这样的现象还是非常明显的。因为在那一阶段，谁也不能确定大盘是否在6月反弹之后还继续下跌，所以他们的做盘手法还是中规中矩，但是到了7月中旬以后大盘再次下跌，并且创下2011年1月振荡市场调整新低之后，很多主力已经意识到大盘趋势彻底变化，可能会继续长期下跌，所以在2011年8月9日之后，这轮的反弹的炒作龙头股就变为刚刚上市不久的新股以及之前已经大幅下跌的次新股和少数前期大幅调整的老股票，至2011年10月12日这段反弹，这个现象就更加明显了，主力们也只能选择前期大幅下跌的股票进行炒作，而且被炒作股票的流通盘越来越小，总市值只有几亿元，流通股本不足4000万的股票居多。等到这些股票都炒作完之后，主力已经基本再难在市场挖掘到容易炒作的品种，所以自2011年11月之后，虽然大盘在2011年12月中旬以后，进入振荡盘跌的走势，虽然大盘下跌不多，但是再也没有强势的龙头股出现，下次再出现龙头股怕是要等到大盘逐渐走强，人气慢慢恢复了才有可能。

现在我们把时光带回2011年10月12日至11月15日这段时间，用当时的视角分析问题，上面我们说道，大盘运行至10月12日这次下跌，已经跌破了2010年7月振荡市场最低点2319点，大部分专业投资者已经清醒的认识到，市场已经变得越来越差，中期趋势可能还会继续下行。在这样的大环境下，他们要想制造龙头股，只有从上市以来大幅下跌的次新股里面去挖掘了，在这样的环境下，我们要寻找在10月12日之前已经上涨动能充足，建仓充分的超跌次新股，而且在10月12日之前或者附近最好已经出现异动。

10月12日通过筛选，我们发现了天舟文化（300148）这只股票。

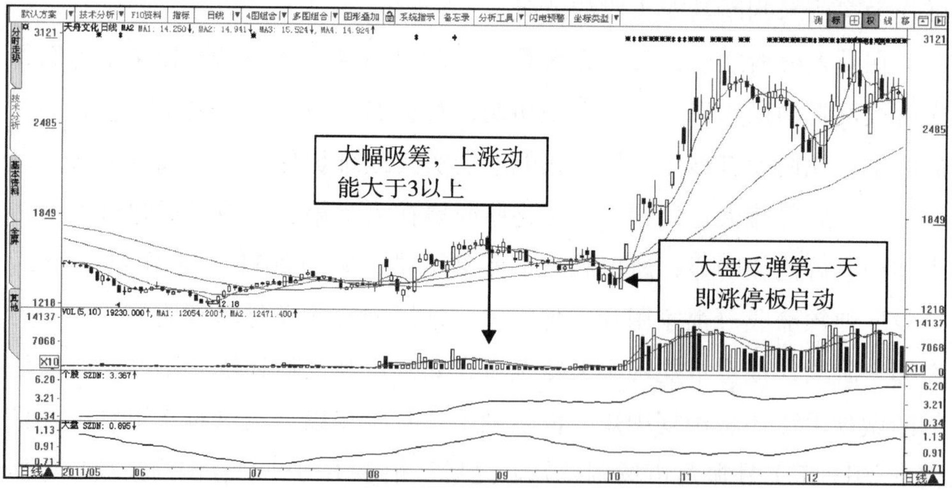


**图5-10**

其实早在2011年8月，天舟文化（图5-10）上涨动能就已经达到3以上，符合我们强力上涨动能的条件，建仓之后，天舟文化随着大盘开始调整，股价调整至起涨点附近，2011年10月12日，大盘在经历了长期下跌后终于又见了一根中阳线，天舟文化当日强势封住涨停板，第二日，大盘继续收出阳线，天舟文化继续封住涨停板，连续两天涨停，前期吸筹非常充分，而且上市以来已经连续调整近 50%，并且天舟文化股价只有 13 元，流通股本 3246 万股，流通市值 4 多亿元，三季度每股收益为 0.296 元，这些都符合主力们在当前市场情况下炒作的特点。

更为重要的是，在 10 月初，多家券商机构传出消息，说环保大会要改成文化大会，国家将出台有关文化的扶持政策，而此时天舟文化，已经被赋予了文化概念的龙头股形象，在股票市场，有这么一条不成文的规律，只要某概念某题材是第一次提起，同时有关题材的股票又较少，那么这样的题材股往往在第一次提及之后，会走出非常强势的表现，类似首个国际旅游岛概念的罗顿发展等，都符合这样的炒作思路。

而文化产业上市公司不多，而这个题材也是基本没有被挖掘炒作过的题材，这样的题材更加容易形成龙头股带队，其他非龙头股跟风的板块效应。果然，随着天舟文化的疯狂之后，众多与文化沾边的传媒等上市公司股价紧随其后，跟风上涨，使文化传媒板块形成弱势中一道亮丽的风景线。

我们购买天舟文化的时机有两个，一个便是 10 月 12 日、13 日，此时是其股价还刚刚启动之时，此时我们要敢于以涨停板搏击龙头股。而第二次介入点就在连续 4 个涨停调整后再次爆发之时，为什么连续 4 个涨停我们还敢买入呢?

主要是天舟文化还处于首次吸筹区附近，这个概念我们会在接下来详细讲述，在此不详细说明了。

通过上面的案例，我们发现，一只龙头股必须有足够上涨动能，符合启动前大盘环境的炒作要求，同时具有某些概念或者利好的推波助澜，这是一系列因素综合作用而形成的结果，所以对于我们这些投资者，要想抓住龙头股，就必须有足够的预见性，有对主力不同的大盘环境下的炒作思路，和在个股的运行状态等都要做到得心应手，才能在不同阶段的大盘上涨或者反弹行情中抓住龙头股。

## 2. 挑选动能符合条件的股票

龙头股在动能上必须符合以下条件：

首先，在大盘尚未见底前夕其动能指标已经有明显的吸筹迹象，且达到了相关的指标条件，这是要求在大盘尚未见底前个股一定要有明显的吸筹痕迹，如果没有吸筹就等于龙头股的主力手中没有货，手中没货的主力即使发动行情，也走不了多远，所以选龙头，就选大盘见底前有过吸筹动作，且动能充足的股票。

其次，在大盘首次开始上涨的前几天内，这些股票的动能就已经达到标准，因为这样的股票上涨动力十足，并且股票还是保持高度活跃的状态，这就像已经烧热的火炉，打铁可以趁热。

最后，在个股跟随大盘拉升的初期，动量达到要求的前提下，上一次吸筹至今的累积涨幅越低越好，这一点在弱势市场尤为重要，因为在弱势市场，众多投资者已经基本不敢再追高了，如果在拉升前已经涨幅过大，有可能造成跟风盘不足的尴尬境地。

我们先来看一个案例。

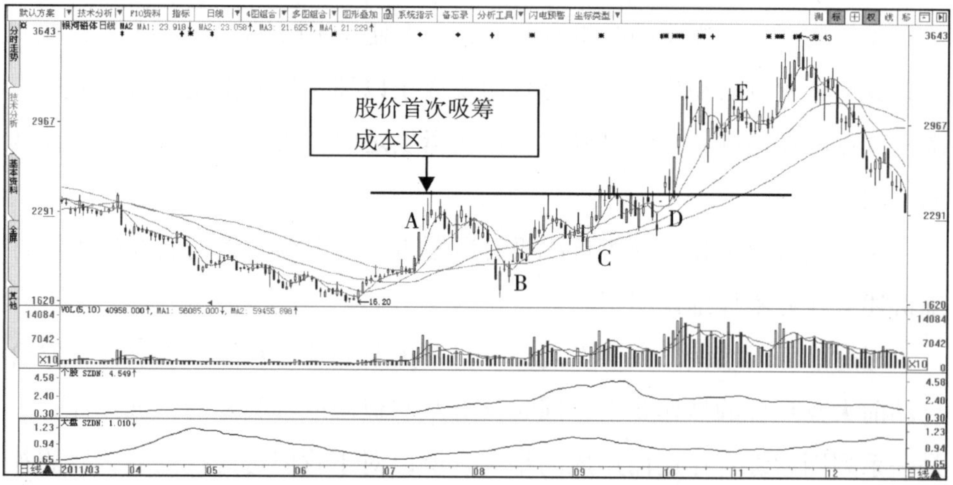


**图 5－11**

上图（图 5－11）是银河磁体（300127）自 2011 年 3 ～ 12 月的日 K 线图，银河磁体自 2010 年 10 月初上市之后，经历了一轮凌厉的上涨之后，从 2010 年 11 月 2 日开始进入下跌通道，至 2011 年 6 月下旬，这轮下跌通道已经跌去 55%，2011 年 6 月大盘阶段反弹之后，银河磁体跟随大盘开始反弹，有资金开始在下跌趋势后首次建仓这只股票，如图所示的 A 处就是资金首次建仓的区域。2011 年 7 月下旬，随着大盘继续走低，银河磁体迅速调整至吸筹起涨点，即 B 处，在 B 处，银河磁体的上涨动能已经达到了 2 以上了。2011 年 8 月 9 日大盘进行了为期 14 天左右的小反弹，银河磁体在此拉升，随后又跟随大盘调至 C 处，此时上涨动能已经达到 3.9 了，达到我们次新股的上涨动能强势条件。此时我想大家最关心的问题就是，B 处以后的这轮拉升到底是不是出货，其实明白首日吸筹区概念之后，我们发现，银河磁体从 B 处至 C 处的上涨并没有越过首次吸筹区，调整点 C 处仍然处于首次吸筹区内，按照同样的道理，当股票调整至 D 处，银河磁体仍然处于首次吸筹区内，只要股票上涨动能充足，价格仍在首次吸筹区内，那么股票一旦在下一阶段大盘起涨附近率先领涨，那么这只股票就有可能成为大盘下一波反弹的领涨股。9 月 30 日，随着银河磁体业绩大幅增长利好消息的公布，股价当日开盘即收于涨停，第二天继续上涨，之第三天跟随大盘小幅调整，此时的走势明显领先于大盘，10 月 12 日大盘稳健上涨，银河磁体当日收于涨停。

而银河磁体在 10 月 12 日早盘大盘稳健时正是我们狙击的绝佳买点，随后，我们在 3 个交易日便可以获利近 25%。

而当银河磁体运行至 E 处调整时，股价已经大幅远离首次吸筹区域，所以我们不便再次买入，随后，银河磁体开始大幅下跌。

通过上面的案例，我们知道，在相对弱势的市场中，一只股票吸筹之后，如果跟随或者领先大盘爆发前，仍在首次吸筹区附近，那么我们就可以在一企稳时大胆介入，而当股票在弱势时，已经远离了首次吸筹区域，我们就要小心谨慎了，不要因为贪婪而在此买入。

与银河磁体相类似的案例还有云海金属（002182）（图 5－12）在此我便不再赘述了，请读者朋友们自己试着分析。

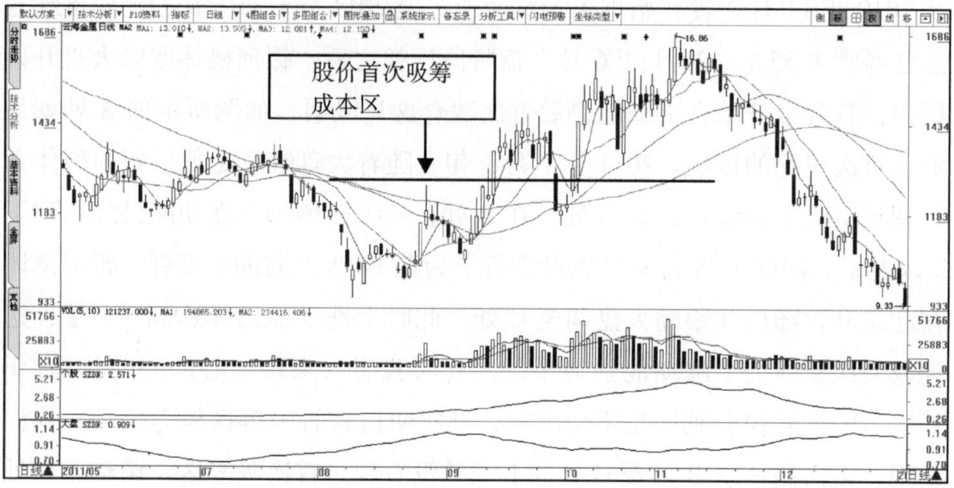


**图 5－12**

### 3. 确定基本面符合龙头股的条件并且没有安全隐患

首先要仔细研究个股的经营状况，财务状况等，确定个股没有业绩地雷和其他有可能带来不利的利空情况，同时要确定个股的价格、流通股本等重要指标都符合龙头股的一般条件。

### 4. 判断可能的标的股的热点题材

判断个股可能会因为何种具体的题材或者热点而操作。做到心中有数，同时要分析个股是否具有板块的轮动效应，只有每次在板块中领涨的并具有示范作用的股票才可能是龙头股。

### 5. 综合分析锁定几个龙头股

根据个股与大盘的走势、动量情况、基本面和热点的综合分析之后，确定出几个最可能的龙头股。

由于在上文对天舟文化这只龙头股已经作了详细分析，其他股票的综合分析思路基本与之类似，故而在此不再赘述。

### 6. 对选出的几个备选龙头股的买卖操作

分析清楚了最可能的几个龙头股之后，接下来就是具体操作了，一般来说，在上涨行情的上涨段，在龙头股爆发的初期就可以直接买入了，因为此时大盘环境好，个股即使逆市上涨也不会有较大的抛压。而此时的卖出时机是大盘的相对明显的顶部区域。

对于振荡行情中，龙头股可能也会提前走强，但是可能会反反复复，此时我们就要紧盯大盘的情况，根据大盘所发出的信号操作，一般情况下，在一个阶段的下跌浪中，如果备选龙头股在大盘反弹第一天时就已经走强，且在大盘反弹的第一天就有上佳的表现，那么一般来说，即使备选龙头股涨停，也要追进，这一天是一个很好的买点。至于龙头股在较弱市场的卖点，一旦大盘跌破 5 日周线，就是卖出手中龙头股的时候。

例如我们之前所说的天舟文化和雷曼光电，天舟文化在 2011 年 10 月 12 日，大盘刚刚企稳收出一个中阳线时就已经涨停了，在 2011 年 10 月 24 日大盘再次触底反弹，天舟文化再次涨停。由于雷曼光电 10 月 24 日公告停牌，而在 10 月 25 日，雷曼光电复牌后，早盘强势封住涨停板。

这两只从 2011 年 10 月 12 日至 11 月 15 日之间的龙头股都是以涨停板开始启动的，对于这样的龙头股，即使涨停板我们也要不惜跟进，享受龙头股带来的快速上涨行情，当然前提是我们要确定这只股票主力提前已经吸食大量筹码，而且目前价格还在成本区附近，同时基本面和技术面等都已经符合我们所要求的龙头股的条件。

# 第六章

# 如何选择先涨股与后涨股

在每一次的牛市行情中，总有些股票在行情的第一阶段领先，其中一些股票在初期涨到顶部，然后便不再上涨，接着走低，而其他的股票则一路看涨。在行情的第二阶段，又有新的股票看涨，涨到顶部后，在第三阶段其领先地位又被别的股票取代。在第四阶段，也是最后一个阶段，后涨股走到了前面，并且涨幅巨大。每一个板块的股票中，总有一些处于弱势，也总有一些处于强势，从而与股票总体趋势相悖。因此，有必要判断哪些股票处于强势并能够成为领先股，哪些股票处于弱势并可能一路走低，或即将成为熊市的领头人。

——江　恩

## 第一节 先涨股与后涨股概述

### 1. 先涨股与后涨股的含义

所谓先涨股就是在牛市初期和中期，涨幅大幅领先于大盘和其他大部分股票的股票，而到了牛市后期，涨幅落后于大盘的股票；后涨股就是在牛市的前期和中期的阶段里，其涨幅落后于大盘，而在牛市后期涨幅领先于大盘和大部分其他股票的股票。

### 2. 先涨股与后涨股的产生原因

在每轮牛市中，各种股票上涨顺序是不同的，这个不同不仅是不同市值大小的股票上涨的顺序不同，概念题材的不同，同时也是各个行业以及基本面等不同综合的结果。

影响一只股票上涨的原因众多：大盘的环境，个股的吸筹程度，即其动能的强弱，同时还兼具其基本面的好坏与有没有合适的题材等等，影响股票上涨的因素实在太多了，所以一只股票能够上涨，一定是众多因素共同作用的结果。

但是有一点是最根本的，不管是任何基本面因素还是热点题材，一只股票要想在下一阶段能够率先上涨，成为领先大盘的先涨股，其必须在上涨之前已经吸足了足够的筹码，如果没有吸食足够多的筹码，其上涨的动能就会不足，也就很难成为领头的先涨股。这一点是任何股票上涨的必备因素，一只股票只有在某一阶段具备了充足的动能，才能在下一阶段成为领先的上涨股。

当然，仅仅具备了动能，一只股票未必就能成为先涨股，同时我们还要看当时的热点是否具备以及基本面和其所在板块是否符合某阶段的炒作习惯。

在牛市中，由于大盘大趋势一直处于上行的状态，即使有调整，其调整幅度和持续的时间也不会太长。也就是说，大盘的环境都是一样的，个股先涨和后涨的原因已经不是大盘的因素了，主要取决于其动能是否已经充足，基本面走势是否具有先涨股的迹象，基本面和板块是否符合当前阶段的操作特点等。这些因素是否配合完好是先涨股和后涨股产生的综合性原因。

## 第二节 牛市各个阶段涨幅领先股统计分析

既然我们弄清楚了产生先涨股与后涨股的原因，接下来我们就先来猜猜在牛市初期和中期，哪些股票是先涨股，哪些股票又是在牛市后期才开始上涨的呢？

查阅了很多资料，主流的观点是这样的，一般在底部区小盘袖珍股最先涨，其次就是盘子中等一点的概念股涨幅居前，最后是基本面优异的中大盘股的天下了。这一走势也可以从吸筹难易程度来说明，小盘袖珍股吸筹速度最快，准备最充分；在牛市初期，由于大盘还不是非常稳定，市场信心尚未完全恢复，所以这些股票主力们更好驾驭；到了牛市中期，由于市场信心恢复和众多投资者的介入，一些吸足筹码的中盘概念股开始表现；最后，由于市场到了近乎疯狂的程度，此时中小板股票大部分可能已经进入调整期停滞不前，那些之前涨幅很小的大盘股开始冲刺，带领大盘继续上攻。

当然，上面的这些都是我们根据主流观点的陈述和我个人的一些的推测，真实的情况又是怎样的呢？

下面我们以 2005 年 6 月 6 日上证指数 998 点大底开始至 2007 年 10 月 16 日 6124 点这轮大牛市来分析各个阶段领涨股的情况。

在开始之前，我先来介绍一下我们的统计方式。

首先我们会把这轮牛市分为 5 个上涨阶段，分别为吸筹区：2005 年 6

月6日至2006年3月1日，第一次放量拉升区：2006年3月8日至2006年7月5日，第二次放量拉升区：2006年8月7日至2007年2月26日，第三次放量拉升区：2007年3月5日至2007年5月29日和缩量上涨区：2007年6月5日至2007年10月16日。

接下来我们便进入每个阶段的统计了，在各个阶段，取所有A股涨幅的前50名作为样本，进而我们会统计这50只股票的平均涨幅，平均总股本和流通股本以及行业的分布情况等情况进行统计观察。

最后，我们会对统计的结果进行分析，试图发现牛市各个阶段里领涨股的特征，服务于我们以后的操作。

## 吸筹区：2005年6月6日至2006年3月1日

我们来看下表6－1对于2005年6月6日至2006年3月1日这一阶段涨股前50名的个股的各项指标情况。

**表6－1**

| 序号 | 代码 | 商品名称 | 涨幅 | 前收盘 | 成交价 | 最高价 | 最低价 | 流通市值（亿） | 流通股本（亿） | 年度每股收益 | 换手率 | 市盈率 | 每股净资产 | 行业 |
|---|---|---|---|---|---|---|---|---|---|---|---|---|---|---|
| 1 | SH600550 | 天威保变 | 216.02 | 1.23 | 3.88 | 4.31 | 1.18 | 4.9 | 1.3 | 0.307 | 853 | 12.64 | 3.06 | 仪表仪器 |
| 2 | SZ000718 | 苏宁环球 | 161 | 1 | 2.61 | 3.39 | 2.57 | 4.9 | 1.9 | 0.039 | 114.2 | 66.97 | 0.995 | 房地产 |
| 3 | SH600299 | ST新材 | 148.46 | 2.69 | 6.69 | 6.97 | 2.58 | 5.4 | 0.8 | 0.902 | 320.9 | 7.42 | 4.447 | 化工化纤 |
| 4 | SH600456 | 宝钛股份 | 146.7 | 6.05 | 14.92 | 15.5 | 5.79 | 11.3 | 0.8 | 0.792 | 436.81 | 18.84 | 3.9 | 有色金属 |
| 5 | SZ002025 | 航天电器 | 146.39 | 3.71 | 9.15 | 10.5 | 3.62 | 3.5 | 0.4 | 1.191 | 546.16 | 7.68 | 4.236 | 仪表仪器 |
| 6 | SH600132 | 重庆啤酒 | 144.81 | 6.39 | 15.65 | 16 | 6.3 | 12.2 | 0.8 | 0.308 | 301.94 | 50.88 | 2.715 | 酿酒食品 |
| 7 | SZ002028 | 思源电气 | 141.3 | 1.34 | 3.23 | 3.48 | 1.32 | 1.1 | 0.3 | 0.794 | 813.53 | 4.07 | 4.146 | 仪表仪器 |
| 8 | SH600549 | 厦门钨业 | 139.66 | 7.62 | 18.27 | 19.5 | 7.55 | 11.0 | 0.6 | 0.714 | 216.65 | 25.6 | 3.498 | 有色金属 |
| 9 | SZ000930 | 中粮生化 | 136.22 | 1.71 | 4.05 | 4.58 | 1.56 | 29.2 | 7.2 | 0.144 | 806.96 | 28.08 | 2.383 | 酿酒食品 |
| 10 | SH600497 | 驰宏锌锗 | 132.13 | 8.13 | 18.88 | 22.4 | 8.08 | 13.2 | 0.7 | 0.818 | 641.89 | 23.09 | 4.509 | 有色金属 |
| 11 | SZ002048 | 宁波华翔 | 132 | 1.08 | 2.51 | 2.56 | 1 | 1.0 | 0.4 | 0.227 | 1132.2 | 11.03 | 3.487 | 汽车类 |
| 12 | SZ000406 | 石油大明 | 131.18 | 4.4 | 10.18 | 11.1 | 4.26 | 27.1 | 2.7 | 0.511 | 304.02 | 19.92 | 5.001 | |

续表

| 序号 | 代码 | 商品名称 | 涨幅 | 前收盘 | 成交价 | 最高价 | 最低价 | 流通市值（亿） | 流通股本（亿） | 年度每股收益 | 换手率 | 市盈率 | 每股净资产 | 行业 |
|---|---|---|---|---|---|---|---|---|---|---|---|---|---|---|
| 13 | SZ000655 | 金岭矿业 | 128.8 | 1.91 | 4.37 | 4.45 | 1.38 | 5.2 | 1.2 | -0.387 | 467.97 |  | 0.939 | 钢铁 |
| 14 | SZ000927 | 一汽夏利 | 126.38 | 2.35 | 5.32 | 5.38 | 2.22 | 12.8 | 2.4 | 0.163 | 390.21 | 32.62 | 1.856 | 汽车类 |
| 15 | SH600533 | 栖霞建设 | 123.75 | 3.75 | 8.39 | 8.7 | 3.54 | 6.4 | 0.8 | 0.708 | 324.09 | 11.85 | 3.315 | 房地产 |
| 16 | SZ002022 | 科华生物 | 119.71 | 1.02 | 2.24 | 2.37 | 0.99 | 0.7 | 0.3 | 0.684 | 655.37 | 3.28 | 4.131 | 医药 |
| 17 | SH600844 | 丹化科技 | 119.51 | 1.23 | 2.7 | 3.2 | 2.54 | 0.7 | 0.3 | 0.014 | 78.02 | 291.6 | 0.2 | 化工化纤 |
| 18 | SH600312 | 平高电气 | 119.41 | 3.73 | 8.19 | 8.48 | 3.38 | 8.4 | 1.0 | 0.338 | 301.42 | 24.24 | 3.356 | 仪表仪器 |
| 19 | SH600320 | 振华重工 | 116.73 | 5.67 | 12.29 | 12.5 | 5.25 | 38.7 | 3.2 | 1.317 | 492.37 | 15.68 | 2.967 | 机械 |
| 20 | SH600383 | 金地集团 | 115.45 | 0.73 | 1.57 | 1.63 | 0.72 | 5.4 | 3.4 | 0.576 | 284.32 | 3.27 | 4.119 | 房地产 |
| 21 | SH600547 | 山东黄金 | 115.04 | 8.31 | 17.87 | 22.2 | 6.77 | 10.7 | 0.6 | 0.547 | 502.46 | 32.7 | 3.888 | 有色金属 |
| 22 | SH600331 | 宏达股份 | 114.33 | 4.02 | 8.62 | 10.8 | 3.78 | 17.9 | 2.1 | 0.444 | 687.78 | 19.4 | 2.377 | 有色金属 |
| 23 | SZ002008 | 大族激光 | 112.65 | 5.91 | 12.57 | 14.6 | 5.67 | 6.9 | 0.5 | 0.377 | 690.39 | 33.37 | 2.78 | 电子信息 |
| 24 | SZ000060 | 中金岭南 | 112.48 | 0.88 | 1.88 | 2.1 | 0.81 | 4.9 | 2.6 | 0.642 | 260.14 | 2.93 | 3.331 | 有色金属 |
| 25 | SZ000024 | 招商地产 | 112.25 | 3.47 | 7.36 | 7.68 | 3.32 | 18.0 | 2.5 | 1.074 | 134.71 | 10.8 | 6.102 | 房地产 |
| 26 | SH600205 | 山东铝业 | 111.35 | 7.05 | 14.9 | 15.8 | 6.96 | 28.6 | 1.9 | 1.294 | 422.17 | 11.51 | 4.863 |  |
| 27 | SZ002024 | 苏宁电器 | 110.93 | 0.66 | 1.38 | 1.41 | 0.64 | 1.6 | 1.1 | 1.045 | 243.28 | 1.32 | 3.486 | 商业连锁 |
| 28 | SZ000069 | 华侨城 A | 109.77 | 1.4 | 2.94 | 3 | 1.38 | 14.8 | 5.0 | 0.432 | 148.97 | 6.81 | 2.37 | 旅游酒店 |
| 29 | SZ000956 | 中原油气 | 109.1 | 5.72 | 11.97 | 12 | 5.68 | 30.5 | 2.6 | 0.846 | 353.46 | 14.15 | 6.005 |  |
| 30 | SH600588 | 用友软件 | 106.18 | 8.69 | 17.91 | 19 | 8.52 | 11.6 | 0.6 | 0.572 | 170.38 | 31.31 | 6.984 | 计算机 |
| 31 | SZ000690 | 宝新能源 | 105.61 | 0.49 | 1.01 | 1.08 | 0.46 | 1.0 | 1.0 | 0.4 | 291.86 | 2.53 | 2.48 | 电力 |
| 32 | SZ000006 | 深振业 A | 104.79 | 0.71 | 1.46 | 1.49 | 0.59 | 2.8 | 1.9 | 0.435 | 174.82 | 3.36 | 4.348 | 房地产 |
| 33 | SH600405 | 动力源 | 103.55 | 1.3 | 2.66 | 3.14 | 1.19 | 1.3 | 0.5 | 0.086 | 778.43 | 30.71 | 3.393 | 仪表仪器 |
| 34 | SH600495 | 晋西车轴 | 102.85 | 3.95 | 8.02 | 9.18 | 3.83 | 4.3 | 0.5 | 0.235 | 537.75 | 34.08 | 3.825 | 机械 |
| 35 | SH600360 | 华微电子 | 102.23 | 5.05 | 10.21 | 12.8 | 4.93 | 10.2 | 1.0 | 0.379 | 538.25 | 26.93 | 3.16 | 电子信息 |
| 36 | SH600879 | 航天电子 | 101.88 | 4.05 | 8.18 | 8.21 | 3.83 | 28.3 | 3.5 | 0.354 | 190 | 23.09 | 2.354 |  |
| 37 | SH600694 | 大商股份 | 99.66 | 14.6 | 29.21 | 29.3 | 14.3 | 50.2 | 1.7 | 0.831 | 136.62 | 35.17 | 8.067 | 商业连锁 |
| 38 | SZ002001 | 新 和 成 | 98.66 | 4.69 | 9.32 | 10.7 | 4.62 | 5.7 | 0.6 | 0.358 | 431.7 | 26.05 | 4.418 | 医药 |
| 39 | SH600271 | 航天信息 | 98.62 | 10.8 | 21.53 | 23.6 | 10.8 | 17.2 | 0.8 | 0.823 | 201.43 | 26.15 | 6.442 | 计算机 |
| 40 | SZ000568 | 泸州老窖 | 97.1 | 2.6 | 5.13 | 5.28 | 2.36 | 17.1 | 3.3 | 0.055 | 223.44 | 93.47 | 1.829 | 酿酒食品 |
| 41 | SZ002010 | 传化股份 | 96.49 | 1.3 | 2.55 | 2.71 | 1.29 | 1.1 | 0.4 | 0.597 | 837.22 | 4.27 | 3.563 | 化工化纤 |

续表

| 序号 | 代码 | 商品名称 | 涨幅 | 前收盘 | 成交价 | 最高价 | 最低价 | 流通市值（亿） | 流通股本（亿） | 年度每股收益 | 换手率 | 市盈率 | 每股净资产 | 行业 |
|---|---|---|---|---|---|---|---|---|---|---|---|---|---|---|
| 42 | SZ000933 | 神火股份 | 96.32 | 0.96 | 1.88 | 2.21 | 0.89 | 4.4 | 2.4 | 0.945 | 537.62 | 1.99 | 3.09 | 有色金属 |
| 43 | SZ000550 | 江铃汽车 | 96.28 | 2.69 | 5.28 | 5.48 | 2.58 | 6.2 | 1.2 | 0.954 | 479.76 | 9.2 | 3.329 | 汽车类 |
| 44 | SH600037 | 歌华有线 | 95.52 | 8.2 | 16.04 | 17.8 | 8.17 | 31.0 | 1.9 | 0.459 | 152.28 | 34.91 | 4.252 | 教育传媒 |
| 45 | SH600663 | 陆家嘴 | 95.41 | 3.74 | 7.3 | 7.62 | 3.04 | 15.8 | 2.2 | 0.42 | 248.96 | 23.92 | 3.397 | 房地产 |
| 46 | SH600151 | 航天机电 | 95.4 | 3.26 | 6.37 | 8.38 | 2.42 | 9.0 | 1.4 | 0.138 | 648.68 | 46.15 | 2.676 | |
| 47 | SZ000031 | 中粮地产 | 94.77 | 1.11 | 2.16 | 2.35 | 0.84 | 4.4 | 2.1 | 0.242 | 289.85 | 8.9 | 2.597 | 房地产 |
| 48 | SH600786 | 东方锅炉 | 94.54 | 9.28 | 18.05 | 18.4 | 9.14 | 18.5 | 1.0 | 2.014 | 314.93 | 8.96 | 3.941 | |
| 49 | SH600230 | 沧州大化 | 94.51 | 3.46 | 6.73 | 7.11 | 3.2 | 5.4 | 0.8 | 0.436 | 217.79 | 15.44 | 3.173 | 化工化纤 |
| 50 | SH600420 | 现代制药 | 92.97 | 6.38 | 12.31 | 13.4 | 6.27 | 6.1 | 0.5 | 0.449 | 326.13 | 27.43 | 3.297 | 医药 |
| 平均值 | | | 116.54 | 4.01 | 8.558 | 9.32 | 3.88 | 11.8 | 1.6 | 0.5609 | 413.07 | 26.648 | 3.5815 | |

在2005年6月6日至2006年3月1日这段时间里，共经历了179个交易日，上证指数上涨了28.9%，接近9个月的时间，上证指数也仅仅只上涨了28.9个百分点，这说明了众多投资者仍然笼罩在之前的一波大熊市的阴影之中。从上证指数的成交量来看，虽然也有放量的迹象，但是放量的幅度并不是非常大，长时间的向上缓慢攀升，并伴随成交量不规则的放大，说明了这段时间是上证指数的筑底吸筹区。

透过表6－1的统计表格，我们可以清晰地看到，在这段时间里，涨幅前50名个股的平均涨幅只有116.54%，这个涨幅并不算高。起涨时的平均价格有4元，并不算很低。流通市值和流通股本的平均值分别为11.8亿元和1.6亿元，由于之前巨大的熊市下跌，许多股票的市值已经大幅蒸发，由于在熊市底部区筑底阶段，反转尚未确定的前提下，我们看到市场最先上涨的是那些流通市值和流通股本相对较小的股票，再来看市盈率、每股收益和每股净资产的情况，我们看到这段时间前50只股票的市盈率、年度每股收益和每股净资产分别为26.6倍、0.56元和3.58元。通过这些数据我们发现，在探底初期上涨的股票，市场主力出于安全性的考虑，他们多数会选择业绩非常不错同时具有充分安全边际的股票去炒作。

接下来我们来看涨幅靠前的股票的行业特征。

由于行业分析里会涉及一些业内专业术语，在此我先普及一下基本知识。

### 1. 周期性股票

周期性股票是数量最多的股票类型，是指支付股息非常高（当然股价也相对高），并随着经济周期的盛衰而涨落的股票。这类股票多为投机性的股票。该类股票诸如汽车制造公司或房地产公司的股票，当整体经济上升时，这些股票的价格也迅速上升；当整体经济走下坡路时，这些股票的价格也下跌。与之对应的是非周期性股票，非周期性股票是那些生产必需品的公司，不论经济走势如何，人们对这些产品的需求都不会有太大变动，例如食品和药物。

绝大多数行业和公司都难以摆脱宏观经济景气周期的影响。虽然作为新兴市场，中国经济预计还要经历 20 年的工业化进程，在此期间经济高速增长是主要特征，出现严重经济衰退或萧条的可能性很低，但周期性特征还是存在。中国的经济周期更多表现为 GDP 增速的加快和放缓，如 GDP 增速达到 12% 以上可以视为景气高涨期，GDP 增速跌落到 8% 以下则为景气低迷期。不同的景气阶段，行业和企业的感受当然会很不一样，在景气低迷期间，经营的压力自然会很大，一些公司甚至会发生亏损。

### 2. 周期性股票的投资策略

我们国家典型的周期性行业包括钢铁、有色金属、化工等基础大宗原材料行业、水泥等建筑材料行业、工程机械、机床、重型卡车、装备制造等资本集约性领域。当经济高速增长时，市场对这些行业的产品需求也高涨，这些行业所在公司的业绩改善就会非常明显，其股票就会受到投资者的追捧；而当经济低迷时，固定资产投资下降，对其产品的需求减弱，业绩和股价就会迅速回落。

此外，还有一些非必需的消费品行业也具有鲜明的周期性特征，如轿车、高档白酒、高档服装、奢侈品、航空、酒店等，因为一旦人们收入增长放缓及对预期收入的不确定性增强都会直接减少对这类非必需商品的消费需求。金融服务业（保险除外）由于与工商业和居民消费密切相关，也有显著的周期性特征。简单来说，提供生活必需品的行业就是非周期性行业，提供生活非必需品的行业就是周期性行业。

上述这些周期性行业企业构成股票市场的主体，其业绩和股价因经济周期的变化而起落，因此就不难理解经济周期成为主导牛市和熊市的根本原因的道理了。鉴此，投资周期性行业股票的关键就是对时机的准确把握，如果你能在周期触底反转前介入，就会获得最为丰厚的投资回报，但如果在错误的时点和位置，如周期到达顶端时再买入，则会遭遇严重的损失，可能需要忍受5年甚至10年的漫长等待，才能迎来下一轮周期的复苏和高涨。虽然预测经济周期什么时候达到顶峰和谷底，如同预测博彩的输赢一样困难，但在投资实践中还是可以总结出一些行之有效的方法和思路，让投资者有所借鉴。其中利率是把握周期性股票入市时机最核心的因素。当利率水平低位运行或持续下降时，周期性的股票会表现得越来越好，因为低利率和低资金成本可以刺激经济的增长，鼓励各行各业扩大生产和需求。

相反，当利率水平逐渐抬高时，周期性行业因为资金成本上升就失去了扩张的意愿和能力，周期性的股票会表现得越来越差。投资者需要注意的是，当央行刚刚开始减息的时候，通常还不是介入周期性股票的最佳时机，此时经济景气最低迷，有些积重难返之势。开始的几次减息还见不到效果，周期性股票还会维持一段时间跌势，只有在连续多次减息刺激后，周期性行业和股票才会重新焕发活力。同理，当央行刚刚开始加息的时候，投资者也不必急于离场，周期性行业和股票还会继续风光一时，只有在利率水平不断上升接近前期高点时，周期性行业才会明显感到压力，这是投资者开始考虑转向的时候。

对于市盈率，投资者也不能太迷信了，因为它对于投资周期性股票往往会有误导作用，低市盈率的周期性股票并不代表其具有投资价值，相反，高市盈率也不一定是估值过高。以钢铁股为例，在经济低迷阶段，其市盈率只能保持在个位数上，最低可以达到 5 倍以下，如果投资者将其与市场平均市盈率水平对比，认为“便宜”后买入，则可能要面对的是漫长的等待，会错过其他投资机会甚至还将遭遇进一步亏损。而在景气高涨期，如2004年上半年，钢铁股市盈率可以达到20倍以上，那个时候如果看到市盈率不断走高而不敢买入钢铁股就会错过一轮上升行情。相对于市盈率，市净率由于对利润波动不敏感，倒可以更好地反映业绩波动明显的周期性股票的投资价值，尤其对于那些资本密集型的重工行业更是如此。当股价低于净资产，即市净率低于1时，通常可以放心买入，不论是行业还是股价都有随时复苏的极大可能。

在整个经济周期里，不同行业的周期表现还是有所差异的。当经济在低谷出现拐点，刚刚开始复苏时，石化、建筑施工、水泥、造纸等基础行业会最先受益，股价上涨也会提前启动。在随后的复苏增长阶段，机械设备、周期性电子产品等资本密集型行业和相关的零部件行业会表现优异，投资者可以调仓买入相关股票。在经济景气的最高峰，商业一片繁荣，这时的上场主角就是非必需的消费品，如轿车、高档服装、奢侈品、消费类电子产品和旅游等行业，换入这类股票可以享受到最后的经济周期盛宴。

所以，在一轮经济周期里，配置不同阶段受益最多的行业股票，可以让投资回报最大化。最后，在挑选那些即将迎来行业复苏的股票时，对比一下这些公司的资产负债表，可以帮助你找到表现最好的股票。那些资产负债表健康、相对现金宽裕的公司，在行业复苏初期会有更强的扩张能力，股价表现通常也会更为抢眼。

### 3. 非周期性股票

非周期性股票是那些生产必需品的公司，不论经济走势如何，人们对这些产品的需求都不会有太大变动，例如医药、食品饮料、商业零售及铁路建设等板块。相对于周期性行业，非周期性行业在市场偏弱势的情况下，往往表现得更加稳健，具有一定的防御性特征。

简单介绍了周期性与非周期性行业的情况后，我们来看在2005年6月6日至2006年3月1日这段时间涨幅前50名个股的行业分布情况。

我们先来看一个行业分布图。

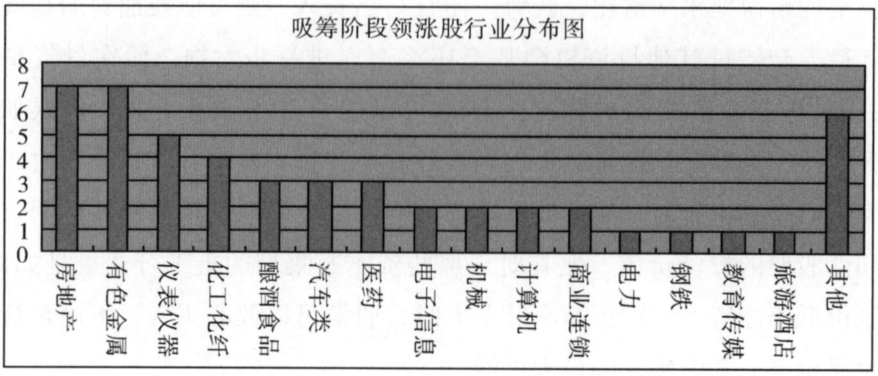


图 6－1

通过图 6－1 我们可以清晰地看到，这段时间领涨的行业是房地产、有色金属、仪器仪表和化工化纤行业，这四个行业占据所有领涨股的 46%。在大盘刚刚探底具有企稳迹象时，具有业绩支撑的周期性行业，也别是大宗产品和基础建设等行业有着领涨的态势。

再从行为面来看，这段时间的领涨股往往都是在 2005 年 6 月 6 日前就已经开始大幅建仓吸筹或者在 2005 年 6 月 6 日后不久便开始加速抢筹的股票，由于之前经历了一波大熊市，所以，这段时间动能重组股票的标志就是在 2005 年 6 月 6 日之前或者之后不久其相对动量吸筹指标大于 2 以上的股票（该指标我已经在第五章第一节详细介绍过了），后面我会简称其为上涨动能。

只有在大盘见底初期上涨动能明显强于大盘和大部分其他股票的个股才说明其有资金提前建仓关照，如果这样的股票在 2005 年 6 月 6 日见底后不久便已经提前走出强势行情，则更加可以判断这些股票将在之后的一段行情中领先于其他股票。这 50 只涨幅领先的股票大部分都是属于这种类型的股票。

下面我们再来看第一次放量拉升的股票。

## 第一次放量拉升区：2006 年 3 月 8 日至 2006 年 7 月 5 日

在大盘经历了近 9 个月的向上缓慢振荡上升行情之后，市场的热度逐渐恢复，越来越多的人可能开始关注股票了，此时正是我们所说的牛市的第二阶段——首次放量拉升阶段。

我们先来看一下这一阶段涨幅领先的个股情况。

**表 6－2**

| 序号 | 代码 | 商品名称 | 涨幅 | 前收盘 | 成交价 | 最高价 | 最低价 | 流通市值（亿） | 流通股（亿） | 年度每股收益 | 换手率 | 市盈率 | 每股净资产 | 行业 |
|---|---|---|---|---|---|---|---|---|---|---|---|---|---|---|
| 1 | SH600888 | 新疆众和 | 341.62 | 2.4 | 10.59 | 11.7 | 2.56 | 4.7 | 0.4 | 0.495 | 239.84 | 21.41 | 3.878 | 有色金属 |
| 2 | SH600739 | 辽宁成大 | 295.67 | 3.23 | 12.78 | 13.6 | 3.17 | 38.0 | 3.0 | 0.174 | 250.29 | 73.29 | 2.572 | 外贸 |
| 3 | SH600151 | 航天机电 | 241.7 | 4.83 | 16.49 | 22 | 4.3 | 30.8 | 1.9 | 0.138 | 468.21 | 119.46 | 2.607 | |
| 4 | SH600326 | 西藏天路 | 230.71 | 2.57 | 8.5 | 9.7 | 2.53 | 7.8 | 0.9 | 0.177 | 284.06 | 47.99 | 2.488 | 工程建筑 |
| 5 | SZ000695 | 滨海能源 | 220.65 | 2.84 | 9.11 | 10.3 | 2.74 | 9.1 | 1.0 | 0.136 | 765.26 | 66.99 | 1.542 | 供水供气 |
| 6 | SH600677 | 航天通信 | 215.4 | 2.94 | 9.26 | 9.93 | 2.78 | 19.8 | 2.1 | 0.036 | 244.78 | 256.18 | 1.7 | 通信 |
| 7 | SH600456 | 宝钛股份 | 214.71 | 7.99 | 25.16 | 32.1 | 7.82 | 19.0 | 0.8 | 0.792 | 188.41 | 31.76 | 4.442 | 有色金属 |
| 8 | SZ000776 | 广发证券 | 212.4 | 1.82 | 5.68 | 5.68 | 1.76 | 5.3 | 0.9 | 0.085 | 233.29 | 67.08 | 1.229 | 券商 |
| 9 | SH600517 | 置信电气 | 211.23 | 3.53 | 10.99 | 12 | 3.7 | 8.6 | 0.8 | 0.079 | 463.11 | 139.71 | 1.266 | 仪表仪器 |
| 10 | SH600316 | 洪都航空 | 201.39 | 10.8 | 32.49 | 43.4 | 10.1 | 35.1 | 1.1 | 0.229 | 247.19 | 141.7 | 4.937 | 机械 |
| 11 | SZ000562 | 宏源证券 | 191.12 | 3.1 | 9.02 | 9.58 | 3.02 | 28.9 | 3.2 | 0.006 | 137.61 | 1603.4 | 2.283 | 券商 |
| 12 | SH600844 | 丹化科技 | 190.73 | 2.59 | 7.53 | 7.94 | 2.57 | 2.1 | 0.3 | 0.014 | 207.92 | 813.24 | 0.246 | 化工化纤 |
| 13 | SZ000568 | 泸州老窖 | 190.63 | 2.34 | 6.81 | 7.37 | 2.26 | 22.7 | 3.3 | 0.055 | 224.09 | 124.14 | 2.007 | 酿酒食品 |
| 14 | SH600961 | 株冶集团 | 188.07 | 2.92 | 8.42 | 11 | 2.75 | 13.6 | 1.6 | 0.172 | 901.17 | 48.84 | 2.485 | 有色金属 |
| 15 | SZ000657 | 中钨高新 | 185.44 | 4.67 | 13.33 | 17.7 | 4.45 | 9.9 | 0.7 | 0.02 | 307.29 | 668.77 | 3.529 | |
| 16 | SH600685 | 广船国际 | 183.8 | 3.09 | 8.76 | 9.3 | 2.98 | 14.1 | 1.6 | 0.291 | 195.8 | 44.13 | 1.787 | 机械 |
| 17 | SH600084 | ST 中葡 | 181.87 | 1.53 | 4.31 | 4.81 | 1.6 | 10.6 | 2.5 | －0.796 | 290.61 | | 0.485 | 酿酒食品 |
| 18 | SH600489 | 中金黄金 | 177.26 | 1.58 | 4.38 | 4.41 | 1.42 | 5.6 | 1.3 | 0.24 | 373.14 | 18.25 | 2.962 | 有色金属 |
| 19 | SZ000652 | 泰达股份 | 168.31 | 1.52 | 4.09 | 4.27 | 1.48 | 25.6 | 6.3 | 0.085 | 252.45 | 48.11 | 1.513 | 化工化纤 |
| 20 | SH600030 | 中信证券 | 166.99 | 6.01 | 16.04 | 18.3 | 5.97 | 110.7 | 6.9 | 0.134 | 269.14 | 119.55 | 3.546 | 券商 |
| 21 | SH600161 | 天坛生物 | 166.85 | 3.48 | 9.28 | 10 | 3.24 | 13.2 | 1.4 | 0.212 | 147.59 | 43.76 | 2.058 | 医药 |
| 22 | SH600312 | 平高电气 | 166.18 | 5.13 | 13.65 | 13.7 | 4.94 | 21.2 | 1.6 | 0.289 | 128.36 | 47.29 | 2.722 | 仪表仪器 |
| 23 | SH600872 | 中炬高新 | 163.07 | 1.26 | 3.32 | 3.75 | 1.26 | 17.4 | 5.2 | 0.037 | 239.85 | 88.56 | 1.87 | 酿酒食品 |
| 24 | SH600220 | 江苏阳光 | 162.33 | 2.15 | 5.64 | 7.2 | 2.09 | 31.0 | 5.5 | 0.018 | 335.47 | 308.91 | 2.535 | 纺织服装 |
| 25 | SH600485 | 中创信测 | 161.84 | 4.74 | 12.42 | 12.7 | 4.57 | 6.3 | 0.5 | －0.285 | 425.25 | | 1.888 | 通信 |
| 26 | SZ000680 | 山推股份 | 161.13 | 1.75 | 4.57 | 4.63 | 1.93 | 20.7 | 4.5 | 0.166 | 206.83 | 27.51 | 2.489 | 机械 |

续表

| 序号 | 代码 | 商品名称 | 涨幅 | 前收盘 | 成交价 | 最高价 | 最低价 | 流通市值（亿） | 流通股（亿） | 年度每股收益 | 换手率 | 市盈率 | 每股净资产 | 行业 |
|---|---|---|---|---|---|---|---|---|---|---|---|---|---|---|
| 27 | SZ000547 | 闽福发 A | 160. 39 | 1. 62 | 4. 23 | 4. 48 | 1. 55 | 7. 0 | 1. 7 | -0. 157 | 210. 96 |  | 1. 734 | 通信 |
| 28 | SZ000911 | 南宁糖业 | 159. 21 | 5. 36 | 13. 9 | 19. 8 | 5. 34 | 17. 5 | 1. 3 | 0. 134 | 514. 5 | 103. 74 | 4. 065 | 酿酒食品 |
| 29 | SH600710 | 常林股份 | 158. 77 | 1. 89 | 4. 9 | 5. 03 | 1. 83 | 9. 6 | 2. 0 | 0. 018 | 368. 92 | 276. 88 | 2. 118 | 机械 |
| 30 | SH600761 | 安徽合力 | 157. 18 | 4. 52 | 11. 62 | 12. 1 | 4. 28 | 20. 7 | 1. 8 | 0. 406 | 177. 59 | 28. 65 | 3. 006 | 机械 |
| 31 | SZ000428 | 华天酒店 | 155. 39 | 3. 15 | 8. 05 | 8. 25 | 2. 85 | 6. 8 | 0. 8 | 0. 059 | 207. 33 | 136. 81 | 2. 826 | 旅游酒店 |
| 32 | SH600150 | 中国船舶 | 154. 61 | 8. 6 | 21. 9 | 23. 2 | 8. 2 | 22. 3 | 1. 0 | 0. 561 | 219. 65 | 39. 01 | 3. 406 | 机械 |
| 33 | SZ000897 | 津滨发展 | 154. 15 | 1. 66 | 4. 22 | 4. 52 | 1. 55 | 15. 0 | 3. 6 | 0. 024 | 448. 74 | 178. 96 | 1. 141 | 房地产 |
| 34 | SH600497 | 驰宏锌锗 | 153. 93 | 1. 97 | 5 | 5. 12 | 2. 16 | 4. 4 | 0. 9 | 0. 818 | 120. 11 | 6. 11 | 6. 263 | 有色金属 |
| 35 | SH600031 | 三一重工 | 153. 73 | 0. 39 | 0. 98 | 1. 03 | 0. 38 | 1. 7 | 1. 7 | 0. 451 | 361. 24 | 2. 17 | 4. 841 | 机械 |
| 36 | SH600262 | 北方股份 | 153. 6 | 3. 6 | 9. 13 | 9. 9 | 3. 43 | 6. 0 | 0. 7 | 0. 174 | 211. 34 | 52. 48 | 3. 682 |  |
| 37 | SZ000816 | 江淮动力 | 151. 98 | 1. 29 | 3. 25 | 3. 61 | 1. 25 | 9. 4 | 2. 9 | 0. 058 | 375. 21 | 56. 43 | 1. 676 | 机械 |
| 38 | SH600435 | 中兵光电 | 151. 3 | 0. 91 | 2. 28 | 2. 45 | 0. 87 | 1. 9 | 0. 9 | 0. 112 | 234. 1 | 20. 38 | 3. 831 | 机械 |
| 39 | SH600343 | 航天动力 | 150. 82 | 3. 33 | 8. 36 | 10. 2 | 3. 16 | 7. 0 | 0. 8 | 0. 116 | 529. 69 | 72. 3 | 2. 357 |  |
| 40 | SH600809 | 山西汾酒 | 149. 37 | 6. 62 | 16. 5 | 19. 6 | 6. 41 | 16. 8 | 1. 0 | 0. 306 | 243. 58 | 54 | 2. 338 | 酿酒食品 |
| 41 | SH600118 | 中国卫星 | 148. 71 | 7. 28 | 18. 11 | 20. 9 | 6. 68 | 17. 2 | 1. 0 | 0. 028 | 170. 43 | 639. 47 | 1. 562 | 通信 |
| 42 | SH600472 | 包头铝业 | 146. 2 | 3. 65 | 8. 98 | 11. 2 | 3. 43 | 16. 3 | 1. 8 | 0. 307 | 609. 69 | 29. 29 | 3. 391 | 有色金属 |
| 43 | SH600547 | 山东黄金 | 145. 85 | 13. 5 | 33. 12 | 47. 5 | 12. 1 | 24. 8 | 0. 8 | 0. 547 | 369. 63 | 60. 6 | 3. 904 | 有色金属 |
| 44 | SH600855 | 航天长峰 | 145. 72 | 4. 05 | 9. 94 | 11. 5 | 3. 92 | 18. 4 | 1. 9 | 0. 089 | 276. 47 | 111. 14 | 2. 001 | 机械 |
| 45 | SZ000525 | 红 太 阳 | 145. 34 | 2. 96 | 7. 26 | 8. 14 | 2. 82 | 12. 6 | 1. 7 | 0. 121 | 167. 18 | 60 | 2. 206 | 化工化纤 |
| 46 | SZ000623 | 吉林敖东 | 144. 32 | 2. 82 | 6. 9 | 6. 9 | 2. 75 | 12. 9 | 1. 9 | 0. 386 | 141. 71 | 17. 89 | 4. 954 | 医药 |
| 47 | SH600108 | 亚盛集团 | 144. 15 | 0. 9 | 2. 2 | 2. 29 | 0. 87 | 21. 9 | 10. 0 | 0. 007 | 231. 44 | 300. 82 | 1. 098 | 农林牧渔 |
| 48 | SH600858 | 银座股份 | 142. 86 | 6. 15 | 14. 93 | 16. 5 | 6. 77 | 11. 7 | 0. 8 | 0. 381 | 85. 36 | 39. 23 | 1. 817 | 商业连锁 |
| 49 | SH600776 | 东方通信 | 141. 4 | 2. 85 | 6. 88 | 7. 76 | 2. 81 | 8. 1 | 1. 2 | -0. 595 | 178. 25 |  | 3. 374 | 通信 |
| 50 | SH600468 | 百利电气 | 141. 3 | 1. 41 | 3. 4 | 3. 68 | 1. 33 | 3. 4 | 1. 0 | 0. 089 | 614. 37 | 38. 39 | 1. 523 | 仪表仪器 |
| 平均值 |  |  | 176. 03 | 3. 62 | 9. 973 | 11. 6 | 3. 5 | 16. 5 | 2. 0 | 0. 1488 | 301. 89 | 158. 58 | 2. 6036 |  |

在 2006 年 3 月 8 日至 2006 年 7 月 5 日这段时间里，共有 81 个交易日，上证指数上涨了 36%，在短短的 4 个月时间里，上证指数的涨幅已经比之前一波 9 个月的涨幅还要多，说明广大投资者的信心正在恢复，伴随

着股票的上涨，上证指数的成交量也在逐渐放大。

透过表 6 - 2 的统计表格，我们可以清晰地看到，在这段时间里，涨幅前 50 名个股的平均涨幅为 176.03%，这个涨幅已经远远领先于上一波吸筹区的涨幅。起涨时的平均价格只有 3.62 元，比吸筹区的价格还要低。流通市值和流通股本的平均值分别为 16.5 亿元和 2 亿元，由于经历了吸筹期的上涨，其数值比吸筹区略有提高，再来看市盈率、每股收益和每股净资产的情况，我们看到这段时间前 50 只股票的市盈率、年度每股收益和每股净资产分别为 158.6 倍、0.148 元和 2.6 元。这些数据与吸筹区相比，大相径庭，市盈率高得离谱，每股收益相比之前也只有可怜的 1 角多，净资产收益率也降低不少，同时，虽然经历了 9 个月的上涨，但是起涨前这些股票的平均价格比吸筹区起涨的价格要低。这些迹象都说明市场的人气逐渐恢复起来，主力们开始操作那些业绩一般的股票，那些低价、低每股收益、低每股净资产和高市盈率的小盘股开始成为第一波放量拉升的领先股。

接下来我们来看涨幅靠前的股票的行业特征。

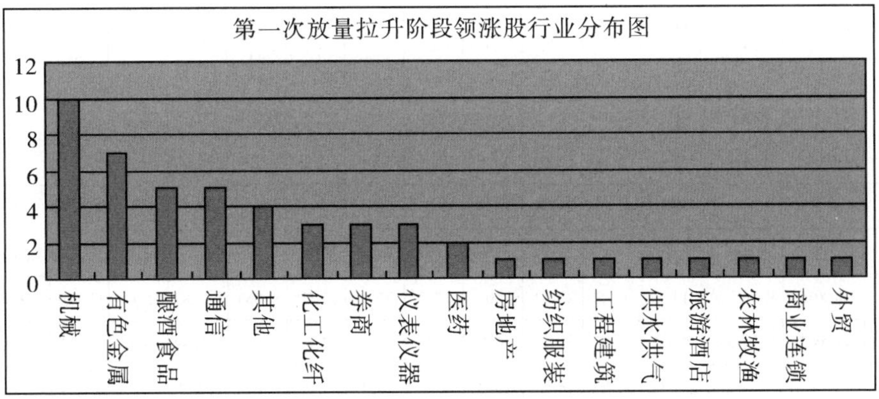


**图 6 - 2**

观察领涨股的行业分布图，我们发现在第一次放量拉升区，机械、有色金属、通信等非周期性行业在此成为市场上涨的主流行业，他们占据了所有领涨股的 44%，与之前不同的是，机械行业开始成为上涨最主流的行业，正是由于机械行业是紧密连接产业链的关键环节，一旦基础设施逐渐增加和大宗商品的需求量不断提升，接下来与基建以及工业生产有关的机械设备就会有着较大的需求提升空间。从行业上在此印证了我们之前的推断。

从行为面来看，这一阶段领涨的股票多为在吸筹区放量吸筹非常明显的股票，在之前吸筹区建仓充分，上涨动能曾经大于2以上或者更强，同时在2006年3月8日附近已经开始活跃起来，涨幅明显领先于大盘和其他个股的股票。

下面我们继续来看第二次放量拉升的情况。

## 第二次放量拉升区：2006年8月7日至2007年2月26日

市场经历了4个月左右的放量上涨后，经过了短暂的休整，进入了第二次放量上升浪中。

**表6－3**

| 序号 | 代码 | 商品名称 | 涨幅 | 前收盘 | 成交价 | 最高价 | 最低价 | 流通市值（亿） | 流通股（亿） | 年度每股收益 | 换手率 | 市盈率 | 每股净资产 | 行业 |
|---|---|---|---|---|---|---|---|---|---|---|---|---|---|---|
| 1 | SZ000829 | 天音控股 | 401.6 | 8.41 | 42.2 | 43.8 | 9.6 | 52.8 | 1.3 | 0.618 | 143.4 | 68.29 | 1.983 | 通信 |
| 2 | SH600837 | 海通证券 | 357.96 | 2.76 | 12.64 | 13.8 | 2.66 | 14.8 | 1.2 | 1.209 | 298.08 | 10.45 | 10.249 | 券商 |
| 3 | SZ000908 | ST天一 | 338.65 | 5.69 | 24.98 | 25.3 | 5.36 | 22.5 | 0.9 | －0.01 | 309.28 |  | 1.186 | 机械 |
| 4 | SZ000428 | 华天酒店 | 333.67 | 6 | 26.02 | 26 | 5.55 | 21.8 | 0.8 | 0.493 | 435.17 | 52.83 | 3.213 | 旅游酒店 |
| 5 | SH600150 | 中国船舶 | 314.11 | 17.5 | 72.51 | 80 | 17.3 | 73.7 | 1.0 | 4.638 | 147.83 | 15.63 | 13.401 | 机械 |
| 6 | SZ000825 | 太钢不锈 | 286.5 | 2.42 | 9.34 | 10.3 | 2.25 | 73.2 | 7.8 | 0.919 | 185.39 | 10.16 | 4.995 | 钢铁 |
| 7 | SH600640 | 中卫国脉 | 285.92 | 4.76 | 18.37 | 19.2 | 4.68 | 15.1 | 0.8 | －0.05 | 654.8 |  | 2.749 | 通信 |
| 8 | SH600005 | 武钢股份 | 276.31 | 2.49 | 9.37 | 9.58 | 2.42 | 222.1 | 23.7 | 0.497 | 348.7 | 18.85 | 3.703 | 钢铁 |
| 9 | SH600458 | 时代新材 | 275.44 | 1.98 | 7.43 | 8.03 | 1.82 | 8.1 | 1.1 | 0.116 | 477.9 | 63.86 | 1.864 |  |
| 10 | SZ000625 | 长安汽车 | 272.95 | 1.76 | 6.56 | 6.86 | 1.68 | 30.4 | 4.6 | 0.433 | 468.7 | 20.47 | 4.302 | 汽车类 |
| 11 | SZ000425 | 徐工机械 | 265.6 | 1.9 | 6.96 | 7.36 | 1.75 | 19.6 | 2.8 | 0.01 | 345.39 | 687.32 | 2.117 | 机械 |
| 12 | SH600072 | 中船股份 | 262.17 | 4.15 | 15.03 | 15 | 3.89 | 32.7 | 2.2 | 0.051 | 600.27 | 295.42 | 3.023 | 机械 |
| 13 | SZ002064 | 华峰氨纶 | 261.11 | 1.7 | 6.15 | 6.27 | 1.68 | 2.2 | 0.4 | 0.413 | 917.11 | 14.92 | 5.603 | 化工化纤 |

续表

| 序号 | 代码 | 商品名称 | 涨幅 | 前收盘 | 成交价 | 最高价 | 最低价 | 流通市值（亿） | 流通股（亿） | 年度每股收益 | 换手率 | 市盈率 | 每股净资产 | 行业 |
|---|---|---|---|---|---|---|---|---|---|---|---|---|---|---|
| 14 | SH600127 | 金健米业 | 257.07 | 1.44 | 5.13 | 5.13 | 1.36 | 20.4 | 4.0 | 0.009 | 586.24 | 591.75 | 1.4 | 农林牧渔 |
| 15 | SZ000718 | 苏宁环球 | 256.64 | 4.22 | 15.05 | 15.1 | 3.94 | 29.1 | 1.9 | 0.193 | 333.14 | 77.83 | 1.324 | 房地产 |
| 16 | SH600251 | 冠农股份 | 256.49 | 4.85 | 17.29 | 22.9 | 4.61 | 13.7 | 0.8 | -0.151 | 828.25 |  | 2.025 | 酿酒食品 |
| 17 | SH600143 | 金发科技 | 256.01 | 16.5 | 58.67 | 61.5 | 16 | 78.8 | 1.3 | 0.795 | 106.78 | 73.75 | 3.904 | 化工化纤 |
| 18 | SH600713 | 南京医药 | 253.29 | 1.37 | 4.84 | 4.87 | 1.32 | 6.8 | 1.4 | 0.043 | 479.72 | 111.4 | 1.88 | 医药 |
| 19 | SH600031 | 三一重工 | 248.21 | 0.78 | 2.71 | 2.85 | 0.73 | 4.7 | 1.7 | 1.233 | 185 | 2.19 | 6.127 | 机械 |
| 20 | SH600059 | 古越龙山 | 247.94 | 3.18 | 11.06 | 12.3 | 3 | 15.3 | 1.4 | 0.136 | 333.19 | 81.35 | 4.994 | 酿酒食品 |
| 21 | SZ000562 | 宏源证券 | 246.91 | 6.63 | 23 | 24.7 | 6.47 | 73.6 | 3.2 | 0.219 | 623.1 | 105.24 | 2.512 | 券商 |
| 22 | SZ000960 | 锡业股份 | 244.44 | 5.4 | 18.6 | 18.7 | 5 | 47.8 | 2.6 | 0.384 | 458.49 | 48.45 | 3.326 | 有色金属 |
| 23 | SZ000572 | 海马汽车 | 243.46 | 2.94 | 10.11 | 10.4 | 2.81 | 11.9 | 1.2 | 0.24 | 331.72 | 42.18 | 3.632 | 汽车类 |
| 24 | SH600784 | 鲁银投资 | 239.6 | 2.5 | 8.49 | 9.49 | 2.4 | 17.0 | 2.0 | 0.07 | 588.4 | 120.47 | 1.355 | 钢铁 |
| 25 | SH600963 | 岳阳林纸 | 238.67 | 5.56 | 18.83 | 18.9 | 5.56 | 32.3 | 1.7 | 0.294 | 300.53 | 63.98 | 3.529 | 造纸印刷 |
| 26 | SH600287 | 江苏舜天 | 233.33 | 2.28 | 7.6 | 7.6 | 2.15 | 12.8 | 1.7 | 0.074 | 446.63 | 102.97 | 1.957 | 外贸 |
| 27 | SH600290 | 华仪电气 | 232.96 | 7.41 | 24.67 | 26.9 | 6.85 | 17.1 | 0.7 | 0.024 | 195.42 | 1031.2 | 1.515 | 机械 |
| 28 | SZ000887 | 中鼎股份 | 231.29 | 0.94 | 3.13 | 3.13 | 0.9 | 10.0 | 3.2 | -0.006 | 341.3 |  | 0.375 | 汽车类 |
| 29 | SH600765 | 中航重机 | 225.7 | 1.86 | 6.05 | 6.12 | 1.65 | 2.7 | 0.4 | 0.701 | 493.6 | 8.63 | 5.648 | 机械 |
| 30 | SZ000807 | 云铝股份 | 225.25 | 1.93 | 6.27 | 6.35 | 1.9 | 16.6 | 2.7 | 0.591 | 608.4 | 10.61 | 3.521 | 有色金属 |
| 31 | SH600816 | 安信信托 | 224.79 | 3.59 | 11.66 | 12.4 | 3.33 | 31.1 | 2.7 | -0.096 | 306.58 |  | 0.305 | 银行类 |
| 32 | SH600516 | 方大炭素 | 224.66 | 1.48 | 4.79 | 4.92 | 1.41 | 8.5 | 1.8 | 0.025 | 262.52 | 191.6 | 1.474 | 其他行业 |
| 33 | SH600596 | 新安股份 | 224.61 | 10.3 | 33.5 | 36.5 | 9.53 | 54.3 | 1.6 | 1.149 | 228.56 | 29.16 | 3.851 | 化工化纤 |
| 34 | SZ000034 | 深信泰丰 | 223.7 | 2.22 | 7.18 | 7.18 | 2.06 | 6.1 | 0.8 | -0.392 | 353.88 |  | -1.955 | 通信 |
| 35 | SZ000612 | 焦作万方 | 220.73 | 4.09 | 13.11 | 13.2 | 4.02 | 36.0 | 2.7 | 0.536 | 429.59 | 24.46 | 2.21 | 有色金属 |
| 36 | SZ000528 | 柳 工 | 219.8 | 3.62 | 11.58 | 12.3 | 3.47 | 30.4 | 2.6 | 0.764 | 384.77 | 15.16 | 4.038 | 机械 |
| 37 | SZ000690 | 宝新能源 | 218.1 | 0.77 | 2.46 | 2.51 | 0.73 | 7.3 | 3.0 | 0.355 | 412.97 | 6.94 | 2.258 | 电力 |
| 38 | SH600030 | 中信证券 | 216.5 | 12.7 | 40.1 | 42.7 | 11.5 | 687.5 | 17.1 | 0.817 | 205.71 | 49.11 | 4.19 | 券商 |
| 39 | SZ000922 | ST 阿继 | 214.71 | 2.77 | 8.7 | 8.7 | 2.62 | 11.7 | 1.3 | -0.135 | 390.45 |  | 0.567 | 仪表仪器 |
| 40 | SH600016 | 民生银行 | 213.4 | 2.12 | 6.65 | 7.41 | 2.07 | 406.8 | 61.1 | 0.37 | 248.29 | 18 | 1.899 | 银行类 |
| 41 | SH600718 | 东软集团 | 212.18 | 4.85 | 15.13 | 16.2 | 4.71 | 21.4 | 1.4 | 0.261 | 205.2 | 57.96 | 5.033 | 计算机 |

续表

| 序号 | 代码 | 商品名称 | 涨幅 | 前收盘 | 成交价 | 最高价 | 最低价 | 流通市值（亿） | 流通股（亿） | 年度每股收益 | 换手率 | 市盈率 | 每股净资产 | 行业 |
|---|---|---|---|---|---|---|---|---|---|---|---|---|---|---|
| 42 | SZ000927 | 一汽夏利 | 211.17 | 3.85 | 11.98 | 12.4 | 3.55 | 39.1 | 3.3 | 0.15 | 609.85 | 79.66 | 2.024 | 汽车类 |
| 43 | SZ000035 | *ST 科健 | 209.92 | 1.2 | 3.72 | 3.72 | 1.04 | 2.8 | 0.8 | 0.201 | 364.08 | 18.53 | -9.209 | 通信 |
| 44 | SH600022 | 济南钢铁 | 208.54 | 1.54 | 4.75 | 4.76 | 1.49 | 16.3 | 3.4 | 0.767 | 388.78 | 6.2 | 3.987 | 钢铁 |
| 45 | SH600527 | 江南高纤 | 207.69 | 3.38 | 10.4 | 10.7 | 3.22 | 11.0 | 1.1 | 0.24 | 496.64 | 43.38 | 1.499 | 化工化纤 |
| 46 | SH600161 | 天坛生物 | 207.46 | 7.53 | 23.14 | 24.7 | 7.45 | 32.9 | 1.4 | 0.314 | 226.66 | 73.77 | 1.841 | 医药 |
| 47 | SZ000527 | 美的电器 | 205.35 | 8.04 | 24.55 | 25.2 | 7.9 | 102.2 | 4.2 | 0.851 | 86.95 | 28.86 | 5.59 | 电器 |
| 48 | SH600881 | 亚泰集团 | 203.24 | 2.87 | 8.7 | 8.9 | 2.35 | 81.8 | 9.4 | 0.098 | 535.52 | 88.8 | 2.256 | 建材 |
| 49 | SZ000001 | 深发展 A | 203 | 6.61 | 20.02 | 21.2 | 6.49 | 282.2 | 14.1 | 0.726 | 266.41 | 27.59 | 3.39 | 银行类 |
| 50 | SH600102 | 莱钢股份 | 201.94 | 3.98 | 12.02 | 12 | 3.9 | 26.8 | 2.2 | 0.834 | 212.89 | 14.41 | 5.911 | 钢铁 |
| 平均值 | | | 246.81 | 4.38 | 15.46 | 16.3 | 4.2 | 57.9 | 4.3 | 0.4404 | 383.76 | 104.74 | 2.9714 | |

在经历了第一次放量上涨之后，经过短暂的休整，上证指数迎来了第二次放量上涨的行情，这段行情从 2006 年 8 月 7 日开始直到 2007 年 2 月 26 日，上涨周期为 133 个交易日，涨幅为 93% 之多。在经历了第一次放量上涨之后，股票市场的人气更加旺盛了，参与股票的投资者人数继续增加，下面我们来看看这一阶段领涨股的情况。

如表 6－3 所示，在这一阶段领涨股的平均涨幅为 246%，比之前的 176% 有大幅提升，这一波上涨正是牛市加速上涨的体现，再来看起涨前的价格，起涨前均价为 4.38 元，比第一波拉升要高，比较不同的是，这一波流通市值和流通股本有了较大的变化，其流通市值和流通股本分别为 57.9 亿元和 4.3 亿股，虽然是牛市加速上涨，但是这两项的变化不可谓不大，与前一波 16.5 亿元的流通市值和 2 亿股的流通股本相比，有了翻天覆地的变化，这一波的流通市值和流通股本增加明显。

这一阶段每股收益、每股净资产和市盈率分别为 0.44 元、2.97 元和 104 倍，与上一波相比，每股收益和每股净资产都有较大的提升，同时市盈率倍数也比第一次拉升有较大的下降。

这一点充分说明主力资金板块轮动的情况，在上一波行情中，主力资金以中小盘低价和业绩较差的小盘股作为炒作主体，在小盘股经历了一段上涨之后，主力们觉得小盘股价值被严重高估，准备买入更多业绩优异的中盘股，所以他们调仓换股，带来大盘的调整。调整过后，中盘业绩优异的股票再次受到青睐，成为这一波上涨的主力军，如果没有猜错，下一波经历了中盘股的操作之后，主力很可能继续炒作前期上涨并不明显但业绩一般的小盘股。

我们继续来看这一阶段领先股的行业分布情况。

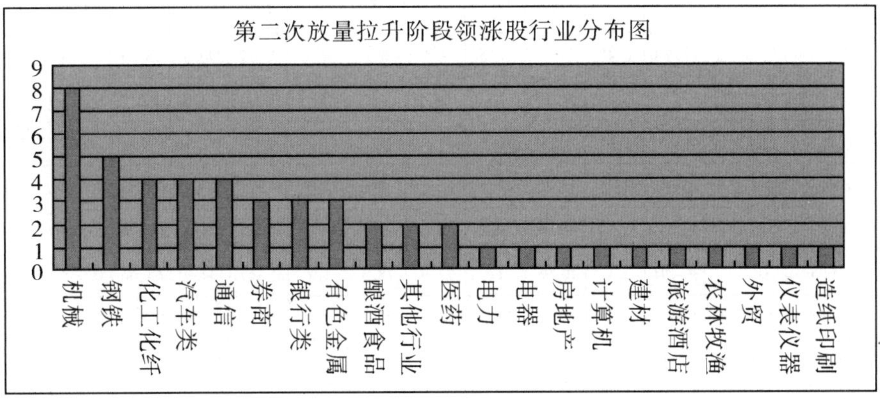


**图 6－3**

图 6－3 显示，这一阶段，领涨的仍然是那些周期性的品种，机械、钢铁、化工化纤、汽车、通信、券商、银行和有色金属等周期性品种占所有领涨股的 68%。充分说明在牛市的拉升早期和中期周期性品种占据绝对领先地位，而医药、电力等非周期性行业表现则一般。

从行为面上，这一阶段应该关注在吸筹区吸进较多筹码，上涨动能充足，并且在 2006 年 8 月 7 日附近或者开始逐渐活跃上涨动能大于 1.5 并且开始提前于大盘启动的股票，或者之前吸筹区上涨动能较大，且 2006 年 8 月 7 日附近明显走强，缩量拉升的股票，此时处于牛市中，很多主力坐庄的时间都会较长，由于控盘充分，上涨中抛盘较少，股票处于轻快的缩量上涨中。

## 第三次放量拉升区：2007年3月5日至2007年5月29日

上证指数经历了第二次的放量加速上升之后，许多股民基本进入疯狂的状态之中，第三次放量拉升即将到来。

表6－4

| 序号 | 代码 | 商品名称 | 涨幅 | 前收盘 | 成交价 | 最高价 | 最低价 | 流通市值（亿） | 流通股（亿） | 年度每股收益 | 换手率 | 市盈率 | 每股净资产 | 行业 |
|---|---|---|---|---|---|---|---|---|---|---|---|---|---|---|
| 1 | SZ000650 | 仁和药业 | 1564.6 | 0.47 | 7.78 | 8.15 | 4.4 | 6.7 | 0.9 | 0.592 | 390.87 | 13.14 | 0.954 | 医药 |
| 2 | SH600137 | 浪莎股份 | 624.76 | 5.74 | 41.63 | 85 | 14.4 | 9.1 | 0.2 | 0.147 | 281.64 | 282.7 | 0.183 | 纺织服装 |
| 3 | SH600773 | 西藏城投 | 493.57 | 1.81 | 10.74 | 10.8 | 4.4 | 12.7 | 1.2 | 0.02 | 481.16 | 539.03 | 0.3 | 房地产 |
| 4 | SZ000880 | 潍柴重机 | 471.7 | 2.65 | 15.15 | 17.5 | 11 | 20.0 | 1.3 | 0.101 | 119.78 | 150.63 | 1.111 | 机械 |
| 5 | SH600109 | 国金证券 | 391.59 | 18 | 88.29 | 95 | 35 | 24.3 | 0.3 | 0.527 | 334.06 | 167.49 | 5.229 | 券商 |
| 6 | SZ000633 | ST合金 | 364.16 | 2.37 | 10.98 | 11 | 2.49 | 18.3 | 1.7 | 0.167 | 144.91 | 65.66 | 0.038 | 机械 |
| 7 | SH600175 | 美都控股 | 346.36 | 6.04 | 26.96 | 27.2 | 5.86 | 21.4 | 0.8 | 0.159 | 425.92 | 169.82 | 2.959 | 房地产 |
| 8 | SH600864 | 哈投股份 | 341.69 | 8.85 | 39.09 | 42.8 | 8.01 | 46.1 | 1.2 | -0.009 | 315.88 |  | 8.026 | 电力 |
| 9 | SH600515 | ST海建 | 324.3 | 2.54 | 10.79 | 16 | 8 | 19.6 | 1.8 | 0.065 | 282.28 | 164.98 | 0.023 | 房地产 |
| 10 | SH600691 | *ST东碳 | 308.01 | 2.77 | 11.31 | 14 | 10.2 | 6.8 | 0.6 | -0.284 | 57.13 |  | -0.237 | 其他行业 |
| 11 | SH600806 | 昆明机床 | 303.89 | 5.36 | 21.65 | 22 | 9.71 | 19.1 | 0.9 | 0.471 | 409.08 | 62.53 | 2.347 | 机械 |
| 12 | SZ002019 | 鑫富药业 | 296.36 | 1.41 | 5.6 | 5.95 | 1.42 | 2.7 | 0.5 | 0.091 | 253.86 | 61.31 | 3.484 | 化工化纤 |
| 13 | SH600743 | 华远地产 | 292.51 | 4.67 | 18.33 | 20.1 | 4.9 | 14.3 | 0.8 | -0.006 | 270.23 |  | 0.012 | 房地产 |
| 14 | SH600149 | *ST建通 | 290 | 3.8 | 14.82 | 15.4 | 4.91 | 29.5 | 2.0 | 0.019 | 557.47 | 796.88 | 1.564 | 房地产 |
| 15 | SH600272 | 开开实业 | 287.8 | 5 | 19.39 | 30 | 13 | 14.0 | 0.7 | -0.206 | 380.74 |  | 0.342 | 纺织服装 |
| 16 | SZ000862 | 银星能源 | 284.28 | 4.58 | 17.6 | 18.5 | 4.81 | 28.6 | 1.6 | 0.011 | 45.55 | 1532 | 0.706 | 仪表仪器 |
| 17 | SH600107 | 美尔雅 | 279.1 | 5.79 | 21.95 | 22.5 | 5.42 | 40.9 | 1.9 | 0.106 | 675.04 | 206.64 | 1.149 | 纺织服装 |
| 18 | SH600477 | 杭萧钢构 | 278.07 | 3.9 | 14.76 | 16.8 | 4.29 | 15.6 | 1.1 | 0.102 | 516.38 | 145.29 | 2.263 | 工程建筑 |
| 19 | SH600981 | 江苏开元 | 275.34 | 5.88 | 22.07 | 22.6 | 5.62 | 29.6 | 1.3 | 0.223 | 520.69 | 98.77 | 2.602 | 纺织服装 |
| 20 | SZ000952 | 广济药业 | 274.61 | 5.12 | 19.18 | 20.8 | 4.9 | 27.9 | 1.5 | 0.066 | 492.23 | 289.61 | 1.946 | 医药 |
| 21 | SH600505 | 西昌电力 | 273.61 | 3.42 | 12.77 | 12.8 | 4.81 | 21.9 | 1.7 | 0.14 | 574.67 | 91.38 | 0.369 | 电力 |
| 22 | SH600611 | 大众交通 | 270.82 | 7.45 | 27.64 | 29.2 | 7.08 | 82.8 | 3.0 | 0.331 | 486.91 | 126.44 | 2.845 | 运输物流 |
| 23 | SH600741 | 华域汽车 | 265.17 | 4.11 | 15 | 15.9 | 4.06 | 141.8 | 9.5 | 0.145 | 366.66 | 103.36 | 2.881 | 汽车类 |

续表

| 序号 | 代码 | 商品名称 | 涨幅 | 前收盘 | 成交价 | 最高价 | 最低价 | 流通市值（亿） | 流通股（亿） | 年度每股收益 | 换手率 | 市盈率 | 每股净资产 | 行业 |
|---|---|---|---|---|---|---|---|---|---|---|---|---|---|---|
| 24 | SH600733 | S 前锋 | 264.52 | 12.4 | 45.31 | 52.1 | 13.1 | 34.3 | 0.8 | -0.126 | 278.04 |  | 1.298 | 券商 |
| 25 | SH600848 | 自仪股份 | 259.76 | 4.92 | 17.7 | 19.5 | 4.88 | 8.6 | 0.5 | 0.034 | 393.88 | 716.05 | 0.358 | 仪表仪器 |
| 26 | SH600390 | 金瑞科技 | 258.69 | 7.19 | 25.8 | 25.8 | 7.03 | 16.1 | 0.6 | 0.214 | 408.49 | 120.79 | 5.854 | 钢铁 |
| 27 | SZ000546 | 光华控股 | 251.61 | 4.98 | 17.51 | 17.5 | 4.5 | 21.9 | 1.3 | 0.13 | 464.12 | 134.18 | 0.677 | 房地产 |
| 28 | SH600322 | 天房发展 | 248.69 | 7.23 | 25.21 | 25.2 | 7.08 | 80.0 | 3.2 | 0.087 | 281.34 | 288.46 | 4.046 | 房地产 |
| 29 | SH600811 | 东方集团 | 245.68 | 9.61 | 33.22 | 33.2 | 9.25 | 220.2 | 6.6 | 0.173 | 346.81 | 192.38 | 3.781 | 商业连锁 |
| 30 | SZ000623 | 吉林敖东 | 245.3 | 17.4 | 60.14 | 60.9 | 16.5 | 262.4 | 4.4 | 0.85 | 240.1 | 70.78 | 4.218 | 医药 |
| 31 | SH600739 | 辽宁成大 | 245.24 | 14.5 | 50.16 | 51 | 13.8 | 359.1 | 7.2 | 0.574 | 175.74 | 87.31 | 2.531 | 外贸 |
| 32 | SH600249 | 两面针 | 240.35 | 15 | 50.95 | 57 | 14.2 | 60.5 | 1.2 | 1.007 | 411.88 | 50.58 | 15.661 | 化工化纤 |
| 33 | SZ000020 | 深华发 A | 239.77 | 3.26 | 11.08 | 14.8 | 11 | 7.2 | 0.6 | -0.128 | 132.02 |  | 0.791 | 电子信息 |
| 34 | SH600608 | ST 沪科 | 239.7 | 3.3 | 11.21 | 11.2 | 3.47 | 19.0 | 1.7 | -0.796 | 148.42 |  | 0.826 | 钢铁 |
| 35 | SH600881 | 亚泰集团 | 238.07 | 8.09 | 27.35 | 28.3 | 7.81 | 257.1 | 9.4 | 0.098 | 357.14 | 279.16 | 2.288 | 建材 |
| 36 | SH600110 | 中科英华 | 236.38 | 6.93 | 23.3 | 25.2 | 6.73 | 59.2 | 2.5 | 0.098 | 350.26 | 237.64 | 1.603 | 仪表仪器 |
| 37 | SH600068 | 葛洲坝 | 234.29 | 2.79 | 9.34 | 10.3 | 2.6 | 72.6 | 7.8 | 0.22 | 309.47 | 42.52 | 3.332 | 工程建筑 |
| 38 | SZ000850 | 华茂股份 | 232.65 | 7.29 | 24.25 | 25.8 | 7.09 | 81.7 | 3.4 | 0.14 | 528.7 | 172.87 | 1.776 | 纺织服装 |
| 39 | SZ000852 | 江钻股份 | 232.14 | 8.43 | 28 | 29.9 | 12.3 | 28.0 | 1.0 | 0.616 | 289.54 | 45.43 | 2.767 | 机械 |
| 40 | SH600662 | 强生控股 | 225.39 | 4.37 | 14.22 | 15.5 | 4.15 | 59.5 | 4.2 | 0.226 | 545.06 | 62.88 | 2.109 | 运输物流 |
| 41 | SH600203 | *ST 福日 | 224.95 | 5.01 | 16.28 | 16.3 | 4.6 | 18.8 | 1.2 | 0.019 | 462.38 | 834.97 | 1.395 | 电子信息 |
| 42 | SH600898 | 三联商社 | 224.57 | 5.86 | 19.02 | 19 | 5.79 | 22.4 | 1.2 | 0.008 | 181.94 | 2519.2 | 1.568 | 商业连锁 |
| 43 | SH600757 | ST 源发 | 223.95 | 2.1 | 6.79 | 10.9 | 5.62 | 15.0 | 2.2 | -1.351 | 82.08 |  | 0.393 | 纺织服装 |
| 44 | SZ000726 | 鲁 泰 A | 222.49 | 5.14 | 16.57 | 16.6 | 5.01 | 25.1 | 1.5 | 1.691 | 367.12 | 20.58 | 4.865 | 纺织服装 |
| 45 | SH600112 | 长征电气 | 222.36 | 4.15 | 13.39 | 13.5 | 4.05 | 18.9 | 1.4 | 0.03 | 338.17 | 447.43 | 1.395 | 仪表仪器 |
| 46 | SH600715 | *ST 松辽 | 220.37 | 3.83 | 12.27 | 13.6 | 3.62 | 12.4 | 1.0 | 0.109 | 312.95 | 113 | 0.903 | 汽车类 |
| 47 | SH600108 | 亚盛集团 | 220.28 | 4.29 | 13.74 | 15 | 3.95 | 137.0 | 10.0 | 0.012 | 502.91 | 1125.8 | 1.113 | 农林牧渔 |
| 48 | SZ000407 | 胜利股份 | 216.79 | 5.54 | 17.55 | 17.6 | 5.2 | 42.5 | 2.4 | 0.118 | 317.38 | 149.2 | 1.75 | 化工化纤 |
| 49 | SH600766 | ST 园城 | 215.52 | 5.54 | 17.48 | 17.8 | 5.5 | 11.9 | 0.7 | 0.111 | 497.74 | 156.82 | 1.038 | 房地产 |
| 50 | SH600819 | 耀皮玻璃 | 214.19 | 6.13 | 19.26 | 21 | 5.67 | 13.6 | 0.7 | 0.009 | 513.28 | 2745.4 | 2.721 | 建材 |
| 平均值 |  |  | 304.92 | 5.94 | 22.41 | 24.9 | 7.46 | 52.4 | 2.3 | 0.143 | 352.4 | 373.36 | 2.2431 |  |

在第二次放量拉升之后，股民的情绪达到阶段的高涨，越来越多投资者的开始参与到市场中来，第三波放量拉升在这样的情况中诞生。

这一波放量上涨经历了57个交易日，从2007年3月5日到2007年的5月29日，上涨幅度为53%。

由于第二次放量拉升的股票品种多为中盘且业绩较好的股票，经历了近7个月的上涨之后，主力们觉得这样的股票已经大幅上涨了，所以他们可能开始继续炒作之前涨幅不是很大的低价且业绩一般的小盘股。

下面我来为大家揭晓答案。

表6-4是第三次放量上涨段的涨幅前50名个股的分布情况，可以看到这些领先股的平均涨幅在这57个交易日内达到304.9%，真可以用涨幅惊人来形容，这些股票起涨前平均价格只有5.94元，属于低价股，由于这已经是牛市中的第三波放量行情，所以这些股票的平均流通市值并不低，达到了52亿元，但是平均流通股本只有2.3亿则充分说明这些仍然是小盘袖珍股，再来看其他的财务指标和估值情况，其平均每股收益、每股净资产和市盈率分别为0.14元、2.24元和373倍。一看这样的每股收益和每股净资产情况就知道这些操作的对象是业绩不好的小盘股，这些股票的市盈率达到了空间的373倍，这一阶段那些在第一次放量阶段没有充分表现的股票得到了充分的绽放，那些在第一波就已经上涨较多的股票继续高歌猛进，殊不知，市场风险正在积聚。

下面我们还是来看看这一阶段领先上涨股的行业分布情况。

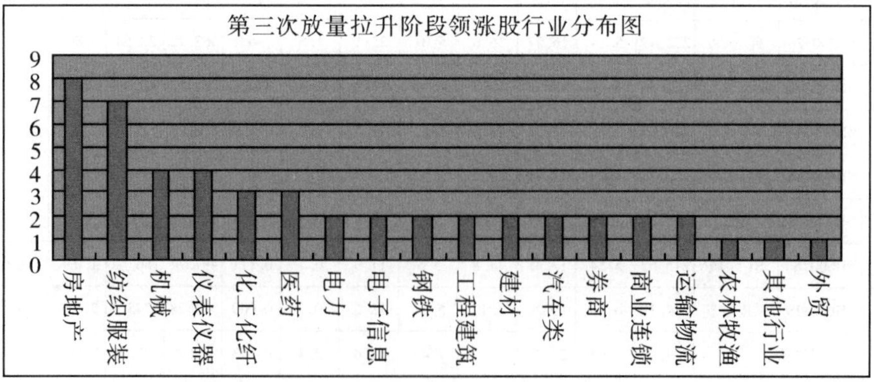


**图6-4**

如上图 6－4，这一阶段领涨股票的主要行业仍然是周期性行业，由于大家对于通胀的担忧，房地产行业的股票开始扩大涨幅，同时，纺织服装等比较高档的消费品股票开始有所起色，而之前一直领涨的机械和工程建筑等行业股票开始降温。这也印证了我们之前对于牛市行业上涨顺序的推测。

从行为面上，我们同样要寻找在吸筹区和前几次拉升区放量吸筹比较明显，上涨动能曾经达到 2 以上的股票，同时要寻找 2007 年 3 月 5 日附近开始活跃，上涨动能明显走强，且股票走势强于同期大盘情况的股票，或者早期吸筹充分，牛市以来涨幅不大，且 3 月 5 日附近缩量突破的股票。这些股票都有机会再往后走出行情。

## 缩量上涨区：2007 年 6 月 5 日至 2007 年 10 月16 日

上证指数在经历了三波的连续放量上涨之后，终于迎来了回调，这次回调之后，情况有所转变，很多投资者觉得赚钱很难了。

我们接着来看下一阶段的情况。

**表 6－5**

| 序号 | 代码 | 商品名称 | 涨幅 | 前收盘 | 成交价 | 最高价 | 最低价 | 流通市值（亿） | 流通股本（亿） | 年度每股收益 | 换手率 | 市盈率 | 每股净资产 | 行业 |
|---|---|---|---|---|---|---|---|---|---|---|---|---|---|---|
| 1 | SZ000686 | 东北证券 | 841.17 | 6.69 | 62.96 | 67.4 | 44 | 95.4 | 1.5 | 0.147 | 147.74 | 429.1 | 3.519 | 券商 |
| 2 | SH600213 | 亚星客车 | 502.18 | 1.29 | 7.75 | 9.8 | 5.25 | 7.0 | 0.9 | 0.115 | 393.42 | 67.5 | 1.374 | 汽车类 |
| 3 | SH600385 | ST 金泰 | 352.27 | 3.96 | 17.91 | 26.6 | 4.16 | 14.7 | 0.8 | －0.667 | 121.84 | | －1.433 | 房地产 |
| 4 | SZ000685 | 中山公用 | 301.11 | 4.19 | 16.81 | 18.3 | 3.42 | 26.6 | 1.6 | 0.098 | 325.2 | 172.08 | 1.627 | 供水供气 |
| 5 | SH600307 | 酒钢宏兴 | 290.25 | 8.94 | 34.9 | 36.9 | 7.67 | 116.1 | 3.3 | 0.547 | 460.78 | 63.83 | 5.098 | 钢铁 |
| 6 | SZ000983 | 西山煤电 | 287.36 | 7.27 | 28.15 | 28.2 | 6.68 | 159.4 | 5.7 | 0.796 | 200.98 | 35.38 | 4.539 | 煤炭石油 |
| 7 | SH600472 | 包头铝业 | 269.68 | 19.7 | 72.81 | 83.4 | 17.8 | 156.7 | 2.2 | 0.935 | 358.75 | 77.86 | 4.975 | 有色金属 |
| 8 | SH600072 | 中船股份 | 267.6 | 10.8 | 39.75 | 48.4 | 9.73 | 86.4 | 2.2 | 0.051 | 570.65 | 781.33 | 3.668 | 机械 |
| 9 | SH600547 | 山东黄金 | 257.29 | 49.9 | 178.3 | 202 | 47 | 138.3 | 0.8 | 0.78 | 198.75 | 228.52 | 4.806 | 有色金属 |

续表

| 序号 | 代码 | 商品名称 | 涨幅 | 前收盘 | 成交价 | 最高价 | 最低价 | 流通市值（亿） | 流通股本（亿） | 年度每股收益 | 换手率 | 市盈率 | 每股净资产 | 行业 |
|---|---|---|---|---|---|---|---|---|---|---|---|---|---|---|
| 10 | SH600482 | 风帆股份 | 253. 3 | 7. 18 | 25. 36 | 26. 1 | 6. 69 | 30. 5 | 1. 2 | 0. 307 | 271. 69 | 82. 67 | 3. 719 | 电器 |
| 11 | SZ000613 | ST 东海 A | 251. 74 | 2. 25 | 7. 9 | 9. 28 | 2. 36 | 4. 6 | 0. 6 | -0. 067 | 299. 14 |  | 0. 201 | 化工化纤 |
| 12 | SZ000609 | 绵世股份 | 250. 3 | 8. 38 | 29. 34 | 29. 3 | 7. 54 | 20. 1 | 0. 7 | 0. 23 | 479. 81 | 127. 84 | 4. 34 | 房地产 |
| 13 | SH601919 | 中国远洋 | 247. 81 | 15. 4 | 53. 42 | 57. 9 | 15. 4 | 667. 2 | 12. 5 | 0. 193 | 272. 97 | 389. 59 | 3. 7 | 运输物流 |
| 14 | SZ000831 | 关铝股份 | 244. 94 | 11. 8 | 40. 6 | 44 | 10. 6 | 97. 9 | 2. 4 | 0. 077 | 518. 3 | 526. 35 | 3. 633 | 运输物流 |
| 15 | SZ000723 | 美锦能源 | 241. 59 | 9. 05 | 30. 9 | 38. 4 | 23. 3 | 23. 2 | 0. 8 | 0. 105 | 209. 72 | 293. 44 | 2. 485 | 煤炭石油 |
| 16 | SH600489 | 中金黄金 | 238. 39 | 7. 87 | 26. 64 | 30. 8 | 7. 08 | 38. 7 | 1. 5 | 0. 578 | 238. 35 | 46. 1 | 3. 422 | 有色金属 |
| 17 | SH600117 | 西宁特钢 | 234. 04 | 7. 07 | 23. 6 | 26. 5 | 6. 3 | 87. 7 | 3. 7 | 0. 289 | 467. 56 | 81. 78 | 3. 295 | 钢铁 |
| 18 | SH600591 | 上海航空 | 232. 08 | 6. 14 | 20. 39 | 21. 9 | 5. 27 | 128. 0 | 6. 3 | 0. 009 | 305. 57 | 2371. 2 | 1. 789 | 运输物流 |
| 19 | SH600627 | 上电股份 | 223. 71 | 24. 9 | 80. 53 | 83 | 21. 7 | 41. 1 | 0. 5 | 1. 082 | 295. 78 | 74. 43 | 4. 404 | 有色金属 |
| 20 | SZ000878 | 云南铜业 | 223. 11 | 27. 6 | 89. 03 | 98 | 27. 2 | 324. 9 | 3. 6 | 1. 358 | 311. 02 | 65. 55 | 5. 555 | 有色金属 |
| 21 | SH600595 | 中孚实业 | 212. 77 | 13 | 40. 55 | 43. 3 | 11. 7 | 146. 2 | 3. 6 | 0. 269 | 478. 54 | 150. 96 | 3. 217 | 有色金属 |
| 22 | SH600362 | 江西铜业 | 207. 95 | 23. 3 | 71. 69 | 78. 5 | 21. 1 | 202. 5 | 2. 8 | 2. 901 | 546. 14 | 45. 68 | 5. 707 | 有色金属 |
| 23 | SH600291 | 西水股份 | 203. 44 | 5. 33 | 16. 18 | 18. 3 | 5. 87 | 19. 3 | 1. 2 | -0. 692 | 381. 23 |  | 25. 687 | 建材 |
| 24 | SH600089 | 特变电工 | 195. 91 | 3. 96 | 11. 73 | 13. 1 | 4. 36 | 67. 6 | 5. 8 | 0. 269 | 160. 51 | 43. 56 | 2. 482 | 仪表仪器 |
| 25 | SH600711 | 盛屯矿业 | 194. 62 | 10. 1 | 29. 84 | 29. 8 | 6. 85 | 7. 9 | 0. 3 | -0. 002 | 332. 24 |  | 0. 141 | 有色金属 |
| 26 | SZ000960 | 锡业股份 | 194. 28 | 29. 7 | 87. 4 | 102 | 26. 7 | 224. 7 | 2. 6 | 0. 384 | 198. 17 | 227. 68 | 4. 054 | 有色金属 |
| 27 | SZ000612 | 焦作万方 | 189. 38 | 22. 1 | 64. 04 | 66. 3 | 19. 9 | 182. 0 | 2. 8 | 0. 536 | 296. 04 | 119. 5 | 3. 153 | 有色金属 |
| 28 | SH600508 | 上海能源 | 188. 33 | 14. 1 | 40. 78 | 43. 9 | 12. 8 | 110. 7 | 2. 7 | 0. 635 | 371. 23 | 64. 2 | 3. 825 | 煤炭石油 |
| 29 | SZ000933 | 神火股份 | 188. 08 | 6. 94 | 19. 98 | 21 | 6. 25 | 62. 3 | 3. 1 | 0. 798 | 157. 06 | 25. 03 | 3. 604 | 有色金属 |
| 30 | SH601666 | 平煤股份 | 187. 39 | 17 | 48. 92 | 51. 8 | 15. 5 | 181. 0 | 3. 7 | 0. 802 | 345. 36 | 60. 97 | 5. 443 | 煤炭石油 |
| 31 | SZ000596 | 古井贡酒 | 186. 52 | 9. 05 | 25. 93 | 34. 4 | 9. 96 | 10. 3 | 0. 4 | 0. 076 | 814. 4 | 457. 13 | 3. 527 | 酿酒食品 |
| 32 | SH601600 | 中国铝业 | 178. 35 | 19. 8 | 55. 02 | 60. 6 | 18. 8 | 631. 7 | 11. 5 | 1. 324 | 455. 79 | 59. 88 | 4. 593 | 有色金属 |
| 33 | SH600531 | 豫光金铅 | 178. 32 | 16. 3 | 45. 45 | 48. 3 | 14. 7 | 61. 2 | 1. 3 | 0. 623 | 717. 33 | 72. 99 | 3. 989 | 有色金属 |
| 34 | SH601699 | 潞安环能 | 176. 27 | 8. 67 | 23. 95 | 25. 5 | 7. 8 | 50. 9 | 2. 1 | 1. 368 | 130. 24 | 17. 5 | 6. 633 | 煤炭石油 |
| 35 | SZ000777 | 中核科技 | 174. 98 | 13. 6 | 37. 33 | 39. 1 | 12. 2 | 33. 1 | 0. 9 | 0. 083 | 723. 26 | 450. 59 | 3. 114 | 机械 |
| 36 | SH600528 | 中铁二局 | 174. 29 | 12. 8 | 35 | 38. 7 | 11. 5 | 92. 9 | 2. 7 | 0. 06 | 433. 15 | 581. 42 | 3. 918 | 工程建筑 |
| 37 | SH600586 | 金晶科技 | 173. 35 | 2. 9 | 7. 92 | 8. 65 | 2. 64 | 8. 3 | 1. 0 | 0. 208 | 568. 47 | 38. 15 | 7. 157 | 建材 |

续表

| 序号 | 代码 | 商品名称 | 涨幅 | 前收盘 | 成交价 | 最高价 | 最低价 | 流通市值（亿） | 流通股本（亿） | 年度每股收益 | 换手率 | 市盈率 | 每股净资产 | 行业 |
|---|---|---|---|---|---|---|---|---|---|---|---|---|---|---|
| 38 | SH600029 | 南方航空 | 168.67 | 6.32 | 16.98 | 20.3 | 5.39 | 169.8 | 10.0 | 0.065 | 313.55 | 355.38 | 2.786 | 运输物流 |
| 39 | SH600481 | 双良节能 | 167.39 | 4.19 | 11.21 | 13.9 | 4.05 | 32.4 | 2.9 | 0.155 | 560.49 | 72.52 | 1.592 | 电器 |
| 40 | SH601111 | 中国国航 | 165.1 | 9.56 | 25.35 | 29.8 | 8.56 | 295.7 | 11.7 | 0.379 | 347.69 | 104.33 | 2.552 | 运输物流 |
| 41 | SH600804 | 鹏博士 | 163.8 | 6.1 | 16.09 | 16.8 | 5.49 | 34.0 | 2.1 | 0.012 | 308.69 | 1360.7 | 2.478 | 计算机 |
| 42 | SH600971 | 恒源煤电 | 158.19 | 22.6 | 58.3 | 60 | 20.5 | 48.8 | 0.8 | 1.08 | 223.91 | 53.99 | 5.835 | 煤炭石油 |
| 43 | SH600150 | 中国船舶 | 157.77 | 101 | 260 | 300 | 96 | 350.4 | 1.3 | 1.838 | 74.29 | 141.44 | 12.909 | 机械 |
| 44 | SZ002001 | 新 和 成 | 155.35 | 3.54 | 9.04 | 9.04 | 3.19 | 12.2 | 1.4 | 0.099 | 549.66 | 91.62 | 2.277 | 医药 |
| 45 | SZ000968 | 煤 气 化 | 153.39 | 8.61 | 21.82 | 23.3 | 7.21 | 43.6 | 2.0 | 0.363 | 465.33 | 60.08 | 4.37 | 煤炭石油 |
| 46 | SZ000655 | 金岭矿业 | 150.7 | 17.9 | 44.8 | 47.4 | 16.1 | 69.3 | 1.5 | 0.324 | 388.32 | 138.08 | 2.328 | 钢铁 |
| 47 | SZ000807 | 云铝股份 | 150.17 | 9.67 | 24.19 | 25 | 8.7 | 102.6 | 4.2 | 0.369 | 603.62 | 65.48 | 2.43 | 有色金属 |
| 48 | SZ000800 | 一汽轿车 | 150.13 | 9.13 | 22.85 | 23.4 | 8.31 | 174.7 | 7.6 | 0.17 | 355.43 | 134.47 | 3.565 | 汽车类 |
| 49 | SZ000952 | 广济药业 | 149.67 | 15.2 | 37.95 | 51.6 | 14.4 | 78.1 | 2.1 | 0.066 | 468.26 | 573.03 | 2.377 | 医药 |
| 50 | SH600997 | 开滦股份 | 149.38 | 9.43 | 23.52 | 26.4 | 8.78 | 57.9 | 2.5 | 0.87 | 247.8 | 27.03 | 4.825 | 煤炭石油 |
| 平均值 | | | 225.08 | 13.8 | 42.42 | 47.1 | 13.9 | 116.5 | 3.0 | 0.4479 | 369.28 | 250.17 | 4.1057 | |

在缩量上涨阶段，上证指数从 2007 年 6 月 5 日上涨了 91 个交易日，涨到了 6124 点的历史高点，期间大盘涨幅为 65.98%。

虽然大盘从 3404 点上涨至 6124 点，但是在这一阶段总有一些朋友抱怨手中个股不涨，赚钱困难，下面我来为大家揭晓答案。

如表 6－5，在牛市最后的缩量上涨阶段，前 50 名涨幅靠前的股票平均涨幅为 225%，这比第二次放量拉升和第三次放量拉升阶段的涨幅都要低，这说明虽然这一阶段上证指数涨幅不低，但是个股没有那么好做了，分化开始加剧了，如果没有买到对的股票，可能在这段时间只赚指数却不赚钱。

下面我们就来看看到底什么是对的股票吧。

在这一阶段，涨幅靠前的 50 只股票的平均流通市值和流通股本分别为 116.5 亿元和 3 亿股。可以看出他们的流通市值和流通股本都有比较大的增加，说明这一次又是以炒作中盘股票为主，只不过平均市值要比之前更大，达到100亿元以上。这些领涨股的每股收益、每股净资产和市盈率分别为0.447元、4.1元和250倍。

虽然股票继续上涨，但是其每股收益等情况比第三次放量上涨阶段有了非常大的改观，这也正说明，市场再次选择调整卖出中小盘的绩差股，转为炒作中大盘的股票，但这一波炒作与第二波的炒作截然不同的是这一波是缩量炒作，这也正说明许多中小盘股票主力已经提前撤退了，他们不愿再与大盘股形成呼应的状态，大部分小盘股提前进入调整且不再创新高似乎已经告诉人们这一波的上涨也是指标股们的加速赶顶行为。

下面我们来看牛市后期缩量上涨阶段的领先股的行业分布情况。

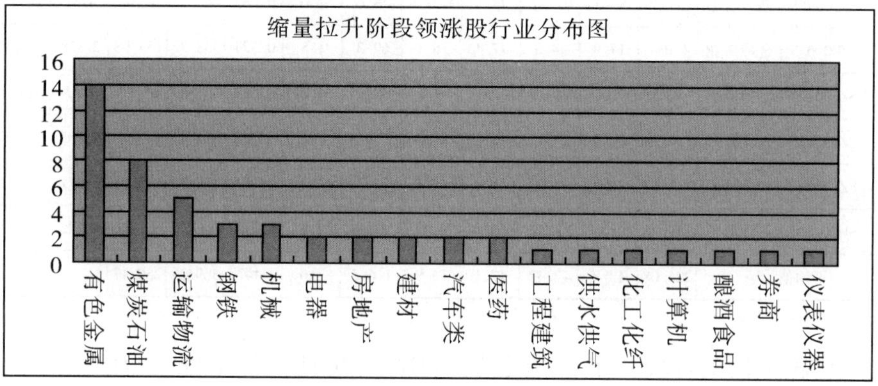


**图6-5**

这一阶段，我们熟悉的周期性行业除了有色金属外，其他的周期性行业的上涨动力已经明显不在了，而在这一阶段上涨的有色金属的股票情况与大盘见底初期的情况有所不同，这一波上涨主要以中大盘业绩优异的股票为主，这一波上涨的14只有色股平均流通市值为166亿元，平均每股收益为0.85元。有色金属股票在2007年10月爆发是有着深刻原因的，并不是所有的牛市末期都是有色金属的天下，只是在2007年10月，通货膨胀已经明显抬头了，在这样的前提下，有色和煤炭类的资源股票具有更好的抗通胀的效果。

我们继续来看行为面的情况。

寻找那些底部区吸筹充分，同时在2007年6月5日附近成交量再次活跃，上涨动能大于1.5，且在其附近涨幅明显领先于大盘的股票，或者在底部区曾有过大于2以上的上涨动能，在2007年5月附近缩量突破前期高点，且牛市以来涨幅不大的股票。这两种类型的股票在牛市末期仍有机会，但是要注重牛市末期轮动的规律，不要盲目只买小市值的股票，上一波操作的是低价小盘袖珍股，下一波就可以布局一些中盘业绩较好的股票。

## 先涨股与后涨股规律总结

上面详细的统计了2005年6月6日至2007年10月16日这波大牛市的各个阶段的领先股情况，下面我们来看一个综合的表格，试着总结一些规律。

**表6－6**

| 2005—2007牛市各阶段涨幅前50名股票各项指标平均值 | | | | | |
|---|---|---|---|---|---|
| 牛市各阶段 | 吸筹区 | 第一次放量拉升 | 第二次放量拉升 | 第三次放量拉升 | 缩量拉升 |
| 涨幅平均值（%） | 107.47 | 166.24 | 237.35 | 263.75 | 201.75 |
| 前收盘平均值（元） | 4.09 | 3.67 | 4.26 | 6.22 | 14.67 |
| 成交价平均值（元） | 8.42 | 9.81 | 14.53 | 22.72 | 43.78 |
| 最高价平均值（元） | 9.15 | 11.45 | 15.39 | 24.42 | 48.53 |
| 最低价平均值（元） | 3.91 | 3.54 | 4.07 | 7.37 | 13.86 |
| 流通市值平均值（亿） | 12.57 | 16.34 | 60.46 | 55.80 | 123.40 |
| 流通股平均值（亿） | 1.63 | 2.11 | 4.61 | 2.41 | 3.18 |
| 年度每股收益平均值（元） | 0.56 | 0.14 | 0.43 | 0.14 | 0.49 |
| 换手率平均值（%） | 372.05 | 291.06 | 391.19 | 355.30 | 379.69 |
| 市盈率平均值 | 27.59 | 169.62 | 109.19 | 386.38 | 252.03 |
| 每股净资产平均值（元） | 3.63 | 2.60 | 2.87 | 2.38 | 4.35 |

表6－6是2005—2007牛市各阶段涨幅前50名股票各项指标平均值的统计表。

从涨幅上来看，在牛市底部吸筹区，个股的总体涨幅并不大，成交量呈不规则的放大状态，随着第一次放量拉升的开始，吹响了牛市的集结号，随后第二次第三次放量拉升，领先股的平均总体涨幅不断刷新新的纪录，直到缩量拉升阶段，领先股的平均涨幅才逐渐下降。

从价格、流通市值、流通股本、财务指标和估值等方面分析来看，可以看出，在吸筹初期，领先上涨的股票一般是业绩优异的低市值小盘股，这是由于牛市底部区投资者人心不稳，处于投资安全的角度考虑，市场资金选择了低价、低市盈率、小盘和流通股本较小的股票；随着市场进入第一次放量拉升区，投资者信心有所恢复，市场资金又偏好于那些低价、低流通股本和业绩一般的股票，虽然这些股票市盈率较高，拥有较高的贝塔系数，但是由于市场信心逐渐恢复，投资者对这样的股票也逐渐认可；又随着这些低价股的快速上涨之后，市场资金又开始追逐那些中等市值但是业绩优异的中盘股，这些股票市盈率明显比那些业绩较差的小盘袖珍股低；市场总是按照这样的思路循环着，在那些中盘股炒作完之后，资金又在此去追逐那些前提调整的中小盘的袖珍股；最后，在缩量中，一轮以中大盘股上涨为主流的牛市行情终于告一段落了。

在这一循环过程中，每一次业绩较差的中小盘的上涨周期总是比较短暂，远远低于那些业绩较好的股票的上涨周期。第一次和第三次放量拉升的时间远远低于第二次放量拉升和缩量上升的周期就是最好的证明，由于没有业绩支撑的小盘股主宰的行业，安全边际低，所以上涨行情持续得比较短暂这也是可以理解的，但这一规律可以帮助我们预测大盘的上涨的调整周期。

从行业来看，牛市初期上涨主要是以大宗商品、基建、化工化纤等弹性较大的行业为主，随着牛市进入加速阶段，机械设备、通信等高技术行业板块开始爆发，牛市最后一阶段是汽车、纺织服装等高档消费品行业爆发的时期，而一些防御性的非周期行业例如医药等行业在牛市末期也会有一些补涨行情。

# 第三节 牛市各个阶段选股操作思路

我们比较详细地解读了中国最具代表性的大牛市的各个阶段的领涨股情况，下面我就来和大家具体谈谈在牛市各个阶段如何布局股票做好投资。

承接上面的分析，我们可以把牛市分为三个部分，吸筹区、拉升区和见顶区。

吸筹区选股思路：在吸筹区，由于经历了之前的大熊市的洗礼，投资者们对市场普遍感到绝望和不信任，在此阶段，只有一些先知先觉的投资者会默默地建仓，有些甚至于在熊市见底前夕就已经开始建仓了，在吸筹区由于市场人气没有恢复，投资者投资热情并不高涨，这一阶段的领涨股往往是那些在大盘还没见底或者在熊市低点附近就已经建好仓位的股票，并且这些股票的业绩一般都不会太差。

下面我们就通过两个案例来看一下具体情况。

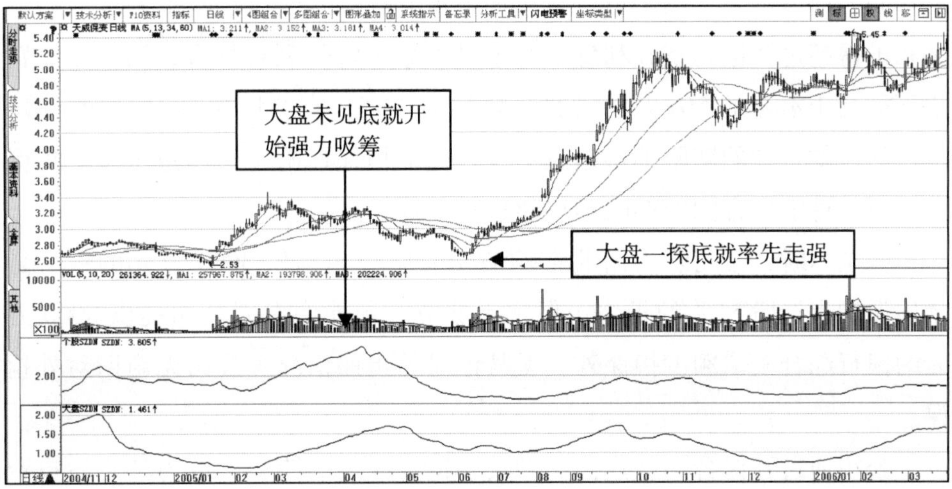


**图 6－6**

上图（图6-6）是天威保变（600550）在2004年12月至2006年3月的日K线图，上证指数在2005年1月末至3月初经历了一波小反弹，但是随后又创出新低，跌至998点，而天威保变却没有创出新低，我们注意到天威保变在2005年1～4月这段时间进行了大笔的吸筹，其上涨动能最高达到了3.6之上，远远大于同期大盘的上涨动能，所以在上证指数于2005年6月6日创出998点的新低开始反弹之后，天威保变显示出强势走势，随后，虽然大盘经历了二次探底，但是天威保变却没有在此探底，仍然保持在强势的上升通道之中，最终天威保变成为这轮牛市吸筹区涨幅最高的股票。

我们来看看天威保变在基本面上的亮点：

（1）天威保变（600550）拟与三友化工签订总额不超过2亿元的互保合同。

天威保变（600550）公司于2005年4月15日召开董事会，审议通过公司与唐山三友化工股份有限公司签订《互保合同》的议案：合同一方仅为合同另一方向中国境内银行借款和银行承兑汇票业务提供担保。信用担保的范围包括主合同项下的债务本金、利息、逾期利息、复利、罚息、违约金、损害赔偿金以及诉讼费等质押权人实现债权的一切费用。担保的借款合同的借款本金总额和银行承兑汇票承兑合同的银行承兑汇票本金总额之和不得超过2亿元整，利息不得超过国家规定的利息标准，滞纳金、罚金不得高于本金的5‰。合同的有效期为2年，自合同生效之日起计算，担保的借款合同的期限不得超过1年，保证担保期限不得超过1年。担保的银行承兑汇票合同的期限不得超过6个月。

截至当时，公司除为河北宝硕股份有限公司提供3000万元的银行贷款担保和为持股51%的子公司保定天威英利新能源有限公司提供8000万元的银行综合授信额度担保外，无其他对外担保情况。公司无逾期对外担保。

公司通过互保合同增强公司融资和抵御风险的能力，也为其之后投资一系列新项目作为铺垫。

（2）天威保变（600550）签订合同总价值1.83亿元的拉西瓦水电站

变压器项目。

天威保变（600550）公司于2005年5月15日在中国西北地区最大的水电项目——青海拉西瓦水电站变压器招标项目中，中标签署了我国第一个超大型水电工程全部800kV特高压变压器的制造合同。该项目共计制造15台DSP－260MVA/800kV发电主变压器，总容量为3900MVA，销售合同总价值1.83亿元人民币。公司为拉西瓦水电站水轮发电机组配套的15台DSP－260MVA/800kV变压器采用单相形式，将是迄今为止国内电压等级最高，也是世界上运行海拔最高的洞室安装单机变压器。

中标新项目，进一步提高了当年的业绩预期。

（3）天威保变（600550）拟以1.1亿元增资新光硅业，涉足电路级和太阳能级多。

天威保变（600550）公司于2005年6月8日召开董、监事会，审议通过公司出资1.1亿元对四川新光硅业科技有限责任公司（目前注册资本19850万元人民币，下称：新光硅业）增资扩股的议案：同意公司以自筹资金1.1亿元对新光硅业进行增资扩股。增资扩股后新光硅业总股本3.085亿元，其中公司出资占新光硅业35.66%的股份，成为该公司第二大股东。

新光硅业主要开发和生产电路级和太阳能级多晶硅，其在建的年产1000吨多晶硅高技术产业化示范工程采用的是目前世界上多数厂家采用的成熟工艺，工艺技术达到同类国际先进水平。该项目年产多晶硅1260吨。

董、监事会审议通过公司资产出售、收购事项的议案：为了进一步优化产业结构，理顺公司业务范围，公司拟进行产业调整。

进行此次调整的主要思路为：一是变压器产业方面，对变压器产品按电压等级划分，220KV及以上电压等级的变压器归属上市公司，以理顺变压器主业，继续做大做强；二是新能源产业方面，努力寻求并开拓新能源产品这一新的经济增长点，大力发展新能源产业，形成公司新的支柱性产业，精心培育，为公司持续发展注入新的活力。

具体调整方式为：一是公司将持有天威互感器有限公司、北京天威瑞恒电气有限责任公司、绝缘分公司、保定天威今三橡胶工业有限公司、保定天威赛利涂层技术有限公司、保定天威宝峰医疗器械有限公司及保定惠斯普高压电气有限公司的股权经评估后出售给保定天威集团有限公司；二是公司从保定天威集团有限公司收购其在建的秦皇岛出海口生产基地、西藏华冠科技股份有限公司的股权。

公司进一步调整战略方向，增加了对新能源的投资，成为在2005年较早转型设计太阳能的企业，成为A股太阳能概念的龙头股。

（4）2005年7月13日，公司发布公告称将被选为股权分置改革试点企业。

天威保变每10送4股股票，对价股票上市流通日为8月19日。

天威保变公司于8月19日实施本次股权分置改革对价方案：方案实施股权登记日登记在册的流通股股东每持有10股流通股将获得公司发起人股东支付的4股股份对价。流通股股东本次获得的对价不需要纳税。

方案实施的股权登记日为2005年8月17日，2005年8月19日，公司股票复牌，全天交易，股票简称变更为“G天威”。

对价股票上市流通日为2005年8月19日，对价股票上市流通日公司股票不计算除权参考价、不设涨跌幅限制、不纳入指数计算。

2005年8月19日，天威保变正式实施股权分置改革方案，随后，天威保变股价进入快速拉升阶段，其后2个月左右股价上涨了近70%。

通过如上的案例，在牛市处于底部区吸筹阶段，我们应该寻找那些在牛市见底前或者见底初期就已经大幅建仓吸筹完毕，在指数见底刚刚反弹之时就已经开始走强，基本面方面也必须具有一定热点题材，同时业绩也具有一定保障的股票，这种类型的股票非常有机会在大盘缓慢上涨的吸筹区里成为领涨的明星股。

我们继续来看一个案例。

图6-7是宝钛股份（600456）从2005年4月至2006年3月的日K线图，从上图我们可以清晰地看到，宝钛股份在2005年4～6月放量吸筹，上涨动能已经大大强于大盘，同时在上证指数见998点之前，宝钛股份就已经先于大盘启动，2005年6月6日之后，宝钛股份也是迅速走强，之后基本保持在完整的上升通道之中，最终宝钛股份也成为牛市吸筹区领涨股

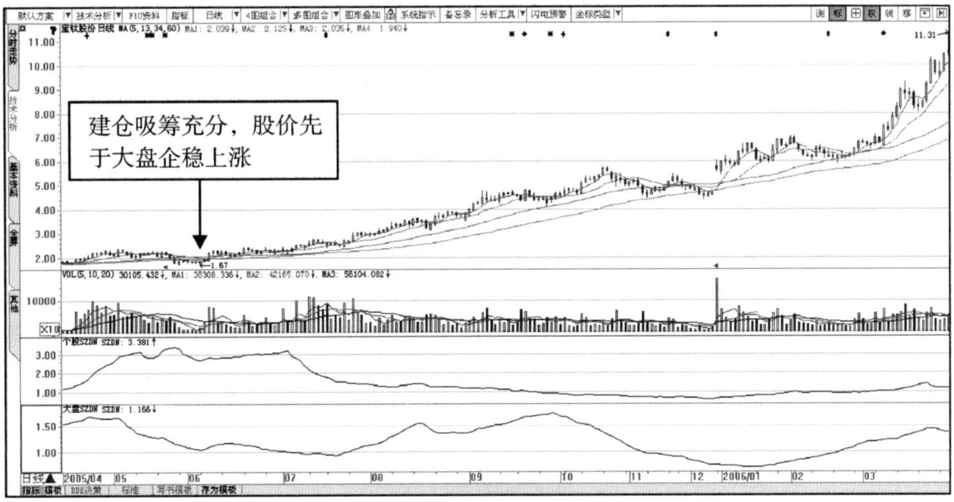


**图6－7**

总排名的第五名。

通过以上两个案例，在牛市吸筹区我们就应该寻找那些先于大盘大幅建仓吸筹，同时股价在底部区表现强势的股票，这样的股票一旦有一些基本利好消息的刺激，很有可能成为吸筹区阶段的领涨股。

拉升区选股思路：在拉升区域，由于广大投资者的投资热情慢慢恢复，市场会对于一些贝塔系数较高的小盘袖珍股进行炒作，但是由于小盘袖珍股业绩一般较差，所以在拉升区，主力们会通过板块轮动进行炒作，在拉升区，主力们总是会在中盘绩优股和小盘袖珍股之间来回切换，轮动炒作。

在这一阶段，我们首先要通过上一波领涨的股票判断主力会向何种类型的股票轮动，然后接着布局那些符合主力资金偏好的同时在吸筹区已经大幅吸筹，具有较强上涨动能的股票。

我们下面通过几个案例来继续分析牛市拉升区的投资思路。

虽然在牛市有不同的放量拉升阶段，但是这些拉升阶段的投资思路可谓惊人的相似，在拉升阶段我们都是要寻找那些之前在吸筹区或者在拉升区初期建仓非常充分，同时在大盘刚启动不久就走出强势的股票。

下面我们具体来看几个案例。

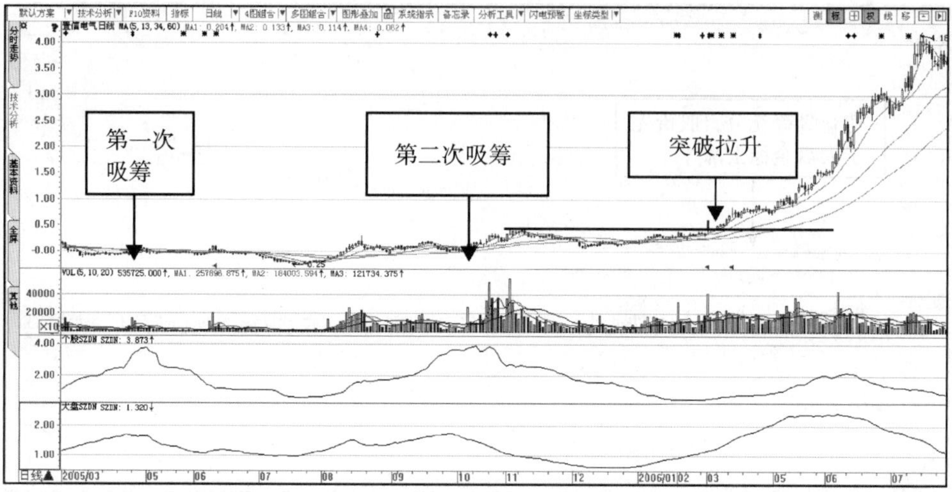


**图 6－8**

上图（图 6－8）是置信电气（600517）从 2005 年 3 月至 2006 年 7 月的日 K 线图，从图中可以看出，自 2005 年 3 月开始，置信电气就已经有主力开始建仓吸筹了，但是由于其业绩在 2005 年初并不理想，同时在 2005 年 6 月初，其股价走势也并不强势，随后还创出新低，好在 2005 年 8～11 月，置信电气又再次大幅吸筹，在此吸筹后不久，虽然公司业绩依然没有大的起色，但是牛市已经步入了第一次拉升期，股票投资的人气逐渐旺了起来，更重要的是，公司已经通过了股权分置改革方案，根据现有方案，置信电气将以每 10 送 2.5 股，2006 年 3 月 30 日复牌后，公司股价大涨 28%，并一举突破前期高点，随后置信电气的股价就像脱了缰的野马，一发不可收拾，短短 3 个多月股价涨幅达到近 300%。

下面我们再来看一个案例。

下图（图 6－9）是太钢不锈（000825）于 2005 年 11 月至 2007 年 2 月的日 K 线图，从图中可以看出，该股在 2006 年 1～5 月进行了大量的建仓吸筹，我们通过观察该股从 2005 年 6 月至 2006 年 1 月这段时间的情况，发现在这段时间其并没有明显的建仓吸筹行为，随着大盘在 2006 年 7 月调整以来，太钢不锈也跟随大盘处于调整期，但是在大盘调整见底之后，太钢不久开始慢慢走强，终于于 2006 年 10 月 9 日缩量突破了前期高点，这

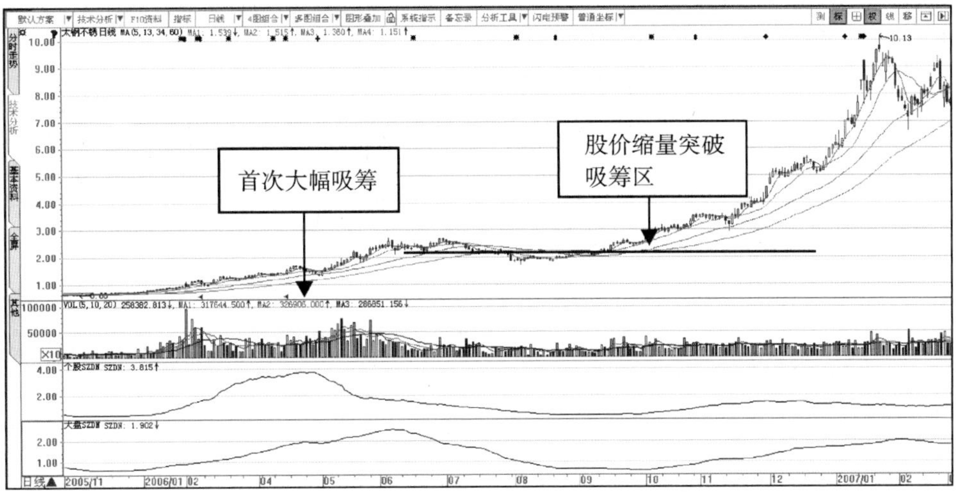


**图 6-9**

说明该股庄家已经完成了既定控盘目标，进入拉升阶段，果然在之后的 3 个多月里该股迅速上涨了 2 倍多。

通过上面几个案例，我们得出在牛市拉升期选股的思路，在这一时期，我们应该选择那些在吸筹区或者大盘前一拉升期就已经大幅建仓的股票，同时，这些股票的走势在大盘阶段调整之后要先于大盘强势领涨，还有就是这些公司的基本面都有着这样或者那样的题材或者利好因素。一只股票如果具备上述所说的因素，那么在牛市的拉升期就有可能成为阶段的领涨股。

见顶区投资思路：在牛市末期，最容易识别的特征就是成交量没有之前上涨阶段大了，这一阶段，由于之前许多小盘股已经提前见顶，所以市场上活跃的股票多是一些前期涨幅不大的中大盘的股票，在此阶段，一定要充分弄清领涨股的类型，否则一味地购买小盘股会使我们误入迷途，导致赚指数不赚钱，最好的方式还是通过之前一波领涨的股票进行判断。

这一阶段我们还是需要购买那些之前已经大幅建仓，上涨动能充足，牛市以来涨幅不大，且在这一时期再度活跃形成突破或者缩量突破的股票。

下面我们就来看几个案例。

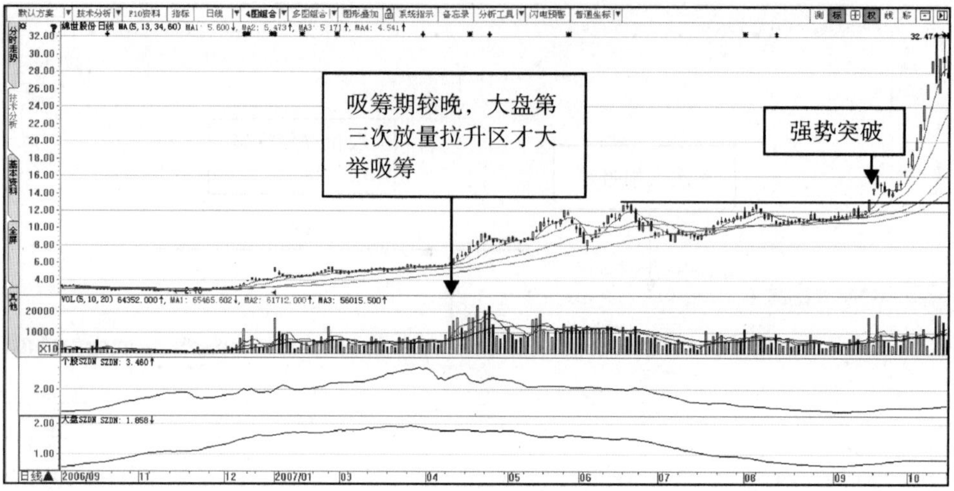


**图 6－10**

在牛市末期，很多股票已经大幅上涨，或者已经进入缩量拉升末期，在这一阶段我们寻找股票就一定要更加讲究技巧和谨慎，在这一阶段，我们寻找的思路一般是那些刚刚建仓不久却又没有大幅拉升的股票或者那些之前已经建仓但是却一直没有拉升的股票，图 6－10 案例中就是属于前者的情况。

绵世股份（000609）从 2007 年 3 月起开始大幅建仓吸筹一直持续到 2007 年 7 月左右，由于刚刚建仓不久，浮动筹码较多，所以绵世股份并没有立刻跟着大盘突破爆发，而是处于缓慢的振荡攀升之中，在 2009 年 9 月 18 日，绵世股份以涨停板缩量突破前期高点，正式宣告其控盘完成，想是主力们知道大盘已经进入牛市末期，所以，绵世股份在随后的日子里连续拉涨停板快速上涨，直到 10 月 16 日，短短一个月上涨了 140%。

下面我们来看看该股的基本面的亮点：

（1）绵世股份：投资 3876 万元与中国风电设立合资公司，持 51% 股权。

绵世股份公司 2007 年 7 月 31 日召开董事会，审议并通过了《关于与中国风电投资有限公司合资设立内蒙古联合风能投资有限公司的议案》。

2007 年 7 月 31 日，公司与中国风电投资有限公司（以下简称为“中国风电”）签订了《关于设立内蒙古联合风能投资有限公司的合资合同》（以下简称为“合资合同”），内蒙古联合风能投资有限公司（以下简称为“合资公司”）将致力于开发内蒙古自治区二连浩特市的风力发电场。根据约定，合资公司注册资本 7600 万元，其中公司投资 3876 万元，持有该公司 51% 的股权；中国风电投资 3724 万元，持有该公司 49% 的股权。

近一个阶段以来，公司在经营好原有的房地产综合开发与经营业务的同时，也在积极关注其他行业和领域的发展情况，努力寻找良好的投资机会，以进一步扩大公司的经营规模，拓展公司的主营业务范围，减小经营风险，为公司寻找更多的利润增长点，也为全体股东创造更大的价值。

目前，随着国家和政府对于新型清洁能源的发展给予了越来越多的重视和政策支持，包括风能发电在内的新型清洁能源事业进展迅速，市场前景广阔；另一方面，火电等传统发电方式的成本不断提高，带动电价不断上涨，而风力发电则具有投资规模固定、维护成本低的优势，并将直接受惠于全国电价的上涨；从运营模式上看，风力电厂采用的是电网公司根据电厂当月上网电力总额每月结算一次的方式，资金回笼安全迅速，风险较低，收益有充分的保证；同时，我国特别是内蒙地区的风力资源丰富，十分适合建立风力发电设施。

基于以上的分析和考虑，公司决定与在风力发电领域拥有丰富实践经验的中国风电公司合作，设立蒙古联合风能投资有限公司，并进行相关的风力发电场的建设经营工作，公司相信，该项投资能够为公司进入新能源领域奠定良好的基础，进一步增加公司的经营实力，为公司创造一个稳定可靠、持续发展的利润来源。

绵世股份通过与风电巨头合作进军风电行业，拓宽盈利渠道，这在 2007 年房地产如火如荼的市场环境下具有一定的前瞻性。

（2）绵世股份：2007 年 1 ～ 6 月每股收益 0. 330 元，净利润同比增长 108. 89% 。

报告期内，公司董事会和管理层秉承已确立的发展战略，以土地一级开发业务为核心，继续推动公司各项房地产综合开发业务的进行；同时，公司加大了对新的开发项目和新行业的投资和关注力度，以进一步提升公司的整体经营实力，有效地维护了公司广大股东特别是中小股东的权益。报告期内公司的业务重点仍是控股子公司成都天府新城公司正在四川省成都市成华区进行的土地一级开发项目。目前，该项目的开发工作正在顺利进行当中。2007 年 5 月 25 日，由成都市土地拍卖中心主持，依法定程序完成了该项目二期土地中又一地块（拍卖面积为 117.2564 亩）的拍卖工作，拍卖最终成交价达每亩人民币 365 万元。

与此同时，报告期内公司通过收购中新绵世（成都）建设开发有限公司 3500 万元股权的交易，开始与香港中新集团（控股）有限公司共同进行四川省成都市郫县犀浦镇龙梓万片区旧城改造土地一级开发项目，从而进一步增强了公司在这一业务领域的实力（本项投资事项的详情情况请参阅本节第三条第（二）款的说明）。此外，公司与北京新松投资集团有限公司合作开发的位于北京市朝阳区小亮马桥东路的中山大厦房地产项目的相关的合作开发协议也于本报告期内履行完毕。根据相关投资协议的约定，公司投入的合作资金人民币 5000 万元及合作收益人民币 300 万元均已于本报告披露前顺利结算完毕。

在经营好原有的房地产业务的同时，报告期内公司也对其他行业的发展机会进行了积极的研究和考察，特别是加大了对风能等新型清洁能源事业的关注力度。本报告期末至本报告披露前，公司与中国风电投资有限公司签订了《关于设立内蒙古联合风能投资有限公司的合资合同》，共同开发位于内蒙古自治区二连浩特市的风力发电场项目，从而迈出了进入新的主营业务领域的第一步。总体上看来，报告期内公司按照既定的发展战略和方向，规范经营，积极发展，创造了可观的经济效益，并进一步拓展了公司的业务范围，提高了公司的整体实力。

伴随着公司业绩的不断增长以及多元化的战略投资，再结合当时公司只有 20 多元的股价，其估值相对于其他同行业公司确实有一定的优势。

在牛市末期，选择那些最近刚刚吸筹不久，基本面优异，在大盘进入牛市末期后不久变强势为突破前高点的股票，非常有机会获取领先于大盘的收益。

下面我们再来看一个案例。

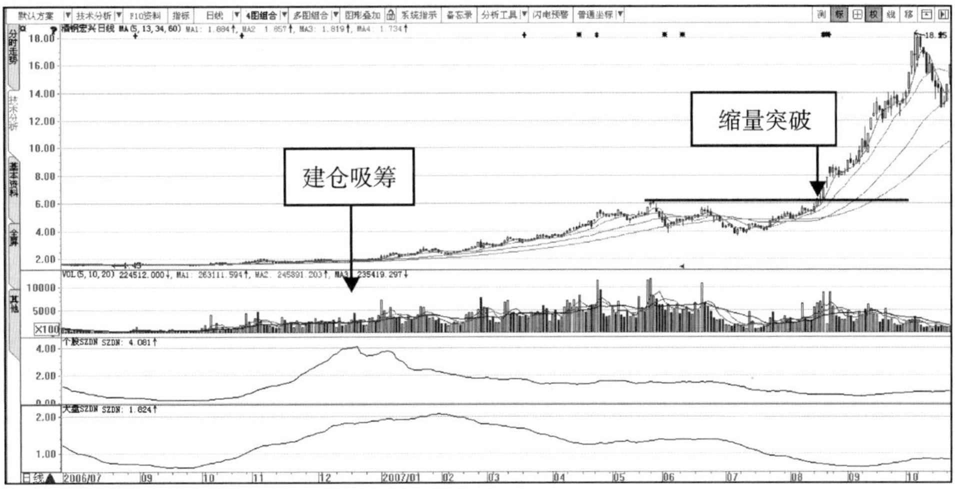


图 6－11

上图是酒钢宏兴（600307）（图 6－11）在 2006 年 7 月至 2007 年 10 月的日 K 线图，虽然酒钢宏兴在 2006 年 4 ～ 5 月已经有明显的吸筹动作，但股价并没有领先于大盘就已经爆发了，2006 年 11 月至 2007 年 3 月这段时间，酒钢宏兴再次大幅吸筹，而且两次吸筹的区间涨幅不足 50%。可以看出，此庄家耐心十足，志存高远。

果然，在 2007 年 530 调整之后，酒钢宏兴经过了短暂的调整，缩量创出新高，又经历了一波凌厉的上涨行情，2 个月不到上涨了 200%。

通过这个案例，我们再次看到了在拉升前建仓充分的重要性。

在牛市末期我们应该寻找那些前期建仓充分，在牛市末期的初期就已经强势突破，并且基本面优异的股票，这样的股票往往可能会成为该阶段的领涨股票。

# 第七章

# 庄 股

许多时候股票都会上涨到高于其内在价值的水平，主要是因为有些集合基金会在短时间内控制股票，并不顾内在价值来操纵股票，然后就会出现一次崩溃。因此，如果交易者正好卷入了这种股票当中，就应该知道该如何去做，因为只要一只庄股处于上涨过程中，在其中进行交易的资金就与那些依价值而上涨的股票中的资金一样地多，但目标都是要在正确的时间退出，并总是与趋势相适应。然而如果投资者或交易者只要能够读懂这些股票，可能就会在这些股票上挣到大钱。

——江 恩

# 第一节 庄股概述

## 庄股简介

庄股是指股价涨跌或成交量被庄家有意控制的股票。庄家通过增持或减持手中筹码，不断洗盘震仓，来达到吸筹目的，然后择机拉高股价，吸引散户追高，达到出货目的，并从中获利。简单来说，庄股就是股票的价格和成交量已经被庄家人为地控制了的股票，这些股票的走势有些时候可能会与大盘截然相反。

其实庄股本身只是一个市场名词，并没有一个统一的定义。有人认为“庄股”就是被人操纵了价格的股票，有人认为这只不过是部分具有共同投资偏好的大户集中持有共同的上市公司股票。

在一些国家的股市建立有庄家制度，如美国的专业股票商只经营几种股票，既充当买卖中介人，又要在只有买方或卖方时，充当另一方完成交易，他们被要求起到稳定股票价格的作用。但无论是否有制度，有股市就会有庄家。庄家炒股目的在盈利，由于他们使股市增添资金、激发活力，因而庄家是股市中不可缺少的具有积极作用的生力军。

中国股市自 1994 年 8 月以来庄股林立，成为投资人选股的一大重要品种。能发现并及时购进庄股，享受一段搭车坐轿的乐趣，是小额投资人获取成功的一条捷径。

但是随着目前中国投资市场越来越成熟和规范化，传统庄股的数量越来越少了，接下来的部分我们就来看看庄股的分类情况。

# 庄股的分类

股市中的庄家有“强庄”、“弱庄”、“长庄”、“短庄”、“恶庄”之分。

下面我们来具体看看这些不同庄股的情况。

按照庄家资金实力强弱，我们可以把庄家分为强庄股与弱庄股，按照庄家做盘时间的长短，我们又可把庄家分为长庄股与短庄股。如果庄家习性怪癖，手法凶残，我们又可称其为恶庄股。

虽然分类方式有所不同，但是人们往往还是容易把强庄股与长庄股联系在一起，由于强庄股实力强劲，只要基本面等消息配合得恰到好处，很容易在牛市把股票做成长庄股。所以两者经常会被联系在一起。与此类似，弱庄股也经常与短庄股联系在一起。下面我们就详细了解一下他们的具体情况。

## 1. 强庄股

强庄股是指那些庄家资金实力雄厚，坐庄目标价位高，同时业绩和题材方面都不错的股票。要想能有较高的上涨幅度，必须要有好的大盘环境来配合，所以一般来说强庄股多发于牛市和上升段市场的振荡行情中。

强庄股既能够活跃股市做多气氛，同样，在股票到达顶部区后也能够带来市场追涨的杀跌风险。

接下来我们就来看看强庄股的识别方式和见顶情况。

(1) 以量识别。

万变量为先，这是实盘日志里说得最多的观点。不管个股由弱转强还是由强转弱，首先一点就是先看量，对强庄股的上涨，同样不例外，在所有的上涨过程中，只有微量上涨才是最安全。比如一只 5 元股，同样炒到 10 元，甲股用 20% 的筹码去推动，而乙股则用 30% 的筹码去推动，肯定前者继续上涨的动力强大，两者间消耗的资金显然不同。

需要注意的是这里讲的是强庄股在拉升期的状况，在强庄股的吸筹区，通常会持续放出较大的成交量，至于具体情况我会在接下来的部分详细介绍。

我们先来看看个别强庄股无量上涨的案例。

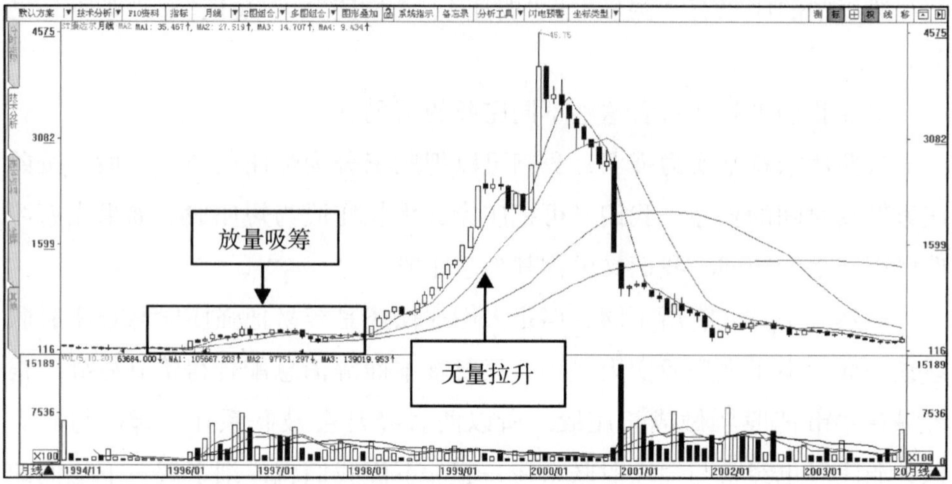


**图 7 – 1**

图 7 – 1 是 ST 康达尔在 1994—2003 年的月 K 线图，我们可以看到，该股在吸筹区放出巨量，而后在拉升区却无量上涨，这只股票绝对是坐庄的经典案例，属于强庄股，只可惜该股庄家太过贪心，不知道功成身退的道理，下面我们就带大家一起追忆一下这段陈年旧事。

ST 康达尔，之前又叫做中科创业，中科创业是 1998—2002 年间中国坐庄史上，中国证券市场有史以来的最经典案例之一：前后牵涉了 6 家上市公司，卷入了沈阳飞龙、九洲泰和、通百慧等一大批机构，操作手法中使用了目前市场上几乎所有能派上用场的工具：联合控股、虚假重组、多头抵押融资……

尽管人算不如天算，这场大战役最终以闹剧收场，但该做庄方案设计之大胆、头绪之复杂、规模之庞大仍可堪称庄股中的超豪华工程，其诸多经典手法还是值得我们多加玩味的。

①炒作中科创业的如意算盘。

1998 年年初时，康达尔的股价是 10 元左右，流通股 3488 万股。计划的最初阶段是广泛搜罗筹码，力争达到控制 90% 以上的筹码。整个计划要求有 6 亿元左右的自有资金。

10 ～ 14 元之间，可以边拉边吃货，然后择机购买部分法人股，进入公司董事会。14 ～ 20 元之间，通过与公司配合放利空等办法，振荡上行，在 1998 年的市场背景下，很多人会守不住仓的。用 1 年左右的时间，在 20 元以下将股票筹码控制在 85% 左右。

这时，计算一下资金损耗，应当在 5 亿元左右。其中花在二级市场上 4. 5 亿元，花在法人股上 0. 5 亿元。但是，控制的流通筹码的市值在 6 亿元左右。用这 6 亿元市值在券商处抵押，即便按 1∶0. 4，也可以换来透支款 2. 4 亿元。加上余下的 1 亿元，手中还有 3. 4 亿元。然后在 20 元以上，有多少筹码无论价格多高通吃。当控制筹码 90% 以上时，就成功了。

随后经过不停的除权，最终将股票价格推高到复权价 1000 元一股，也就是说流通市值达到 350 亿元。到那时，庄家控制了流通市值里的 90%，也就是 315 亿元，但是成本仅 6 亿～ 7 亿元左右。用这些钱即便按 1∶0. 3透支，也可透出 100 亿元的资金。用这些资金来打新股，扣除透支的成本，一年可以有 9 亿元以上的净盈利。

最后结果是，只花 6 亿多元的成本，但是每年有 9 亿元的盈利，还拥有 315 亿元的市值，应该说是相当美妙。

用这些利润，可以控制公司股权，然后不停重组，将最好的项目注入公司，甚至可以注册影子公司，每年将数亿元利润转入公司。这样，公司的股价就被认可，从流通股上每出 2. 5% 的货，就可收回 7 亿元左右的现金！

也就是说，通过 5 ～ 7 年左右的操作，你最初的 6 亿元，可能变成 400 亿元以上的收益！

无疑，这种操作是严重违规的，但是在当时的监管手段下，如果你熟悉证券市场、通晓法律，完全可以回避风险，达到成功。

②人算不如天算。

康达尔 1994 年 11 月 1 日上市交易时，开盘价 9. 80 元，收盘价 8. 86 元。其后一路下跌，1994 年末为 8. 99 元，1995 年末为 6. 80 元，1996 年 3 月底 5. 50 元。统计分析显示，从 1995 年 1 月至 1996 年 3 月底，平均每月的成交量约460万股，按当时的流通盘3488万股计算，换手率为13%左右。而从1996年4月至1997年底，平均每月成交量达3198万股，按当时的流通盘4142万股计算，换手率为77%。21个月里共成交66920万股，相当于换手16遍，可见的确有庄家洗筹吸筹。在此期间，股价最低5.50元，最高16.63元，庄家收集筹码的平均成本不低。但是，1997年末该股收盘价仅10.82元。从股东人数来看，该股1994年末7475人，1995年末2491人，1996年末21759人，1997年末有22468人，而到1998年中期为6327人，大体上可反映出这段时间筹码的集中度是由集中到分散再由分散到集中的过程。看起来，庄家恰恰在最不合适的时机接了最后一棒，无疑，庄家确实是深套其中了。

这家危如累卵的庄家就是深圳英特泰投资咨询公司。英特泰的经理朱焕良找到素负盛名的北京机构“K工作室”的主持者吕梁本人，希望获得“帮助”。原来，朱因投资康达尔被深度套牢，欠下巨额债务，已经无计可施，不得不冒一冒引狼入室的风险。

③北京机构点石成金。

首先是控制股权。无疑，在方案设计之初其“设计师”就估计到了今后可能引起的市场关注，因此采用了不抛头露面，而是间接联合控股的手段。

1999年5月，康达尔第一大股东深圳龙岗区投资管理有限公司将其持有的部分国有股分别转让给了海南燕园投资管理有限公司、海南沃和生物技术有限公司及民乐燕园投资管理有限公司，三家公司分列康达尔第二、第三、第五大股东，并于同年12月份，康达尔更名为深圳市中科创业（集团）股份有限公司，简称中科创业。对此次股权转让，当时有权威媒体评价：康达尔正式挥师高科技，并透露这些新股东是在战略伙伴北京中科的全力支持下入主康达尔的，而北京中科的大股东包括了国家科技部高技术发展研究中心（863计划）和国家科技部火炬开发中心等5个中心属下的高科技公司。中科创业（0048）时任总经理欧锡钊当时也表示：“更名主要体现了公司股东的变更。新股东是具有国家科技部背景的下属几大科技发展中心投资兴办的科技发展公司。”一切似乎很圆满。

中科创业的股价也一发不可收拾地涨到了2000年的最高价84元，复权价高达370元。

④眼花缭乱的资产重组。

2000年12月25日开始，美梦变成了噩梦，中科创业股价直线下跌，北京、深圳、上海三地“中科”联手演的一场联合幕后控股戏才被抬了出来。根据调查，北京中科注册资本为3000万元，大股东为海南中网投资管理有限公司。而上海中科成立于2000年4月，注册资本金为1亿元，发起人股东恰恰为海南中网和北京中科。但两个发起人还未把上海中科的股权捂热，便在两个月后将70%的股权倒手卖给了中科创业。同年9月，中科创业又买入海南中网35%的股权。不到半年的时间，通过这种股权转让的游戏，几千万元的资金从中科创业的口袋里流了出去。

很明显，当年康达尔的重组并非如此简单，重组的结果也并不像外人所看到的那么美满。2001年上半年，中科创业六名董事、两名监事宣布辞职，就此时任董事长陈枫及总经理欧锡钊在接受记者采访时道出了公司的难言之隐：“虽然北京中科不是公司第一大股东，但却是由第二、第三、第四、第五几大股东联手起来的，意图操纵董事会。这几位辞职的董事均与北京中科有关，他们中的有些人甚至不认识董事长。”由此，我们基本能推明其事实：当年真正入主康达尔的是北京中科，为了达到某种目的或是避免某些麻烦，北京中科没有直接出现，而是在海南等地注册了几个看似不相关的空壳公司，却将康达尔更名为“中科创业”。

北京中科之所以没露面，是因为“中科系”庄家的超大规模战役计划里并非只有一个“中科创业”，并不局限于一家上市公司的腰包。

K工作室精心设计了针对康达尔的战略投资计划。参与该计划的北京各机构同意接手康达尔50%左右的流通盘，作为长线投资。据透露，这些机构包括了中煤信托等一些大户。K工作室提出的计划果然不同凡响，他们围魏救赵，着手对公司进行资产重组，把一家养鸡专业户包装成主营医疗设备、电子商务、生物制药的“高科技加金融”概念的投资控股公司。与此同时，股价也日新月异，突飞猛进。

现在转回头看，其重组方案的最惊人之处，事后也证明是导致其计划全盘崩溃的最大败笔是其操作过程中融资方案或者说资金链的设计。

康达尔的重组有进有出，出去的是剥离原有资产，如运输、电厂，使之成为独立个体；进来的则是“高科技+金融”，包括与传统饲料业结合的苜蓿业、新保健品、电子商务、股权投资等。1999年12月6日股东会通过将公司更名为“深圳中科创业投资（集团）股份有限公司”，经核准自1999年12月8日起正式变更。股票简称自12月13日起由“康达尔A”变更为“中科创业”。

在上述一系列资产重组中，最重要的内容有三个，一是成为中西药业第二大股东，不仅由此而导致收购控股其子公司新生力生物工程公司，使康达尔的产业结构转向生物工程概念，而且康达尔还与中西药业结成了贷款互保关系，有人认为，这是中科系资金链中的一个重要环节。一是受让上海中科，该公司同时为胜利股份和鲁银投资第三大股东，分别持有900万股胜利股份转配股（占胜利股份总股本的4.13%）、鲁银投资957万股法人股（占鲁银投资总股本的4.66%），实际上是中科系的南方总部。一是海南中网投资，该公司持有中西药业1078.5万股（占中西药业总股本的5%）法人股，为中西药业第四大股东，并且曾是持有上海中科50%股份的大股东。通过这一系列资产重组，不仅使康达尔实现了由养鸡专业户向高科技新贵的转变，从而基本完成了它的形象塑造，同时，也表明其开始进行角色的重大切换，正由一个被重组的对象逐步转化为中科系的核心力量。

⑤资金链的断裂。

大约从1998年4月起，在新资金的介入下，不甘沉寂的康达尔再度发动，起步时股价仅10元，而到1999年4月30日发生首宗股权变动时，其股价已抬高到29.51元。1999年12月8日康达尔更名之日，其股价已达42.28元，分别是1997年末和1998年3月底的10倍多。而1999年末已更名为中科创业的每股收益虽然比上年增长了50%，也只有0.21元，市盈率为200倍。然而，2000年2月21日，仅仅20多个交易日，股价暴涨至84元，又翻了一番，市盈率高达400倍。

在此过程中被庄家解决得可能是最“精妙”其实也是最大隐患的就是

其资金链条的设计。据了解，高位时庄家持仓总量将近7000万股，占中科创业总流通盘的68%（以当时股本计算），即使按2000年12月25日跌停前日的股价计算，总市值也要有23.5亿元，相当于1998年4月前原庄家持有的全部股票市值的3.5倍，而在不停地拉抬过程中，实际占用的资金不说，光是资金损耗就足以用光相关合作机构的所有现金。由于他们同时还要在资产重组上投入大量的资金，实力再雄厚的机构也不免捉襟见肘。

但是，大胆的中科系却“试图打造一个新型的财务工具，用股票市值的虚数来填补企业多年积累的巨额财务虚数，”并把这种操作手法称之为“钱生钱”。不难发现，除了利用重组信息的不对称进行内幕交易、价格操纵之外，其中最重要的工具就是利用其他控股公司的资金及股票抵押贷款及透支。所谓股票质押贷款业务，是机构包括庄家、企业，以及个人投资者，主要是与券商有着良好合作关系的大户，通过券商作为担保方，以股票质押的方式向银行融资。不同于真正意义上的股票质押贷款，这种方式所质押的股票可以在平仓线以内自由流通；对所质押股票的监控不是由贷方通过在交易所的特别席位来进行，而是通过第三方，借方开立资金账户的证券公司来进行监控；贷款协议不是由借贷双方达成，而是由三方协定银行、券商、借方。

由于其庞大的资金化身为数不清的股票老鼠仓，战线过长，难免发生链条断裂，导致“多米诺骨牌效应”式连锁反应，结果是搬起石头砸了自己的脚。

中科系除中科创业之外，还包括中西药业、莱钢股份、岁宝热电、鲁银投资、胜利股份等，其中有的是其资产重组方案的重要组成部分，有的则是其“钱生钱”计划中的一个环节，下面我们分头看看他们扮演的角色。

鲁银投资：项庄舞剑，意在沛公。

2000年6月，中科系的魔爪伸向鲁银投资。6月16日，鲁银投资原股东淄博宏信资产经营集团有限公司将其持有的957万股（占总股本4.66%）法人股转让给上海中科创业投资有限公司，后者从而成为公司第四大股东。7 月 2 日，鲁银投资原股东莱芜钢铁集团有限公司与九洲泰和实业发展有限公司签订协议，将其所持 1215 万股（占公司总股本 5.92%）法人股全部转让给九洲泰和实业发展公司，该公司成为第二大股东。上海中创是中创系的南方总部，其染指鲁银的意图是不消多说的，而莱芜钢铁集团与九洲泰和与中科系之间的关系则有点说不清道不明，只是他们不仅总是像影子一样与中科系相伴相随，而且往往在不经意间起到了某种微妙的作用，使得他们之间的关系颇有些暧昧。

鲁银投资在上市之初采取了缩股的方式，造就了其上市时的厚实家底。近三年，公司走过了一条从“金矿 + 金融”到“高科技 + 金融”的企业定位之路。通过投资玲珑金矿和山东信托，公司俨然成为一家“准金融投资公司”。

由于其股权相当分散，第一大股东持股比例仅比第二大股东高 1.46%，第二、第三大股东持股相等，而第四大股东比第一大股东只少 2.72%，比第二、第三大股东分别少 1.26%，从而为股权纷争埋下了伏笔，一段时期以来，股权屡屡变更，相当怪异。此次第四、第二大股东先后出现变动，让人感觉似乎将有一场“大戏”将上演。从中科系来说，根据其所定位的“高科技 + 金融控股”的发展方向，恰好同鲁银投资不谋而合，但在没有染指鲁银投资之前，中科系虽有了可以称之为高科技的企业和投资控股型公司，却硬是缺少金融型的成员。那么，如果九洲泰和不是一条战壕里的战友，中科系与其之间的一搏势所难免。奇怪的是，这一场本有可能出现的跨世纪之争却在世纪之末销声匿迹。12 月 11 日，原第三大股东将所持股权全部转让给九洲泰和，接着 12 月 27 日，上海中科也将自己刚刚到手半年的全部股权原价转让给同一对象。这样，九洲泰和成为拥有 16.5% 股份的第一大股东，而如果它与中科系并无瓜葛的话，中科系便算就此退出。

从走势上看，鲁银投资近年业绩平平，股价也波澜不兴。此次中科系地震，对其影响也不大。由此可见，中科系对其股价炒作似乎兴趣并不大。项庄舞剑，意在沛公。中科系看中的是鲁银投资的股权，是其“高科技 + 金融”所体现的深刻内涵，很明显是准备留作今后“长远发展”派上更大用场——如今只能徒呼奈何了。

莱钢股份：钢铁是怎样炼成的

莱钢股份引起人们的注意是在2000年5月下旬。5月23日一早，钢铁股再度卷土重来，莱钢股份俨然成为沪市龙头，带动钢铁股疯狂上涨。

为何莱钢股份能成为龙头呢？业绩是一个原因，但莱钢股份能成为强庄股实在出乎一般人的意料。它既是国企大盘股又是钢铁股，这一向是市场最不看好的两大题材，恰好在2000年成为两大绝对利好。借“钢铁价格暴涨”的行业利好，全体钢铁股被暴炒，尚在意料之中，而与马钢、首钢的炒作风格不同的是，莱钢的行情是突如其来的旱地拔葱型，事先毫无任何征兆，自从5月23日那天早盘突然放出巨量以后，连拉五根大阳线，带来了钢铁股如日中天的行情。尽管其有着业绩等方面的优势，但1.56亿的流通股本却仍让投资者有些惧怕。那么，到底什么是其强势如此咄咄逼人的真实原因呢？

分析人均持股不难看出端倪：1999年报披露，莱钢股份的股东人数为77557人，而2000年中报披露上半年股东人数浓缩到11748人，说明主力早有预谋地收集筹码，并实现了控盘。莱钢股份的股价在2000年1月初才6元左右，6月末已达16.48元，11月1日达到最高点24.30元，足足比年初上升了3倍多，这在钢铁板块中实属罕见。

那么，莱钢的主力究竟是谁？如果不是其自动亮相，一般人恐怕谁也查不出来。2000年12月25日，莱钢股份突然跌停，收报20.30元，至2000年1月5日，足足连跌了6个交易日。这样一来，人们才恍然大悟，原来莱钢是中科系的重仓股。2000年12月30日莱钢股份发布公告称：近期本公司股票交易发生异常波动，连续三个交易日持续跌停，经向公司控股股东莱芜钢铁集团有限公司征询，该公司对所持有的公司股权尚无具体转让意向，公司收购莱芜钢铁集团有限公司中小型轧钢车间的有关事宜已于2000年11月29日公告，除此之外，该公司对本公司尚无其他资产重组的具体意向。

莱钢股份的公告，本意无非是撇清与中科系的关系，然而却恰恰暴露了暗箱操作中的魔影。在莱钢股份的公开信息中，绝非毫无蛛丝马迹。

2000 年 7 月 3 日九洲泰和实业发展有限公司公告，该公司以协议方式受让莱芜钢铁集团有限公司持有的鲁银投资法人股 1215 万股（占鲁银投资总股本的 5.92%），转让价格为每股 2.80 元。本次受让完成后，九洲泰和为鲁银投资第二大股东。鲁银投资与莱芜钢铁集团有限公司（简称莱钢集团）有关联关系，莱芜钢铁集团有限公司是该公司第二大股东，持有其 25.75% 的股份。2000 年 12 月 27 日鲁银投资重大事项公告：公司股东上海中科创业投资有限公司将其所持有的鲁银投资 10524938 股法人股全部转让给九洲泰和实业发展有限公司，转让价格 2.80 元/股。此次转让后，上海中科创业投资有限公司不再持有公司法人股份，九洲泰和实业发展有限公司持有公司股份 37254938 股，占公司总股本的 16.5%，为公司第一大股东。而众所周知，经过数月的筹划运作，莱钢集团准备筹组超大型控股集团“山东控股”。莱钢集团即为莱钢股份的第一大股东，是山东省四大支柱企业之一，此举表明该集团正在加紧结构调整，加大资本运营的力度。拟议中的“山东控股”注册资金 3 亿元，发起人主要有莱钢集团、九洲泰和实业发展有限公司、深圳创新投资有限公司、清华科技园、江苏阳光集团等来自五湖四海的合作方，新公司将是一家立足山东、跨地域、跨行业的投资控股公司。那么，在上述盘根错节的关联关系中，显然不难看到中科系的身影。

通过以上的非法坐庄案例我们可以看出，在我们选择庄股的时候，考察其技术面是否能够控盘上涨是一个方面，同时我们还要注意庄股的基本面特点，看其业绩是否真的有保证，其估值是否合理，还要看其建仓以来的涨幅，如果建仓以来涨幅过高，我们也要小心行事。

缩量上涨的庄股案例还有很多，例如 2007 年的酒钢宏兴（600307）、山东黄金（600547）等等，在这里我就不再赘述。

（2）以趋势线识别。

个股上涨或下跌，都会出现明显的趋势形态运行。强庄股重要的识别趋势线是 10 日线，即使主力洗盘或震仓，这个位置不会轻易跌破，即使偶尔有部分强庄股在洗盘和震仓时可能击穿 20 日线，但是，很快就会被大单拉起，重新开始新一轮的升势，对上涨周期能够维持到一个月以上的强庄股，可能会有一个跌破趋势线挖坑的过程，健康的盘面是，上涨温和放量，下跌却异常缩量，这说明，市场筹码基本被主力控制，只要主力自己不抛售，盘中很难看见主动性卖盘。

我们来看案例。

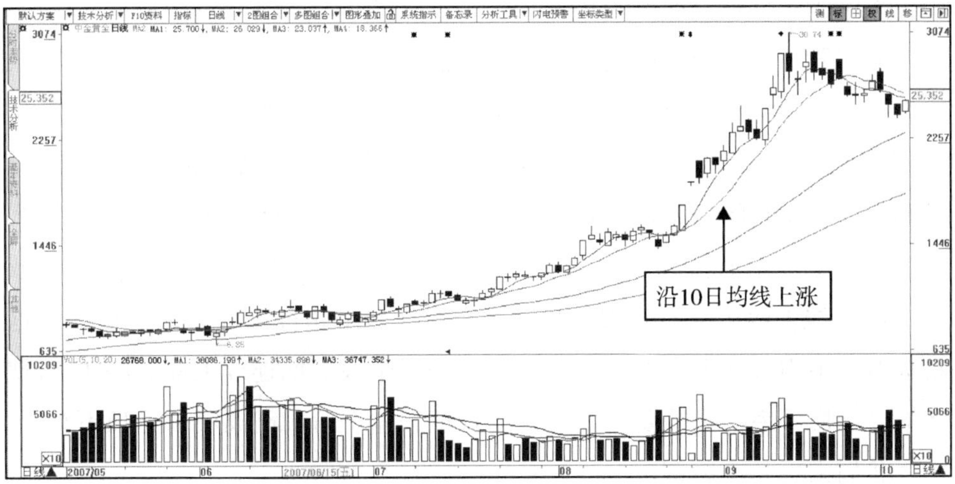


**图7－2**

图7－2是中金黄金（600489）在2007年5～10月的日K线图，从上图可以看出，中金黄金在拉升阶段，始终以10日均线为支撑，沿着10日均线上涨，这也正是许多庄股的特点，与此相类似的还有2009年的苏常柴A等。

（3）以长期均线系统识别。

对观察强庄股有效的长期均线一般是20日、30日、60日、120日、250日均线，由于强庄股运行周期不同，所采取的参考均线也不同，一般30日以内的庄股称为短庄股，3个月以上的庄股称为长庄股，这与个股流通盘大小，题材和概念以及业绩实质性支撑大小有关，题材或概念股通常是江湖游资介入的短庄股，具有业绩支撑，基本面情况不错的股票往往是长庄股。短庄股只会迅速拉动短期均线上升，而对长期均线影响不大。通常30日均线是重要识别依据，如果个股上涨却带不动30日均线持续上升，成交量且无规则运行，个股见顶可能性比较大，这个时候的放量应该理解为主力逃跑。反过来说，中短期均线持续上升，股票振荡向上，成交量温和有序的品种，很可能演变为长庄风格。

我们刚刚在第二点里列举的中金黄金和苏常柴A等案例，其20日、30日、40日和60日以及120日均线都呈现多头的排列方式，而且均线呈现出椭圆形的优美曲线，这种情况一般都是中长线庄家所为。

强庄股的见顶情况：

强庄股短线见顶往往会有疯狂拉高的过程，越是到主力要派发的阶段越为厉害，通常个股形态上会出现持续向上跳空缺口，有的干脆就是“一”字涨停板方式，有可能每天打开一次涨停板，吸引跟风资金接筹，腾挪出继续拉高的资金，或者是边拉边放，抬高市场平均成本，这个规则很快会改变，比如持续涨停后的某一天，股价不再疯狂，成交量异常放大，日K线上收出高位墓碑线长阴当空，换手率超过30%，甚至更多，这些必然是主力大肆派发的痕迹，因此，一只个股短期连续上涨50%再出现15%以上换手率都是需要高度重视的特征，这个阶段已离股价见顶不远。

我们来看几个案例。

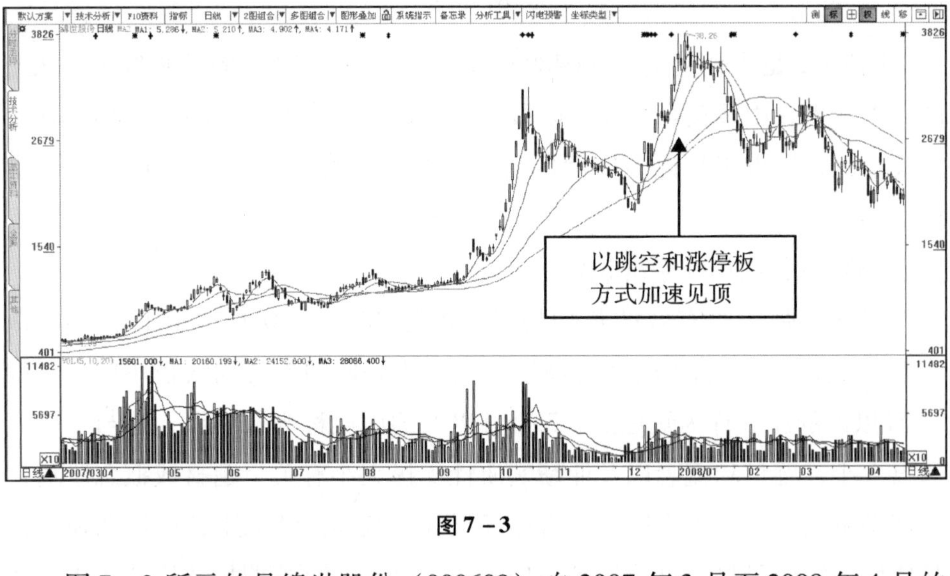


**图7-3**

图7-3所示的是绵世股份（000609）自2007年3月至2008年4月的日K线图，由于绵世股份吸筹建仓较晚，所以在上证指数于2007年10月16日见顶之后，绵世股份在此创出新高。我们可以看到，在绵世股份创新高见顶的这次拉升过程中，采用极速涨停板的方式拉升，中间并伴随跳空

缺口方式，分析当时的环境我们不难看出，自2007年10月16日之后，上证指数调整时间已经大幅超过了前段的调整时间，大盘见顶已经是板上钉钉的事情了，在这样恶劣的环境下，大盘于2010年12月初迎来了短暂的小反弹，此时绵世股份抓住机遇，迅速拉升敢顶。结合大盘环境，我们很容易判断，绵世股份已经离见顶不远了。果然，这波反弹之后，绵世股份股价逐渐走低，这波反弹也成为高位最后的逃命机会。

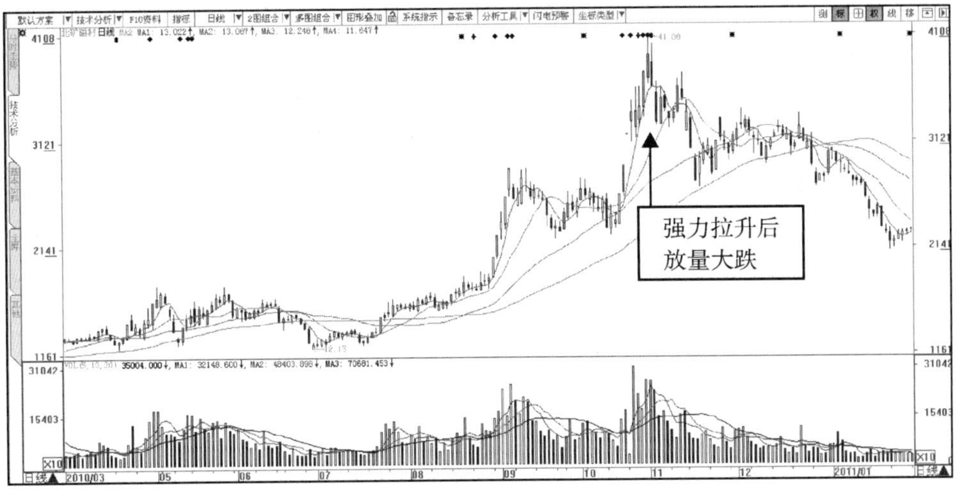


图7-4

再看图7-4，该图是北矿磁材（600980）在2010年3月至2011年1月的日K线图，我们都知道，2010—2011年初，稀土价格大幅上涨，各稀土产品价格涨幅达到5倍以上，与其相关的稀土股票也是应声大涨，北矿磁材就是其中的一只。2010年10月之后，北矿磁材再次放量大涨，创出新高，可是这次上涨之后，北矿磁材迅速放量连续大跌，这样的走势给我们警示，其顶部已经来临，随后北矿磁材迅速下跌，截至2011年底已经跌去68%。如果我们不能在其出现顶部信号之时就及时卖出，可能会遭受重大的亏损。

## 2. 弱庄股

弱庄股指虽有庄家操纵，但长期无法出现较好走势的股票。弱庄股一般具有以下特点：一是庄家资金不甚雄厚；二是庄家缺乏专业知识，操盘手法不甚高明；三是题材不配合甚至相互抵触。

如何识别区分强庄股和弱庄股，这个工作并不难，比如强庄股始终不会跌破30日支撑线，而弱势股就没有这样的优势。即使大盘恐慌杀跌，瞬间跌破30日均线，也必然会在2～3天里收复这个重要均线，这就是区分的重要诀窍。

总之，弱庄股在建仓后，大盘向好的阶段涨幅仍然十分缓慢，可以说步履维艰，同时，操盘手自身对大盘的预见性和利用大盘操作的能力不强，同时，对题材等的把握也不甚到位。

下面我们来看一个弱庄股的案例。

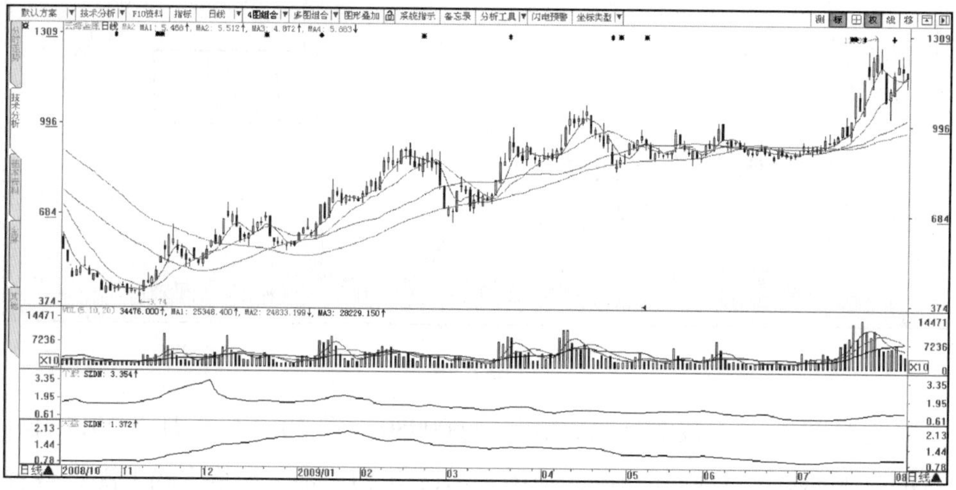


**图7－5**

图7－5是云海金属（002182）于2008年10月至2009年7月的日K线图，从上图中从个股月大盘的上涨动能对比我们可以看出，云海金属在2008年12月底至1月初确实有过吸筹行为，只是此庄家做盘不够老练。2009年2月中旬至3月初，上证指数经历了一波调整，而云海金属的调整幅度却远远大于大盘的调整幅度，调整过后，云海金属的反弹力度也远不及其他股票。再看基本面，2008年10月末云海金属公告2008年1～9月每股收益0.33元，净利润同比增长35.8%，在金融危机的背景下，业绩逆势增加，这样的利好消息也没有换来庄家的大幅持续操作，通过此次案例，我们发现弱势股往往是那些不太会利用利好消息和大盘环境的股票，

这样的股票走势相对大盘往往中规中矩，走势沉闷。

### 3. 长庄股

长庄股一般是指那些建仓后上涨周期很长的个股，在牛市中长庄股的上涨周期往往持续半年以上，运作周期一般都在 1 年或者更长时间，在上涨行情的振荡阶段，虽然也有一些坐庄时间长的长庄股，但是大部分的长庄股上涨周期在 2 个月到半年左右，运作周期一般都不足一年。

长线庄一般上涨节奏比较慢，K 线实体大涨小回，上升斜率不会轻易超过 45 度，其成交量经常呈均速递增状态，在拉升区换手率一般不超过 3%～5%，短线客难以寻找操作机会，同时长线庄股基本都有长期向好的基本面支撑，在通常情况下，虽然时不时就能在涨幅排行榜见到其身影，但是长庄股一般不会连续多日出现涨停现象，一旦长庄股出现这样的异常情况，历史大顶部可能即将到来。

长线主力注重长期均线的作用，由于长线主力用意长远，则所操盘的个股基本会保持在均线以上运行，当慢牛通道被市场发现后，为了清理盘面，会采取必要的洗盘，也就是在 K 线上挖一个坑，迫使短线筹码出局。

在短线看盘上，大盘大跌是发现强庄股的最好时机，比如谁能在均线前主动止跌，谁的控盘能力就强，谁能够率先于大盘打响反击战，收复昨天的中阴、大阴，谁的实力就最强大。

我们继续来看长庄股的案例。

说起近期最典型的长庄股，不得不说上图的苏常柴 A（000570），苏常柴 A 是 2009 年的第一大牛股，从走势上来看，其在建仓区的建仓量其实并不是充分巨大，该庄家采取的是稳扎稳打、步步为营的操盘方式，从短线来看，我们看不出苏常柴 A 有什么强势的体现，其总是涨一阶段，然后进行一阶段的调整，在逐渐上涨中，庄家达到了其控盘的目的，2009 年 8 月大盘大跌调整，苏常柴 A 并没有受其影响，仍然按照自己的思路我行我素地调整和上涨。这轮调整过后，伴随着其高送配的利好，苏常柴 A 更是放量上攻，加速了上涨的步伐，股价也在之后不久见顶。

通过上面的案例，我们发现长庄股在上涨初期一般都是比较保守，大

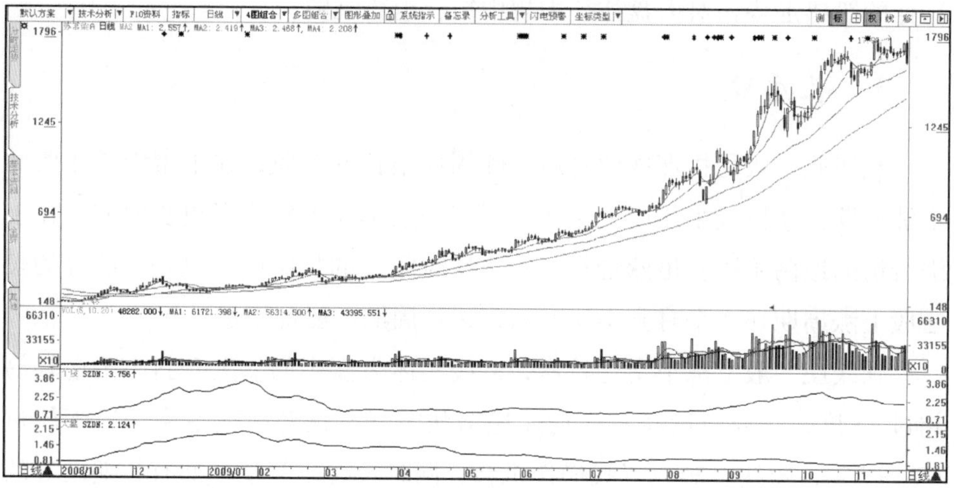

图 7 - 6

多数投资者如果不仔细研究，很难在早期发现他们，但是随着其一如既往的上攻，对大盘调整的不理不睬，终究暴露出了其长庄股的本质。

对于长庄股，我们可以从其长期均线的排列，每次上涨和调整的连贯性以及在大盘调整时是否经常走出独立行情等细节去判定。

### 4. 短庄股

短庄股是指那些主力快速建仓和快速出货的股票。

短线庄的手法一般有几大特点：一是日 K 线快速拉高，指标乖离率强烈偏离，二是上升斜率超过 45 度，三是成交量迅速放大，显示筹码的快速收集，四是个股基本面不是很突出，基本以题材和概念炒作为主。

对待短线投机庄，短线高手巧打游击战，对待长庄控盘主力，我们耐心布局长期阵地战。因势利导，事半可以功倍。

我们来看几个短庄股案例。

图 7 - 7 是国兴地产（000838）2011 年 1 月至 12 月底的日 K 线图，我们知道 2011 年中国股市是先扬后抑，进入 4 月份之后，A 股进入普跌行情中，2011 年 4 月至 2011 年 9 月中旬这段时间，国兴地产一直处于小幅横盘整理的状态，这段时间，国兴地产并没有什么明显的大幅建仓行为，而进入到 9 月末，国兴地产却放量突破前期平台，很多人可能都以为是突破

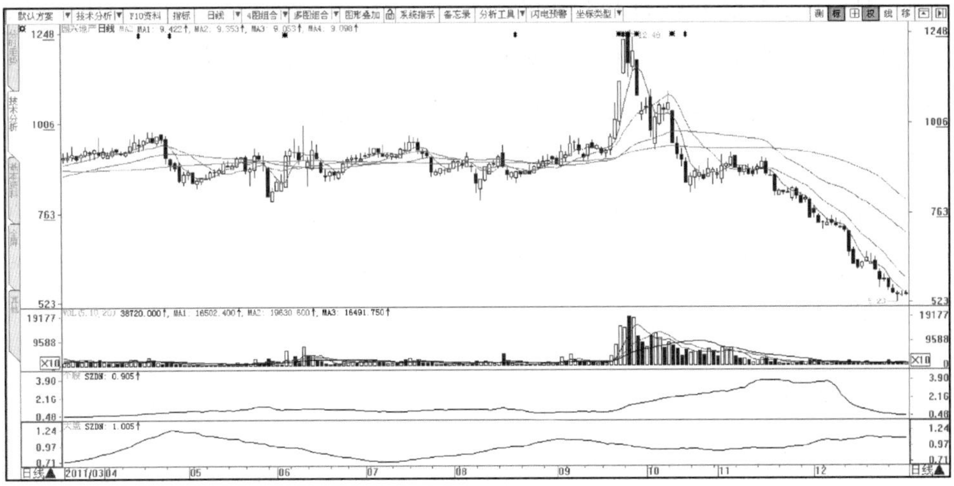

图 7 -7

来临，但是我们一定要弄清主力的类型，对于一直没有大幅建仓就拉升的股票，突破前期平台，我们最好的策略就观望，随后，国兴地产大幅下跌，至 2011 年 12 月 29 日，跌幅达到了 55% 以上。

我们来看另一个案例。

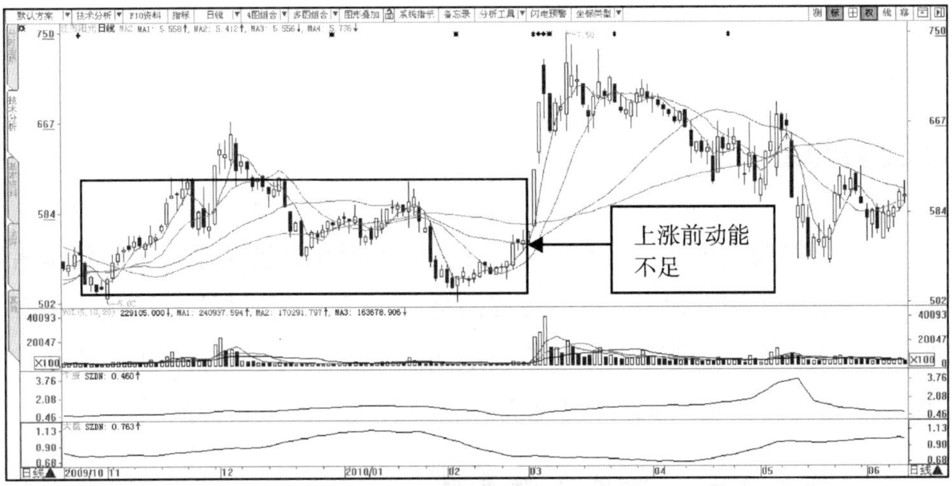


图 7 -8

图 7 -8 是江苏阳光（600220）在 2009 年 10 月至 2010 年 6 月日 K 线图，通过该图我们发现，与国兴地产类似，江苏阳光在 2010 年 3 月初上涨

之前同样没有积累足够的上涨动能，也就是建仓不够充分，这样的股票虽然连续上涨 2 个涨停板，也只是短线庄家所为，不足以我们介入，后面的走势也给了我们答案，连续上涨后，江苏阳光逐渐回落，下跌至起涨时的价位。

所以，对于短庄股，我们一定要擦亮眼睛，通过上涨前期股票上涨动能的大小去判断股票是否有实力的庄家入驻，从而决定是否应该在股票突破时介入。

### 5. 恶庄股

恶庄股的最大特点是走势怪异，你买入它就跌，你卖出它就涨，你不动它也不动。恶庄股往往是一些历史上涨幅较大的庄股和一些基本面正在变坏的庄股，有时一些准备融资的普通股票也是这样。需要警醒的是，一些恶庄股的短线涨幅也非常的大，如果你比庄家还恶，并投机得当的话，收益也容易让人羡慕得掉口水；但是更多的三无概念投资者被恶庄股杀的想吐血的也不在少数。对于那些暴涨暴跌或者走势怪异的股票我们尽量敬而远之，减少对其的操作，同时对于那些并非恶庄但我们看不透的股票，我们同样要回避之。

## 庄股的特征

庄家操纵股票价格给证券市场带来的负面影响已被越来越多的投资者所认识，对于投资者来说，也许重要的是用实际行动使“庄家”失去生存的重要土壤，即不追涨杀跌，不盲目跟庄。而要做到这一点，当然要认清“做庄”行为的本质，了解“庄股”所表现出的一些市场特征。

### 1. 特征之一：股价暴涨暴跌

受庄家操纵的股票价格极易出现这种现象，因为在市场环境较为宽松的条件下，做庄的基本过程就是先拼命将股价推高，或者同上市公司联系，通过送股等手段造成股价偏低的假象；在获得足够的空间后开始出货，并且利用投资者抢反弹或者除权的机会连续不断地抛出以达到其牟取暴利的目的，其结果就是股价长期下跌不可避免。造成这种局面，同目前上市公司股利分配政策不完善也有一定关系，庄家客观上不可能依靠现金分红来获取回报并降低风险，在二级市场赚取差价成为唯一选择。

### 2. 特征之二：成交量忽大忽小

庄家无论是建仓还是出货都需要有成交量配合，有的庄家会采取底部放量拉高建仓的方式，而庄股派发时则会造成放量突破的假象借以吸引跟风盘介入从而达到出货目的。另外，庄家也经常采用对敲、对倒的方式转移筹码或吸引投资者注意。无论哪一种情况都会导致成交量的急剧放大，而这些行为显然已经违反了法律的有关规定。同时由于庄股的筹码主要集中在少数人手中，其日常成交量会呈现极度萎缩的状况，从而在很大程度上降低了股票的流动性。

### 3. 特征之三：交易行为表现异常

庄股走势经常出现的几种情况是，股价莫名其妙地低开或高开，尾盘拉高收盘价或偶尔出现较大的埋单或抛单，人为做盘迹象非常明显。还有盘中走势时而出现强劲的单边上扬，突然又大幅下跌，起伏剧烈，这种现象在行情末期尤其明显，说明庄家控盘程度已经非常高。

### 4. 特征之四：经营业绩大起大落

大多数庄股的市场表现则同公司基本面有密切关系，在股价拉高过程中，公司业绩会有明显提高，似乎股价的上涨是公司业绩增长的反映，有较强的迷惑性，如对应银广夏股价连续翻番的是业绩的翻番，而这种由非正常因素引起的公司业绩是异常提高还是异常恶化都是不正常的现象，对股东的利益都会造成损害。同时很多庄股在股价下跌到一定阶段后，业绩随即出现大滑坡，这种上市公司利润的数据就很值得怀疑。

### 5. 特征之五：股东人数变化大

根据上市公司的年报或中报中披露的股东数量可以看出庄股的股价完成一个从低到高，再从高到低的过程，实际也是股东人数从多到少，再从少到多的过程。庄股在股东名单上通常表现为有多个机构或个人股东持有数量相近的社会公众股。因为庄家要想达到控盘目的的同时又避免出现一个机构或个人持有的流通股超过总股本 5% 的情况就必须利用多个非关联账户同时买入，这种做法也给市场的有效监管增添了难度。

### 6. 特征之六：逆市而动

一般股票走势都是随大盘同向波动，但庄股往往在这方面表现却与众不同。在建仓阶段，逆市拉抬便于快速拿到筹码；在震盘阶段，利用先期搜集到的筹码，不理会大盘走势，对倒打压股价，造成技术上破位，引起市场恐慌，进一步增加持筹集中度；在拉升阶段，由于在外浮筹稀少，逆市上涨不费吹灰之力，其间利用对敲等违规虚抬股价手法，股价操纵易如反掌，而且逆市异军突起，反而容易引起市场关注，培养跟风操作群体，为将来顺利出货打下伏笔；到了出货阶段，趁大势企稳回暖之机，抓住大众不再谨慎的心理，借势大幅振荡出货，待到货出到一定程度，就上演高台跳水反复打压清仓的伎俩，直至股价从哪里来再到哪里去。

### 7. 特征之七：股价对消息反应异乎寻常

在公正、公开、公平信息披露制度下，市场股价会有效反映消息面的情况，利好消息有利于股价上涨，反之亦然。然而，庄股则不然，庄家往往与上市公司联手，上市公司事前有什么样的消息，庄家都了然于胸。甚至私下蓄意制造所谓的利空、利好消息，借此达到庄家不可告人的目的。例如，庄家为了能够尽快完成建仓，人为散布不利消息，进而运用含糊其辞的公告最终动摇投资者的持股信心。又如，待到股价涨幅惊人后，以前一直不予承认的利好传闻却最终兑现，但股价却是见利好出现滞胀，最终落得个暴跌。

### 8. 特征之八：追逐流行概念

市场上曾经一度形成一种概念炒作热，有人认为概念的营造要比上市公司的业绩改观来得容易，而且具有更大的想象空间。以前股市上流行的香港回归概念，网络概念、有线网概念以及入世概念、申奥概念。当然，其中不乏确有受益的公司，但这些概念往往被庄家借机“拿来”，混水摸鱼。

### 9. 特征之九：偏好小盘股

翻开历史庄股，庄股横行之时十有八九是小盘股，究其原因，恐怕不外乎以下几点：一是小盘股流通市值小，对资金要求不高。坐庄时间相对可短，风险可控程度高；二是小盘股对大盘指数影响小，不易引起监管层的注意；三是大公司相对规范，小公司易配合支持；四是，小公司才有机会发生突飞猛进的改观。即使虚假包装起来，通过关联交易等不法手段，略施小计，就能暗度陈仓。

## 庄股与主力股的差异

庄股指主力大户大比例持仓，一般最少流通盘的35%以上，多则可达85%流通盘；主力股指有部分资金或短线客，在某一阶段介入的个股。

两者区别为：

第一，持仓量不同，庄股一般最少持仓流通盘的35%以上，多则可达85%流通盘，如湘火炬，合金投资，中科创业，亿安科技等，而主力股一般仅几十万，几百万股，持仓不会超过20%流通盘。

第二，连贯性不同，庄股主力大户在操作时具有连贯性，一般不会出光某只股，而采用高抛低吸部分筹码来摊低成本，而主力股只选择某段时期介入，获利后即全线抛出另选一只，不在一只股上过久停留，若以后看好，高位再追买也不怕。

第三，周期不同，一只庄股从建仓至出货最少要一年半，平均在2年以上（视其控盘度），而主力股时间周期很短，多则3～4个月，少则1～2天。

第四，从上榜席位看，庄股其上榜席位具有连贯性，即底部上榜席位自始至终均在其中出现（如000012南玻A），而主力股其席位不同，即每次上榜者不重复出现。

第五，运作时机不同，庄股主力大户建仓时机选择大盘下跌时或个股出利空时，而主力股发力则选择大盘走好或出现突发性利好时。

第六，资金实力不同，庄股至少2亿元以上，主力股仅需几百万，最多1亿元，即使有1亿元也很少会全部投入。

第七，K线形态不同，由于庄股高度控盘，其对K线的控制游刃有余，对关键价位的细微控制很好，甚至可以一天仅让其在几分钱区间振荡，拉升区可连续收阳，而主力股则波动起伏较大，阴阳线交错，常有中阴出现。此为主力大户无法控制盘口所致。

第八，均线上，由于主力锁仓型拉台，中期市场成本沉在底部，中期均线发散，不会黏合。重叠或交叉，而主力股由于大起大落，中短期市场成本相差不远，均线上下穿插。

需要注意的是，本章前部分所说的在振荡市场中的短庄股基本与主力股相类似，这种主力股都发生在上升浪或者下跌浪的振荡市场中，一般由于大盘环境不佳，所以做盘意愿多为几天至几个月不等。

在振荡市场，要想寻找真正的长庄股，必须要经历技术面、行为面和基本面及大盘环境的多重分析之后，才能作出决策。

## 第二节　如何寻找强势长庄股

上面我们介绍了强庄股和长庄股，现实中，这两种股票往往都是经常交插产生的，所以在这里，我们发明一个新股票术语——强势长庄股。

因强庄的做庄周期长，目标位高，那么也就给我们散户投资带来了获利的机会，如果普通投资者能够了解强势长庄股的特点和运行方式，知道如何寻找到强势强庄股，那么在行情到来之时，广大投资者又将增加一种投资利器。

下面我们就来看看如何寻找强势长庄股。

## 1. 从个股吸筹区和拉升区成交量的变化关系寻找

主力要坐庄，必先吸足筹码，然后才拉抬股价。当一种股票成交量持续多日放大，而股价却无明显升涨时，是庄家入主的较可靠的信号，如果该股票还具有绝对价位低，流通盘较小，自由度高（相当一段时间少有套牢筹码、亦无冷门板块牵连等等），特别的持股结构（私人股份或集体股份占主体或个人大股东占有相当比重）以及有潜在题材可供日后宣传等特点，则被选作庄家股的可能性更大。

一轮熊市见底之后，会涌现很多庄家股票，但并不是每一只股票都是强庄股。我们要利用股票吸筹时成交量的大小，在吸筹区成交量放出越大，说明庄家对这只股票的吸筹就越充分，也就是我们第五章所说的上涨动能。强庄股一般至少在牛市初期上涨动能大于 2 以上，在振荡市场同样如此。

接下来，在个股经历了不同时间段的洗盘时间之后，个股会进入拉升区，在拉升区是我们通过成交量判断强庄股的又一重要法宝，在拉升区上涨的成交量远远小于吸筹区所放出的成交量，股价轻快上涨，这就是强庄股的典型特征。

## 2. 从个股走势与大盘的关系寻找

强庄股一般走势比较独立。走势独立并不意味着逆市而行，有些股票的主力喜好逆市而动，大盘涨它跌，大盘跌它涨，这只是一些主力的手法，而并非控盘庄股意义上的走势独立。控盘庄股虽常伴有与大势相悖的走势，但控盘庄股的主力并非有意要跟大盘过不去，其之所以我行我素，是因为庄家依照自己的做盘方案行事而已；在底部没有吸足筹码时，任大盘飞涨它都会压着盘子不动，让待在里面的散户失去耐心，抛弃筹码换股操作，而达到自己的目的。

选庄家股要选强庄股，强庄股庄家资金雄厚，懂技术分析，重题材配合，股票走势自成气候，上升坚挺，回档受控。相反弱庄股庄家则手法欠老到，题材用不好，无法聚积人气，股票走势放不开、收不住，往往无法突破阻力位，只能呆守支撑位。

所以一般来说强庄股上升时强劲有力，下跌时也比较抗跌，且多数先于大盘见底企稳。

### 3. 从股票涨跌的手法寻找

强庄股操盘手法凶悍、怪异。操盘手法的凶悍、怪异主要表现在洗盘时，洗盘的意义是制造出恐怖氛围，洗出获利较多的股民，常用手法如盘中大单不断下砸，从盘口看所有的人都在大笔大笔地卖，股价不断下移，有时甚至采用连续跌停的方式洗盘，制造恐慌气氛。

### 4. 从筹码集中度寻找

强势长庄股往往筹码高度集中，目标位匪夷所思。有些强庄股为了在牛市中能够尽量多的吸足筹码，往往在大盘大幅上涨的牛市中保持横盘的状态，涨势远远落后大盘，在这样的情况下，大部分散户会抛出股票，筹码自然落入庄家手中，一旦庄家达到既定的控盘目标股票就会犹如一枚上升的火箭，直冲云霄。

### 5. 从基本面筛选符合技术面特征的强庄股

在经过之前的技术面筛选过后，我们就要通过考察股票的基本面来判定到底应该买入哪只股票了。

基本面方面，根据不同的大盘环境，我们会做不同的选择，在牛市中，我们要根据上一波上涨股票的类型去推测下一波可能上涨的股票，在振荡市场和弱势中，主要以中小盘股票为主，特别在弱势市场中小盘袖珍股比较容易成为较短周期的短庄股。

要成为强庄股，尤其在牛市中的强势长庄股，业绩一定要有持续稳定的增长，而且增长的渠道最好是来自于主营收益，而不是通过其他非主营收益的增加。股票具有十足的安全边际和比较合理的估值。

同时上市公司能够配合庄家在适当的时候放出一些利好信息刺激。

## 第三节 如何利用庄股获利

通过前面两小节我们已经介绍了庄股的定义及各种类型和如何寻找强庄股的思路。但朋友们或许都知道，在世界股票史上经历几百年的历史发展和中国股票市场的20多年的变迁，诞生了一批又一批的庄股类型。不同的时代不同的环境孕育了不同的庄股类型。要想把他们全部找出来，一一细说，十本书可能也说不完。所以，我就结合中国的股票情况，介绍几种最为典型的庄股跟庄操作策略，希望大家能够有所收获。

下面我就根据大盘的几种大环境，给大家介绍几种庄股的盈利方式。

牛市中和上升市场的振荡行情中，我们要寻找吸筹充分并且突破吸筹区后缩量上涨的强势控盘庄股。

因为在这两种市场状态下，市场人气犹在，也比较适合具备专业素养、资金充裕的强庄实战操盘计划。

低位区放量吸筹说明庄家吸筹量大，控盘足，这样的股票在之后上涨动能越充分，在突破前期吸筹区上涨时，其成交量相比之前有比较明显的缩量行为，这一点正说明庄家成功控盘。

下面我们来看一下几只股票的操作案例。

我们先来看一只在牛市中的强庄股案例。

上图所示的是西山煤电（000983）从2006年10月至2007年10月的日K线图，通过上图我们可以清晰地看到西山煤电这股票庄家在2006—2007年的做盘轨迹。该股庄家自2006年年底至2007年3月开始了大幅的建仓活动，其上涨动能要明显强于大盘的上涨动能，建仓完毕后，该股逐渐走出独立的走势，每次大盘调整，他基本都会强于大盘，按照自己既定

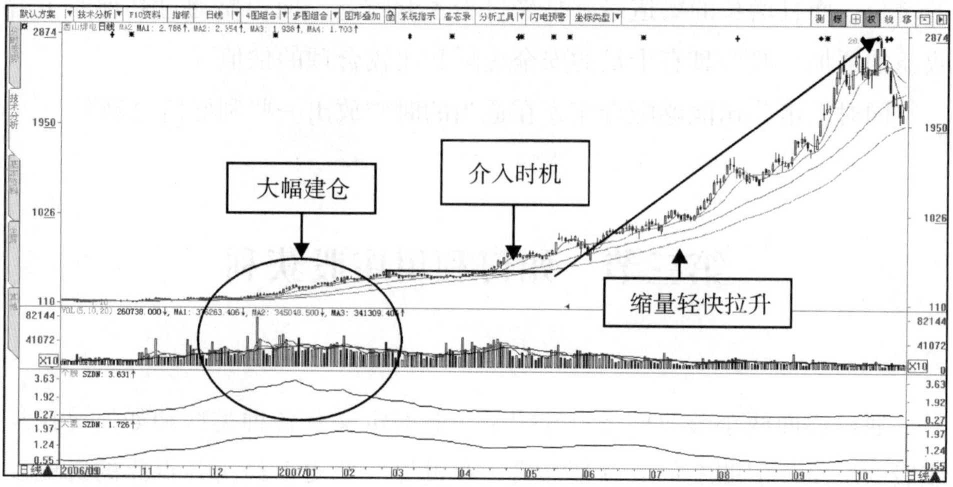


**图 7-9**

的轨迹走出了一道缓慢上升的弧线，再观察其成交量，自进入拉升期之后，西山煤电一直以微小的成交量逐渐上涨，正是一般强庄股所用的控盘拉升的手法，自建仓完毕后，西山煤电在接下来的 6 个多月时间里上涨了 572%，成为那一阶段领涨股的前几名。

从技术面和行为面来看，西山煤电非常符合庄股的重要特征，下面我们再来从基本面看看能够支撑其上涨的因素。

以下是平安证券在 2007 年 2 月 1 日研究报告中对平安证券的基本面分析要点：

随着《煤炭工业发展“十一五”规划》的发布，根据此规划我国煤炭行业的集中度将大大提高；26 亿吨的总量控制目标和相关措施的实施将使我国“十一五”供求形势持续保持“相对偏紧”状态；节能降耗及对资源性产品的重新定价将使我国煤炭价格长期看涨。看好西山煤电的理由很多，但不容忽视的还是其优异的中长期成长性。我们姑且不考虑公司未来可能持续收购集团资产因素带来的成长性，单就目前公司自身在建和开发的项目而言，预计古交电厂 2 期 2×60 万千瓦机组获批建成后可增加主营业务收入 15.51 亿元（120×5500×0.235=15.51 亿元）；兴县矿区开发规模“十一五”预计可达 1500 万吨，按吨煤售价 300 元计算，可增加主营业务收入 45 亿元（1500×300=45 亿元），两项合计可新增主营收入约

60 亿元，相比 2005 年 56 亿元主营收入增长 107%。如果考虑进一步收购集团资产，则其增长率将超过此预期。

简单计算公司的重置价值应值 10.79 元。公司拥有可采资源储量 13 亿吨，按主焦煤采矿权价格 5 元/吨计算，公司现拥有的采矿权重置价值为 13×5=65 亿元；下属 5 座煤矿实际生产能力 1500 万吨，按吨煤投资 400 元/吨重置，煤矿生产能力重置价值为 1500×400=60 亿元；公司现有权益发电机组装机容量约 38 万千瓦，按 4000 元/千万造价成本重置，公司发电资产的重置价值为 38×4000=15.2 亿元；拥有山西焦化股份 3856.64 万股，按市场价 10 元/股计算，拥有股权价值约 3.9 亿元；以上四项合计再加上公司目前拥有的净现金 -13.3 亿元，公司的重置价值为 65+60+15.2+3.9-13.3=130.8 亿元，折合每股价值为 130.8÷12.12=10.79 元/股。实际若考虑煤炭、电力的特许经营权价值，公司的重置价值应更高。

西山煤电近年来稳定的业绩支撑和优异的成长性和重置价值底线，使其成为当时基本面有着强大安全边际的股票。

具有安全边际的基本面，安全的大盘环境，具有强庄入驻吸筹的技术条件，这些因素造就了这样一直 2007 年的大牛股。

对于我们操作来说，在西山煤电吸筹建仓完毕之后，进入缩量拉升期并一举突破前期高点之时就是我们最好的介入时机。

下面我们再来看一只在振荡市场的强庄股案例。

2010 年 11 月 11 日之后，上证指数运行至振荡市场的阶段顶部，开始下跌，此时许多股票跟随大盘快速下跌，而此时，三爱富（600636），如图 7-10 所示，却在继续放量吸筹，虽然吸筹之后三爱富也进行了一段补跌行情，但是下跌幅度相当有限，在大盘于 1 月底见底后不久，三爱富便开始悄然上涨，终于在 2011 年 3 月初，三爱富强势突破了之前吸筹的高点，可喜的是，这次突破是以较小的成交量缩量突破，正说明其庄家已经进入缩量拉升阶段，此时正是我们介入三爱富这只强庄股的时机，随后的 2 个多月，三爱富上涨了近 140%，成为这一阶段的龙头股。

那么是什么支撑着这只股票庄家敢于逆市建仓吸筹呢？

我们来看看三爱富的基本面情况。

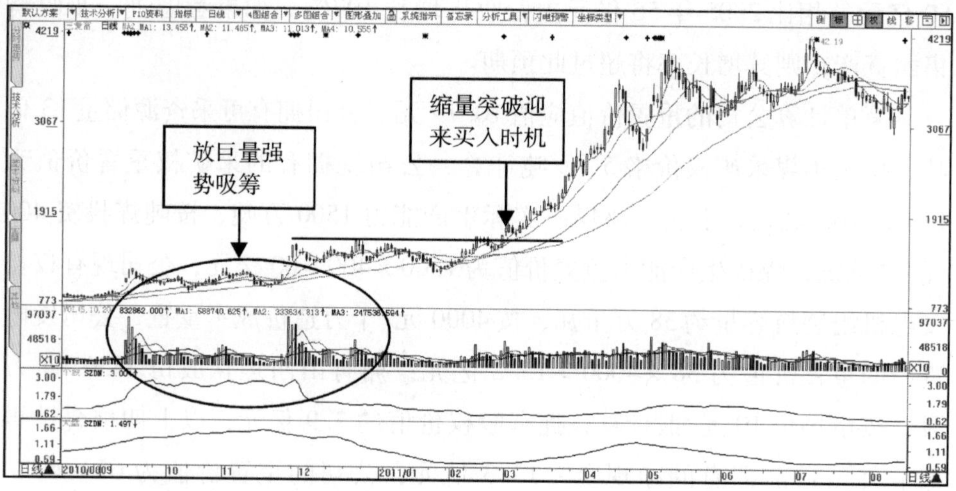


**图 7－10**

第一，公司是国内技术领先的氟化工企业：公司是我国氟工业领域的发源地，一直致力于有机氟化工技术研发，经过在氟工业领域几十年的技术积累，构筑了行业领先的研发实力，堪称我国氟化工领域的黄埔军校。公司产业链完整，主要产品包括 CFC、CFC 替代品、含氟聚合物以及含氟精细化学品等 80 多个产品。

第二，PVDF 是公司新增利润点：随着制冷剂的更新换代进程加快，公司 CFC 替代品的技术和规模优势将逐渐显现。PTFE 方面，公司尚未扩产计划，主要是加大对高性能 PTFE 树脂的研发，以缩小同杜邦等跨国企业产品质量上的差距。PVDF 盈利较好，随着新增产能的投产，将是公司一个重要的新增利润点。

第三，2011 年是氟化工迈向“黄金产业”的元年：经过多年的发展，我国氟化工产业沉淀了一定的研发实力，目前正处于由单纯依靠产品性价比优势实现进口替代，向密切跟踪、模仿国外最新的研发进展、成果的过程转换。我国丰富的萤石资源构成了氟化工深加工发展的坚实后盾，政府的产业政策也逐渐地向氟化工倾斜，为改善我国氟化工产业大而不强，低附加值产品产能过剩的局面，工信部2010 年 11 月 24 日发布《氟化氢行业准入条件（征求意见稿）》。业内人士表示，这将是把氟化工产业打造成“黄金产业”的第一步，从资源强制整合的角度出发，三爱富等公司有可能成为“类稀土”公司。在国际上，由于产品具有高性能、高附加值，氟化工产业被称为黄金产业，但我国氟化工产业的盈利状况却一直比较惨淡，对此征求意见稿明确，新建生产企业的氟化氢总规模不得低于5万吨/年，新建氟化氢生产装置单套生产能力不得低于2万吨/年（资源综合利用方式生产氟化氢的除外）。此外，工信部还在节能、环保等方面做出诸多要求。在“十二五”规划中，氟化工将单列一个专项规划，拟进行强制性资源整合，使相关企业重点发展为锂离子电池配套的电解质六氟磷酸锂、为医药农药新品种配套的新型含氟中间体等产品，实现产业转型升级。

国家发文明确支持氟化工产业的发展，这样的细分行业利好消息并不多见。

一旦某项政策针对的企业数非常少，对于投资者来说，就越有可能形成人气，从而成为政策支持的大牛股，相反，如果某政策针对的公司数目众多，那些公司的股票就越难有上好的表现。

第四，另外，进入2011年一季度，公司产品供不应求，价格水涨船高，一季度业绩可能将大幅增长。公司PVDF、R125等产能的扩张，加上内蒙万豪并表、CDM项目收入的确认以及氟化工的景气行情，2011年业绩将出现爆发式增长。

根据2011年3月下旬东海证券的预测，公司2011年、2012年、2013年EPS分别为1.09元、1.37元、1.69元；考虑到国家政策逐渐向氟化工产业倾斜，公司也有望参与到萤石资源整合的进程中，在制冷剂更新换代、杜邦R410A专利到期的情形下，公司新型制冷剂产品将受益颇大。

2011年1元的每股收益预期，如果我们给予其30倍的市盈率估值，三爱富的股价至少为30元，而此时三爱富的股价仅仅只有20元左右，这正是三爱富能够在逆市中大涨的基本面的基础。

可见，在大盘环境处于牛市或者上升的振荡行情中时，我们寻找那些基本面具有安全边际，同时具有强庄建仓吸筹，并且刚刚进入拉升区的股票，很有可能为我们带来不错的超额收益。

那么在下跌中振荡市场的阶段底部区和熊市初期的反弹区，我们应该如何应对呢?

在如上的两种行情下，基本是不会有长庄股的，如果有了，就是一个逆势而为的不折不扣的笨庄，这样的庄家，基本也离失败不远了。

但是在这样的行情下，我们真的就没有股票可以操作，只有空仓等待了吗?

对于那些比较习惯于牛市和上升振荡市场操作的投资者来说，在这样的市场行情下，最好的操纵策略就应该空仓等待。但现实生活中，一定会有很多散户按捺不住心中的激情，又大举杀入搏反弹了，我见过很多职业的投资者也因为抢弱势的反弹把自己在牛市辛辛苦苦赚得的利润给搭进去了，真是一个不小的遗憾。

下面我就介绍一种在比较偏弱势市场的短线强势主力股，又叫短庄股的投资策略。

在这样的市场情况下，由于市场跌多涨少，那么能够爆发的股票庄家一定是非常具有胆识和预见性的，这样的股票往往在市场仍然不好的时候，已经提前建仓吸筹了，而且由于市场较弱，比较小的上涨，都能够吸到较多的筹码，所以我们要关注那些在市场仍然下跌阶段就已经放量吸筹的股票，放量吸筹的涨幅一般不要太大，而且在上涨或者振荡吸筹期间，动能一定要满足我们在第五章所说的条件。上涨动能对于次新股要大于3以上，而对于老股票要大于2以上，同时这些股票的基本面都要求还算比较出色，一定不能具有隐形的地雷。在这样的股票吸筹完毕，在大盘表现仍然较弱时的时候已经提前走强，那么在下一波大盘一开始反弹，这些股往往更容易直接爆发，连续大涨。

下面我们来看看在大盘处于振荡市场的较长下跌浪的短期强庄股的案例。

下图是上证指数与新开源（300109）（图7-11）自2011年2月至2011年9月的叠加图，上面的K线是上证指数。

新开源自2010年9月开始下跌，至2011年6月已经运行了9个月的下跌周期，跌幅超过60%，相比大盘0.23%的跌幅，这段时间新开源则是严重超跌，通过图7-11我们发现，自2011年5月开始，新开源就已经开

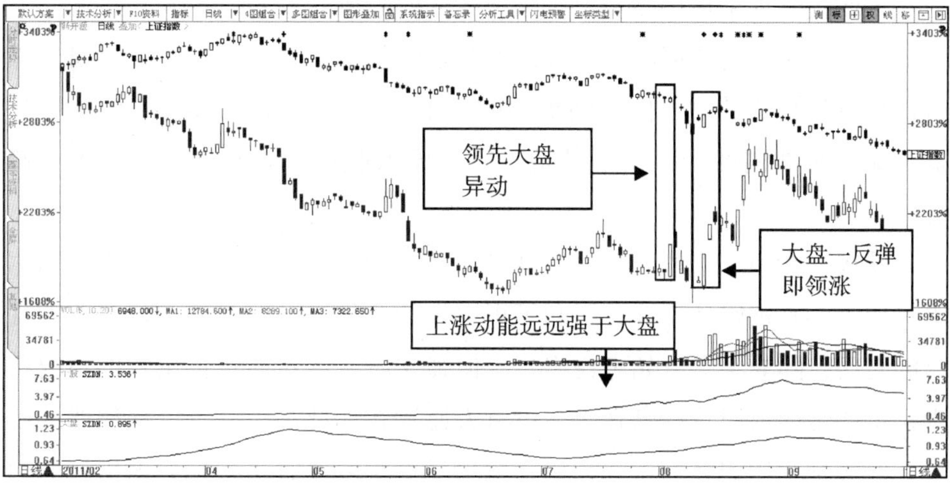


图 7-11

始有主力慢慢吸筹建仓了，由于之前严重超跌，新开源相比其他股票来说，风险得到了一定的释放。

截至 2011 年 8 月初，新开源的上涨动能已经为 3.5，满足我们之前所说次新个股的强势建仓要求，而同期大盘的上涨动能只有 0.895，再看新开源自 2011 年 5 月建仓以来的涨幅，至 2011 年 8 月 2 日只有 7% 左右。虽然在 2011 年 7 月 18 日至 2011 年 8 月 9 日这段时间大盘一直处于下降通道，而新开源却在 8 月 3 日强势涨停，虽然之后，又跟着大盘下跌，但是已经表现出异动的迹象，果然在 2011 年 8 月 10 日和 11 日大盘反弹的 2 天之内，新开源上涨了 13.35%，表现出短期龙头股庄股的强势。

随后，在大盘横盘振荡着几天，新开源上涨了 30%，这轮反弹以来的 10 个交易日上涨了 53%，成为这次 2011 年 8 月 9 日以来大盘反弹的领涨股。

需要注意的是，在弱势行情中，我们一定要注意个股的领先性，因为在弱势的市场环境下，只有先知先觉的庄家才能在反弹中扛起大旗，成为反弹的急先锋，那些等到大盘已经上涨了才开始发力的个股，在弱势行情中基本难有建树。

与新开源类似的短线强势庄股还有我们在第五章领涨股里面说到的天舟文化，在此我不再赘述。

下面我们再来谈谈投资比较强势的庄股需要注意的一些事项：

首先，在发现庄股时，需要注意其走势的独立性。强庄股在大盘走熊时往往也是蛰伏其中，但一到重要的技术关口如30日均线等主力便会护盘，缩小K线图便会一清二楚地发现，原来股价一直在保持一个上升趋势。

其次，在跟踪庄股时，注意其盘面的异动性。庄股平时不会去显山露水，如不小心被媒体推荐，引起了更多人的关注与参与，便会增加主力洗盘的时间，除非主力开始考虑出货，但强庄股在绝对高价位出货的情况很少，主要是因为股价高高在上，没有人愿意在如此高位介入，强庄股的出货一般都是利用送转股本除权后，股价显得相对便宜了，然后做出一副填权的样子，诱人买入，实际上除权后的股价与除权前的高位是没有任何区别的。

再次，在介入庄股时我们也要注意一些问题。强庄股是集团大资金在运作，周期长，目标高，这就决定了我们普通投资者有机可乘，但过早介入则会迎来洗盘的折磨与痛苦的等待，介入过晚等来的是主力的出货，故适时介入即将启动的庄股是我们的重要课题，我们应该注意以下两点：

（1）创出历史新高后。很多股民发现股价创出新高后，便因恐惧的心理不敢再介入，实际上创出历史新高通常也是主升浪即将开始的信号，因为股价创出历史新高后，原有的套牢盘全部变成获利盘，而不少散户有5%以上利润就有落袋为安的欲望，盘中走势只要稍微有点振荡，便会抛了出去，只有主力将他人抛出来的获利筹码一一收下，股价方才保持继续涨升。

问题的关键是成交量，创新高后成交量越小越好，通常换手保持在3%以内为最佳。因为强庄股已为主力所控盘，他人手里的筹码很少，绝大部分的流通股在主力手里，所以换手特别小。如果某些股票创新高后，换手很高，有些甚至达到10%以上，说明主力筹码少，这样的股票可能不是控盘庄股。

（2）介入时机是在创出新高后的调整中。强庄股在创出新高后通常都要调整一下，以让信心不坚定的持有者、前期套牢现在转化为获利的股民、短线跟风客都下车，但这恰好是最佳的介入时机，关于这一点我们也要根据不同的大盘环境来分析，如果强势股突破初期，大盘环境非常好，那么可能刚刚创出新高之后就不会立刻调整，而是等到大盘下跌段时跟随大盘下跌调整，每只股票的突破时机并不一样，所以我们要根据每只个股突破的时机进行综合分析。

# 第八章

# 新　股

记住，对新股做空往往是非常安全的。我所说的新股，指的是那些在股票交易所上市仅仅几个月到两年的股票，或者是那些新组建的公司所派发的股票。当承销商销售股票的时候，各种消息都是那样的乐观，购买了股票的人们都寄予了很大的希望，但过了几个月或几年以后，人们发现其可能远不如他们所希望的那样。结果，就出现了一个阶段的清算、重组或重构。在一周的震盘之后，出现了投机性做多收益，该股从一个不变的基础开始上升，因为那些想要在高位买入股票的投机者离场后从低位开始持有股票的投资者与大牌集团这时已经买入了。当这类股票达到底部时，通常需要一个很长的时期才开始进行吸筹。

——江　恩

正如江恩所说，在市场中，新股往往是最容易下跌的品种，由于上市之时一般都选自业绩最佳的时候，同时各路券商机构们都对其寄予厚望，一般来说，在行情不错的时候，新股一般较难得到投资者们的青睐。

新股之所以得不到青睐，不仅与其被高估有关，更是因为新股吸筹一般比较困难，想达到高度控盘更是难上加难，所以，一般对于新股的炒作，也只是短期的行情。

既然新股投资具有这么多弊端，又适合卖空，那么我们为什么还要讲述这一章呢?

我们之前曾多次提到逆向思维，如果我们换个角度来想新股，正是人们对于新股在市场不错时表现较差的偏见，那么即使在市场走弱时，新股一样不是广大投资者朋友手中的香饽饽，所以很容易被冷落，而在弱势市场中，很多股票都难逃有大幅套牢盘的命运，虽然在弱势中有很多新股很容易连续下跌，甚至有些跌破发行价的也不在少数，但是如果我们在弱势中能够发现一只股票上市后并未怎么下跌，而是处于盘整状态或者经历一段时间的下跌过后，又重新上涨，创出新高，那么这样的股票就是与我们之前所推断的相反的情况。一般来说，在这种情况之下，我们可以把这些新股叫做短期的强势股，在弱势中这样的情况经常发生，既然这是一种在弱势中为我们带来盈利的一种方式，那么我们有什么理由不去研究它们呢?

其实，在许多职业投资者眼里，这种刚刚上市后不久的新股投资策略正好是它们在弱势的一种盈利方式，在适当的时候能够给他们带来令人羡慕的超额收益，所以，在本章节我就带大家一起来了解这种新的盈利方式——新股战法。

# 第一节 新股概述

## 新股定义

新股就是指新近发行上市正常运作的股票。

前些年申购（俗称“打新股”）新上市的股票是一个热点，因为当时中了新股就如“白捡”了一笔财，新股首日上市均有近100%的涨幅。近两年，“打新股”热度下降，甚至出现了新股上市首日跌破发行价的现象。这也使得“估价机构”重新按照市场价值规律来为新股定价，使之更趋合理。

新股的内涵是伴随着时间的推移而相应变化的。一般来说，一个上市公司在上市后的一年之内如果还没有分红送股，或者股价未被市场主力明显炒作的话，基本上就可以归纳为次新股板块。在临近年末的时候，次新股由于上市的时间较短，业绩方面一般不会出现异常的变化，这样年报的业绩风险就基本不存在，可以说从规避年报地雷的角度来说，次新股是年报公布阶段相对最为安全的板块。

所以综合来看，我们通常所说的新股可以认为是上市以来时间不足一年，同时在此期间没有遭遇爆炒的股票。

## 新股申购及其技巧

上海市场每一申购单位为1000股，申购数量不少于1000股，超过1000股的必须是1000股的整数倍，但最高不得超过当次社会公众股上网发行数量或者9999.9万股。深圳市场申购单位为500股，每一证券账户申购委托不少于500股，超过500股的必须是500股的整数倍，但不得超过本次上网定价发行数量，且不超过999999500股。除法规规定的证券账户外，每一个证券账户只能申购一次，重复申购和资金不实的申购一律视为无效申购。重复申购除第一次申购为有效申购外，其余申购由证券交易所交易系统自动剔除。申购委托前，投资者应把申购款全额存入与交易所联网的证券营业部指定的资金账户。上网申购期内，投资者按委托买入股票的方式，以发行价格填写委托单。一经申报，不得撤单。申购配号根据实际有效申购进行，每一有效申购单位配一个号，对所有有效申购单位按时间顺序连续配号。

### 1. 按《沪市股票上网发行资金申购实施办法》，在上海证券交易所上网发行股票资金申购流程是：

（1）投资者申购。

申购当日（T+0日），投资者在申购时间内通过与上证所联网的证券营业部，根据发行人发行公告规定的发行价格和申购数量缴足申购款，进行申购委托。

已开立资金账户但没有足够资金的投资者，必须在申购日之前（含该日），根据自己的申购量存入足额的申购资金；尚未开立资金账户的投资者，必须在申购日之前（含该日）在与上证所联网的证券营业部开立资金账户，并根据申购量存入足额的申购资金。

（2）资金冻结。

申购日后的第一天（T+1日），由中国证券登记结算上海分公司将申购资金冻结。确因银行汇划原因而造成申购资金不能及时入账的，应在T+1日提供划款银行的划款凭证，并确保（T+2日）上午申购资金入账，同时缴纳一天申购资金应冻结利息。

（3）验资及配号。

申购日后的第二天（T+2日），中国证券登记结算上海分公司配合上证所指定的具备资格的会计师事务所对申购资金进行验资，并由会计师事务所出具验资报告，以实际到位资金作为有效申购。发行人应当向负责申购资金验资的会计师事务所支付验资费用。

有效申购确认完毕后，上证所将根据最终的有效申购总量，按以下办法配售新股：

① 当有效申购总量等于该次股票上网发行量时，投资者按其有效申购量认购股票。

② 当有效申购总量小于该次股票上网发行量时，投资者按其有效申购量认购股票后，余额部分按承销协议办理。

③ 当有效申购总量大于该次股票发行量时，则上证所按照每 1000 股配一个号的规则，由交易系统自动对有效申购进行统一连续配号，并通过卫星网络公布中签率。

（4）摇号抽签。

主承销商于申购日后的第三天（T+3 日）公布中签率，并根据总配号量和中签率组织摇号抽签，于次日公布中签结果。每一个中签号可认购 1000 股新股。证券营业部应于抽签次日在显著位置公布摇号中签结果。

（5）中签处理。

中国证券登记结算上海分公司于（T+3 日）根据中签结果进行新股认购中签清算，并于当日收市后向各参与申购的证券公司发送中签数据。

（6）资金解冻。

申购日后的第四天（T+4 日），对未中签部分的申购款予以解冻。新股认购款集中由中国证券登记结算上海分公司划付给主承销商。

中国证券登记结算上海分公司将申购期内集中冻结所有投资者申购资金的利息划入中国证券登记结算上海分公司专用账户，由中国证券登记结算上海分公司按相关规定办理划转事宜。

（7）发行结束。

申购日的第四天后（T+4 日），主承销商在收到中国结算上海分公司划转的认购资金后，依据承销协议将该款项扣除承销费用后划转到发行人指定的银行账户。

深交所与上证所的新股网上申购资金申购程序大同小异。

## 2. 新股申购流程与技巧

新股申购流程。

（1）投资者申购（申购当天）：投资者在申购时候内缴足申购款，进行申购委托。

（2）资金冻结（申购后第一天）：由中国结算公司将申购资金冻结。

（3）验资及配号（申购后第二天）：交易所将按照最终的有用申购总量，按每1000（深圳500股）股配一个号的法则，由交易主机自动对有用申购进行统一持续配号。

（4）摇号抽签（申购后第三天）：发布中签率，并按照总配号量和中签率组织摇号抽签，于次日发布中签功效。

（5）发布中签号、资金解冻（申购后第四天）：对未中签部门的申购款予以解冻。寄望：以上流程个体新股除外。

资金打新股流程。

两个交易所发布的资金申购上网定价刊行的流程基本一致。申购当日，投资者要按照刊行人刊行通知布告划定的刊行价钱和有用申购数量缴足申购款，进行申购委托。如投资者缴纳的申购款不足，证券生意网点不得接管相关申购委托。假设张三账户上有50万元现金，他想介入名为“××”新股的申购。申购方式如下：

（1）申购。

××股票将于6月1日在上证所刊行，刊行价为5元/股。张三可在6月1日（T日）上午9:30～11:30或下战书1～3时，经由过程委托系统用这50万元最多申购10万股××股票。介入申购的资金将被冻结。

（2）配号。

申购日后的第二天（T+2日），上证所将根据有用申购总量，配售新股：

①若有用申购量小于或即是本次上网刊行量，不需进行摇号抽签，所有配号都是中签号码，投资者按有用申购量认购股票；

②如申购数量大于本次上网刊行量，则经由过程摇号抽签，确定有用

申购中签号码，每一中签号码认购一个申购单元新股。

（3）中签。

申购日后的第三天（T+3 日），将发布中签率，并按照总配号，由主承销商主持摇号抽签，确认摇号中签功效，并于摇号抽签后的第一个生意日（T+4 日）在指定媒体上发布中签功效。每一个中签号可以认购 1000 股新股。

（4）资金解冻。

申购日后的第四天（T+4 日），发布中签号，对未中签部门的申购款进行解冻。张三假如中了 1000 股，那么，将有 49.5 万元的资金回到账户中，若未能中签，则 50 万元资金将全数回笼。投资者还应寄望到，刊行人可以按照申购情况进行网上刊行数量与网下刊行数量标回拨，最终确定对机构投资者和对公家投资者的股票分派量。

网上刊行新股的申购方式。

申购新股的资金假如未中签，将在申购日后的第四天予以解冻。具体的申购流程如下：

①申购新股之前，应持股东代码卡到证券商开户并存进足额申购资金；

②申购当日（T 日），投资者以刊行价钱委托买入该股票，券商全额冻结投资者的保证金；

③申购日后第一天（T+1 日），生意所将申购资金冻结在唯一指定的清理银行的申购专户中；

④申购日后第二天（T+2 日），挂号结算公司配合主承销商和会计师事务所对申购资金进行验资。生意所以现实到位资金作为有用申购，由电脑系统自动进行持续配号，每 1000 股配一个申购号，并在当日收市后将申购配号传给各券商，随后生意所发布中签率（中签率 = 股票刊行量/有用申购量 ×100%）；

⑤申购日后第三天（T+3 日），投资者在生意时候可到券商处查询申购配号。当天由主承销商组织摇号抽签，并发布中签功效。交易所按照抽签功效进行清理交割和股东挂号；券商按照该数据将未中签申购款返还给

投资者。投资者的未中签申购款于T+4日可以利用；

⑥申购日后第四天（T+4日），交易所对未中签的申购款予以解冻，并向各券商返还未中签申购款。

### 3. 新股申购组合策略

那么，作为散户如何能在有限的中签率博得更多的机缘呢？有5种方法可以提高中签率。

（1）选中心时候段申购。

按照历史经验，刚开盘或收盘时下单申购中签的概率小，最好选择中心时候段申购，如选择10:30～11:30和13:00～14:00之间的时候段下单。不外也有经验表明在14:30的时间申购中签率高。

（2）集中申购一只新股。

因为介入新股申购，资金将被锁定一段时候，假如未来呈现一周同时刊行几只新股，那么，就要选准一只，并全仓进行申购，以提高中签率。

（3）选择大盘或冷门股。

盘子大的股票，客观上中签的机缘就越大。此外，因为都盯着好的公司申购，而一些根本面相对较差的股票，则可能被忽视，此时，中小资金自动申购这类较不受接待的、估量上市后涨幅较低的品种，中签率则会更高。

（4）几只新股接连发行，选择靠后者的机缘大。

选择申购时候相对较晚的品种，好比今天、明天、后天各有一只新股刊行，此时，则应该申购最后一只新股，因为大家一般都会把钱用在申购第一和第二天的新股，而第三天时，很多资金已经用完，此时申购第三天的新股，中签率更高。

（5）“合资”集中申购。

从事理上讲，资金越多，中签率越高。所以，中小投资者不妨像买彩票一样“合资”申购，把巨匠资金集中在一个账号里，这样中签率要高些。另外，这种体例属于自觉形成，投资者在合作打新股时，应进行好相关方面的和谈，以免发生不需要的麻烦。

# 第二节 新股上市当天的投资技巧

在写本节之前我首先要感谢一位非常具有责任心的职业投机客——淘金客，这位职业投资者几年来一直坚持每天在自己的博客上为中小投资者实时解盘，为他们排忧解难，同时他还经常传授一些自己的独门绝技给广大投资者，帮助他们掌握一些获利的技巧，他的精神是值得我们这些专业投资者所学习的，本章的很多案例和理念，都是源自淘金客的投资新股思路，对此我对他表示深深感谢！

作为专业投资人士，我们有责任去帮助广大中小投资者，让他们真正地认识这个市场的本质，从而学会规避风险，在适当的大盘环境下，获取自己应有的利润。

下面我们就来看一下新股上市当日的投资思路。

一般来说，一只新股上市前，主力早已做好全盘规划，做还是不做，如何建仓早已了然于胸。因此第一个5分钟的价量出来以后，便能基本看出是否有人在做这只股票。第一个5分钟成交量如果较小，说明没有大资金介入或者正在观望之中，或者由于开价不理想中签者惜筹。

还有，9:35之后，大部分主力都会暂停抢筹，因为一方面他们要清点自己抢的筹码是否达到预期数量，另一方面需要观察是否还有别的大资金也在抢筹准备坐庄。因此，一般来说，9:35以后股价都有一个短暂的回落。如果在前期发现有人坐庄，则可在此时逢低买入。

这些原理，大家可以了解。这种方法，在以前的新股上市过程中，还是比较有用的。

但是，在目前的行情中，对于新股来说，尤其是对于中小板新股来说，如果在开市5分钟后再介入，多数股票价格已有较大的涨幅，此时再介入，不但丧失了不少首日利润，同时也因成本较高，万一股价调整，将面临短线风险。

那么，有没有一种方法，可以简单快速地判断新股上市首日是否有人准备炒作呢？有，在这里我就介绍一种职业投资者常用的方法，只要在大盘稳定的阶段操作，成功率会比较高，尤其对于中小板股票，成功率非常高。

如何快速预测新股上市首日是否具有短线机会？

下面我就来看看职业投资者所使用的判断方法。

新股上市首日短线机会快速判断法：

如果新股在集合竞价最后一分钟，出现资金连续抬价抢筹的现象，则上市首日短线上涨的可能性较大。

原理：如果主力想坐庄，那么开盘后必然要主动向上扫货抢筹，而相对于开盘后的筹码价格，集合竞价阶段的筹码是最廉价最集中的基本筹码，主力绝对不会放过。

买入法：一旦发现有抢筹现象，则可在集合竞价结束前 10 秒内或结束后，立刻挂高埋单抢入。

新股上市首日短线机会快速判断法需要注意的地方：

第一，对于首日上市的中小板和创业板股票来说，该方法准确率比较高；但对于大盘新股来说，准确率相对要低一些，因为大盘股筹码更加分散，比较难以收集到手，如果在弱势市场，大盘股走势很容易跟随大盘走弱。

第二，如果新股上市首日碰上非常重大的事项，比如战争、金融风暴、重大活动、股市暴跌等，即使出现新股上市首日有抢筹码的现象，也要谨慎。因为这些情况会影响做盘的主力和跟风的中小投资者。

第三，对于在同一天上市的新股，我们最好选择控股股东实力强的股票，控股股东实力强劲，其做盘意愿和能力相对较强。

第四，大盘处于熊市初中期和创新低的振荡市场的长下跌浪时尽量避免此操作。

第五，集合竞价 9:20 以前可以不考虑，因为在这之前可以撤单。但 9:20以后不能撤单，此时的集合竞价的情况就是非常真实的。

下面我们来看几个实际案例。

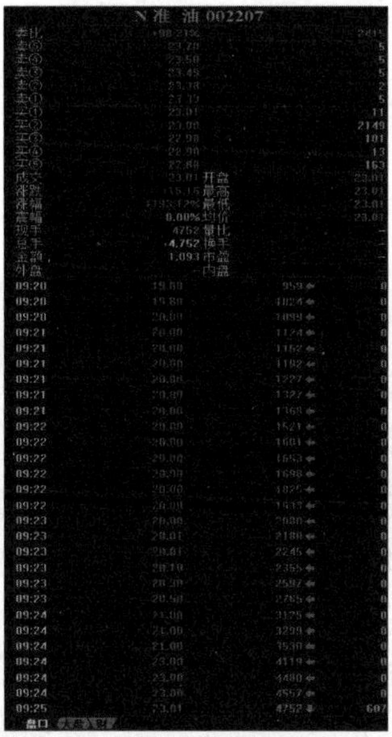


图 8-1

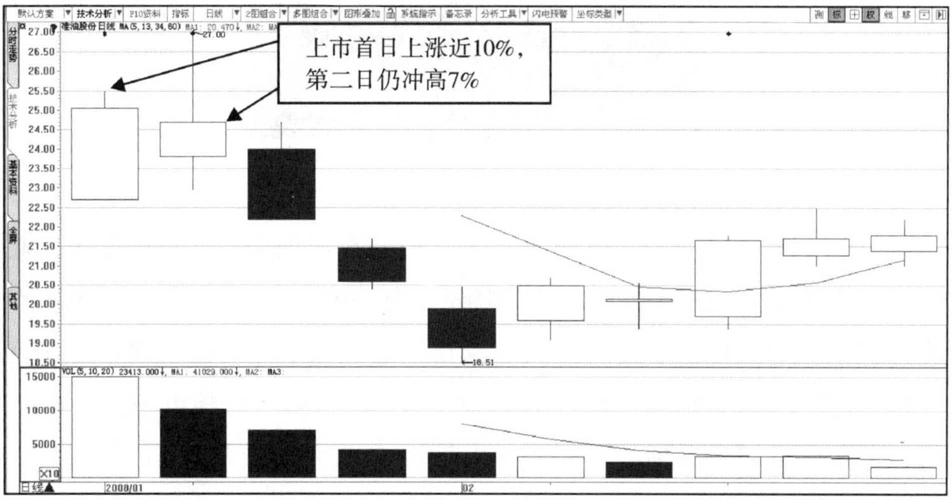


图 8-2

我们先来看看准油股份（002207）的情况，从图 8-1 可以看出，从 2008 年 1 月 28 日 9 点 20 分之后，准油股份的集合竞价叫价不断被抬高，从 19.8 元不断被抬高至 23.01 元，开盘后，准油股份便开始缓慢上涨，当天截至收盘涨幅达到 10% 之多，而 1 月 28 日，上证指数跌幅为 7.19%，可谓惨不忍睹，正在加速进入熊市下跌通道中。1 月 29 日，准油股份盘中再度冲高 7%，如图 8－2 所示，两天下来可快速获利 15% 以上，可以看出此方法在实战中所发挥的神奇效用。

我们继续来看一个案例。

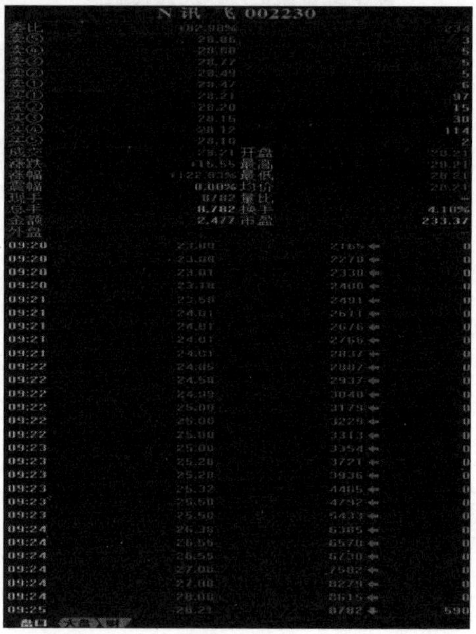


图 8－3

2008 年 5 月 12 日，科大讯飞（002230）在深圳交易所挂牌上市，此时上证指数正处于慢慢熊市的下跌中继之中，市场已经从最高的 6124 点跌至 3548 点，跌幅已达到 42% 之多，市场已经处于一片恐慌之中，在这样的环境下，科大讯飞趁着 4 月的小反弹过后，登陆中小板市场。

从图 8－3 可以看到，5 月 12 日 9 点 20 分之后，科大讯飞的集合竞价报价一直上涨，截止集合竞价结束，其报价已经从 9 点 20 分的 23 元升至 28.21 元，从这个微小的细节可以看出，这只股票得到了主力们的关照。

果然，开盘当天，该股上涨了近 8%，随后更是连续大涨，在短短 10 个交易日内上涨了 33.59%，如图 8－4 所示，俨然成为当时市场的逆市明星股，同期大盘跌幅为 3.89%。

由此可见，通过集合竞价期市场对于新股的认可度，使我们有机会在

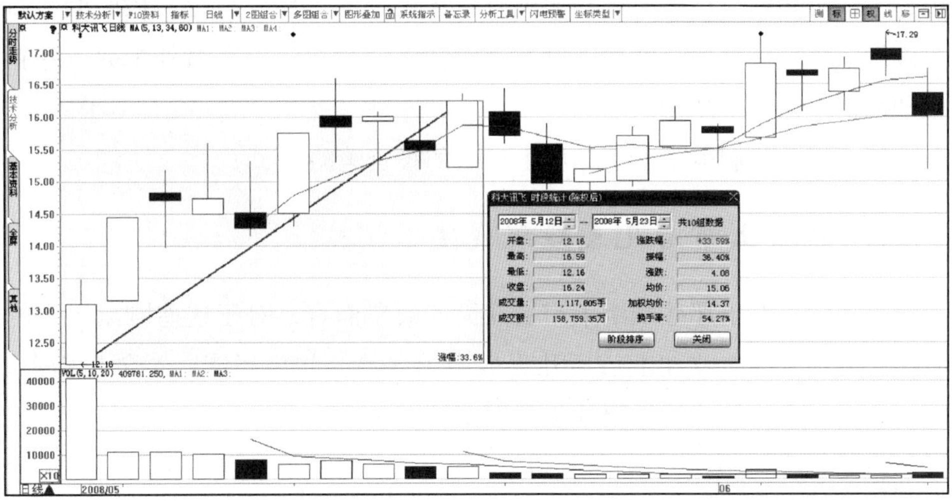

图8-4

相对弱势的市场赚取相对可观的收益。

当然，这种方法一定要结合当时的大盘环境来进行分析，如果是处于一轮大熊市的初期，这种情况的股票一定只能作为超短线参与，一般在买入后的第二天一般要择机抛出，在熊市中段我们也只能做做短线赚取差价，只有那些在大盘已经见底或者处于牛市的情况下，这样的股票才有可能在上市后经过一段时间的吸筹洗盘然后走出一波大行情。

一般来说，在较为弱势的环境下，我们可以把此方法当成超短线来操作，赚取一定的差价。

## 第三节　新股上市后的投资策略

我们都知道，在市场由弱变强或者处于振荡的牛皮市中，市场上最吸引眼球的盈利方式便是那些刚刚上市不久的新股，纵观股票排行榜，往往都会看到这些股票的身影。

然而，随着IPO过会率的悄然上升，越来越多的新股争先恐后地在主板、中小盘和创业板上市，新股的数量越来越多，导致最近一段时间，新股破发成为一种习惯，然而，就在破发狂潮的背后，也有另外少数一些新股却悄悄上扬，不断创出新高。

接下来，我们就来看看新股上市后的投资策略。

### 1. 新股上市后几天短线战法

该战法是对于那些刚刚上市后几天的股票而言，对于这些刚刚上市的股票，经常有些能够在上市后几天内走出强势，并且还能一举创出新高，下面我们就来具体看看把握这类的股票的要点：

（1）对于一只刚刚上市的新股，其上市首日最好涨幅不要过大，因为一旦涨幅过大，可能会透支掉之后的涨幅，当然这些都不是绝对的，我们还要根据其他条件综合分析判断。

（2）上市首日股票交易比较活跃，在大盘行情不错的时候换手率一般大于50%以上最好，当然还是那句话，所有的东西没有一个规定的标准，最终的决策还是要根据其他条件综合判断。

（3）上市次日或未来几天内放量上涨，强势突破上市首日最高点，创上市后新高，在新股刚刚上市次日或未来几日内放量突破首日最高点，如果大盘并不是处于较大的下跌通道的初期和中期，就是我们比较不错的买入点位。

战法的理论依据：如果一只新股上市首日涨幅不是很大，说明主力没有做一日行情的打算，短线具有一定的上涨潜力。首日换手率大，说明大部分中签者选择在上市当日抛售，主力筹码收集充分。次日或者未来几天内突然放量拉升突破上市首日最高点，说明主力展开新行情的拉升意愿非常强烈，则该股短线上涨的可能性非常大。

需要注意的问题：

（1）新股短线操作一般选择在大盘小幅振荡调整或者正常的上涨状态，如果大盘处于顶部或者步入熊市调整的初中期，则不考虑新股短线行情的操作。

（2）定价相对偏低或适中的新股容易吸引场外资金的关注，大资金介入后才有拉升的空间。一般而言，定位在50元以上的新股都曲高和寡，而在20元、30元附近的新股机会较大。当然也要根据大势的走向适当调整。同时，应结合流通盘大小分析。

（3）一般而言，换手率低于50%表示没有实力资金介入，但过大也不好，如大于80%则可能是多家机构入驻，反而不利于该股的拉升。换手率在60%～70%之间比较合适，但是这些标准也会随着行情的变化而变化，例如在行情不好，成交量低迷，新股破发时，有些新股的换手率可能只有30%，但并不代表其之后就一定不会上涨，近期的史丹利（002588）就是一个典型的例子。

（4）首日K线形态若收阳线较好，表明新资金愿意在首日开盘价上方介入，定位得到了市场认同。十字星次之，阴线较差，但也不是绝对，首日K线形态应结合定价分析。

（5）新股短线操作对象以热门题材股为宜，如新能源、新材料、智能电网概念等，对于大型蓝筹股，上市之初发生急涨，切勿盲目追进。

（6）如果新股上市次日强势突破上市首日最高点后，不出现强势上涨，而跌破上市首日最高价，则要减仓应对。如果跌破上市首日最低价，短线清仓出局。这是操作纪律，必须执行。新股跌破上市首日最低价，说明短线主力资金已经放弃对该股的护盘，该股后市下跌空间不可测量，如果遇到大盘走势不佳，新股跌幅往往大于大盘跌幅。所以，若遇到这种情况，及时止损非常重要。

（7）以上提到的所有注意事项都要用相对的眼光去看待，天下没有一成不变的事情，也没有一招鲜、吃遍天下的好事，我们要根据不同的大盘环境，不同股票的特点去综合分析把握该战法所蕴含的机会，因为市场永远都是新市场，历史不会简单的重回，我们只有在弄清楚一个盈利模式精髓的前提下，根据不同的市场情况，具体问题具体分析，这样，我们的投资生涯才会越走越顺。

下面我们来看几个具体的案例。

图8－5是北新路桥（002307）上市前20个交易日的日K线图，通过上图我们可以看出，北新路桥上市第4个交易日突破并且企稳了上市首日

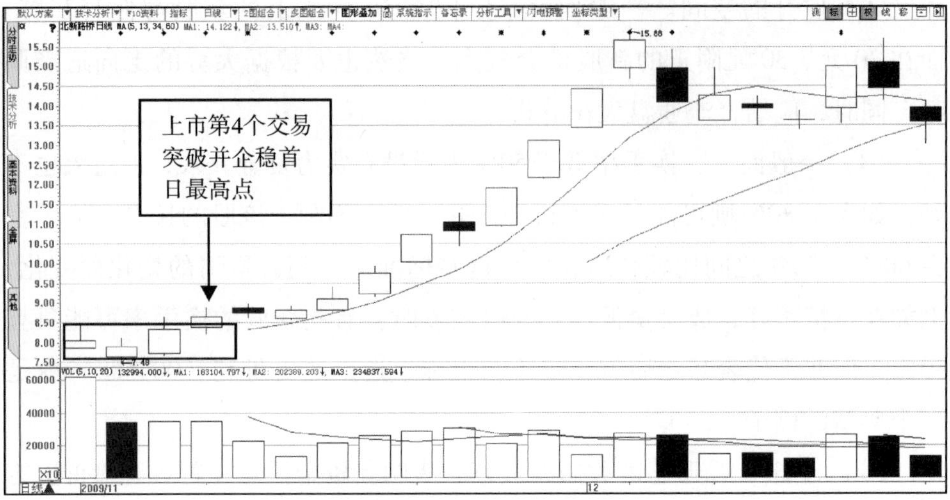


**图 8－5**

的最高价，之后虽然也有阴线放出，但是在拉升期基本都是上涨阴线。

北新路桥上市首日上涨幅度为 2.42%，并没有大幅上涨，收了一根小阳线，其首日换手率为 81%，换手幅度相对适中，同时在当时上市新股中，北新路桥的流通股本只有 3800 万股，首日开盘价和收盘价分别为 15.8 元和 16.18 元，技术面和行为面上来看，北新路桥都十分符合我们短线战法的精髓。

再从基本面上来考虑，一般来说，刚刚上市不久的新股其业绩方面都是有保证的，不会在刚上市就闹出业绩飞速下滑和各种利空消息，我们还是先来看一下北新路桥的基本面情况。

北新路桥追本溯源的前身是中国人民解放军某工程部队，2001 年，由兵团建工集团作为主发起人，联合新中基、金石置业、新通达、长安大学共同发起设立股份有限公司。

近年来，北新路桥攻城拔寨，势如破竹，发展成为新疆规模最大、实力最强的大型公路工程施工企业，迅速跃居我国西部地区公路工程施工行业前列。

截至 2009 年 7 月 31 日，北新路桥在国内已完成了“西安绕城高速公路（公司承建 E 标段、M3 标段）”、“乌鲁木齐蜘蛛山隧道 SC3 标立交工程”等90多项公路示范性工程施工。

积极拓展国内市场份额的同时，2002年起，北新路桥将业务发展瞄向了国外，提出了在稳固国内市场份额的同时侧重发展国外市场，通过总包、分包等多种模式，积极拓展市场空间，施工合同承揽额逐年上升，国外工程业务大幅增加。

在5年国外市场的磨炼中，北新路桥在承建中亚、南亚、非洲等地区工程施工项目上形成了“地缘优势、人员优势、技术装备优势、经验优势、声誉优势”等独特的竞争优势。凭借这些优势，公司与我国一流的公路工程施工企业同台竞技，已发展成为具有较强竞争力的国际公路工程施工总承包商。2004年以来，北新路桥分别在巴基斯坦、吉尔吉斯斯坦、塔吉克斯坦、阿尔及利亚等国承揽了10多项公路工程，合同金额接近50亿元。资料显示，北新路桥国外工程项目的毛利贡献逐年增大，2005年国外工程毛利贡献占全部营业毛利比重为15.6%，2008年这一比例增长到65%。公司已经突破了依赖新疆区域单一市场的发展瓶颈，初步具备了跨国工程承包商的综合实力。

稳固的国内工程业务和正在飞速发展的跨国承包业务，为北新路桥的业绩增长提供了强大的支撑。

在基本面优异和技术面和行为面都符合我们投资逻辑的前提下，北新路桥使我们投机炒作的一个热门品种，上市一个月涨幅高达94%，成为2009年11～12月的领涨股。

我们再来看另一个案例。

图8-6所示的是与北新路桥同一天上市的新股湘鄂情（002306），我们注意到湘鄂情上市当天也是收出小阳线，走势与北新路桥类似，与北新路桥不同的是，该股上市当日的价格高于北新路桥，其上市当日收盘价为26.71元，还有一点与北新路桥不同的是，该股票第二天便以涨停板的方式突破了上市当日的最高点，因为吸筹和洗盘并不充分，以及价格高于北新路桥，所示该股的上涨周期没有北新路桥长，但是该股也在短短11个交易日内上涨达到49%。

通过以上两个案例，我们可以看到在大盘处于振荡行情中，其他个股

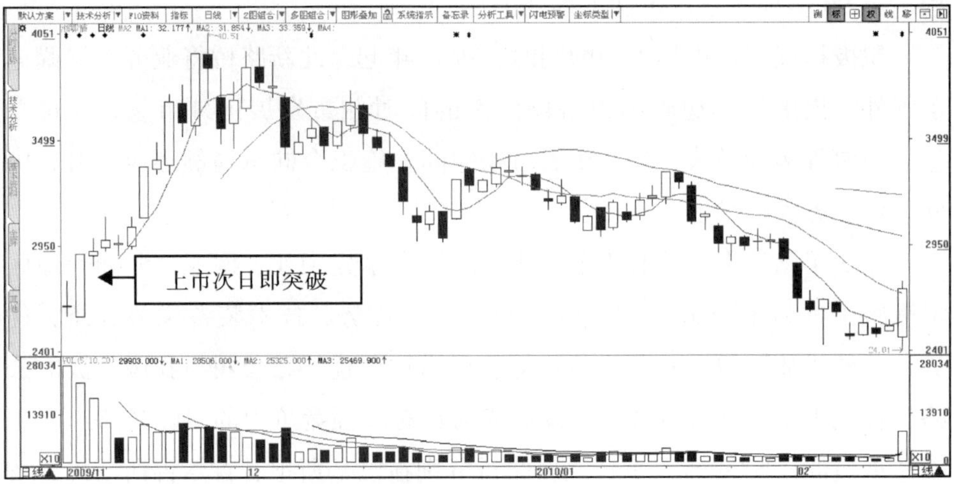


图 8－6

上涨动能不足时，符合条件的新股往往能够给我们带来超额收益。

## 2. 短线洗盘后拉升

该战法是对于那些上市后并没有直接拉升，而是做了一个短暂洗盘后再突破上市首日新高的股票而言，相比上市后直接拉升的方式，这种方式最大的优点就是经历了短暂洗盘之后，清理了更多浮动筹码，主力控盘更加稳固，对后面的拉升也更加有利了。

下面我们来看看该战法的要点：

（1）新股首日从开盘至收盘当天涨幅最好不要太大，收出小阳线或者十字星最好，当然这一点也不能太较真，在弱势市场的见底期，可能会有上市当日跌破发行价，随后又启动上升浪的股票；

（2）上市后出现回落或阴阳十字星式洗盘走势；

（3）在短期内（一般不超过 15 个交易日）再次放量上涨突破上市首日最高点，或创上市后新高，在股价放量突破首日最高点时，就是该战法的介入点；

理论依据：一般来说，新股上市首日换手率较大，不仅有主力资金大规模建仓，也有许多短线投资者的跟风介入。由于跟风盘较多，主力经常从上市次日开始洗盘；经过短暂洗盘后，某日突然放量拉升突破上市首日最高点。既然主力愿意在短时间内解放上市首日巨额套牢盘，说明主力展开新行情的意愿非常强烈，则该股中线上涨的可能性非常大。

需要注意的问题：

（1）上市首日从开盘价到收盘价之间的总体涨幅不能太离谱（以不超过 10% 为宜）。

（2）洗盘最大跌幅不能低于上市首日最低价，即使跌破上市首日最低价，也必须在第二天拉回至上市最低价之上，在行情处于盘整阶段，跌破上市首日最低价说明该股票的盘面已经非常弱势了，如果在短期内不迅速拉回，股票有可能就此转弱势，所以我们尽量选那些比较强势的股票操作。

（3）如果突破上市首日创新高后，短期内连续疯狂拉升，则中线操作须变成短线操作，虽然经历了短暂的洗盘，但是毕竟吸筹时间并不充分，如果在短期内连续暴涨，说明主力已经进入最后的冲刺拉升阶段，股票已经离见顶不远了。

（4）新股中线操作一般选择在大盘中级调整基本完成或者正常的上涨状态，如果处于顶部或者大幅下跌状态，则不考虑中线操作，在下跌浪的初期和中期是股票最弱势的时候，此时虽然也有个别牛股逆市上涨，但在这样恶劣的环境下操作，就如同从老虎的嘴里拔牙，可能一不小心就被老虎所伤，因此，在大盘非常弱势的环境下，建议大家最好作壁上观。

（5）对于大型蓝筹股，如果其不是在大盘牛市主升浪行情中发行，上市之初便发生急涨，只能以短线行情看待。

下面我们具体来看几个案例。

西部矿业股份有限公司 A 股股票于 2007 年 7 月 12 日在上证所上市，股票简称为西部矿业（601168），股票代码为 601168，本次发行完成后总股本为 238300 万股，本次 A 股公开发行的股份数为 46000 万股，发行价格为 13.48 元。

该公司是国内位居前列的基本金属矿业公司，同时也是西部最具竞争力的资源开发企业之一。公司经营一体化的基本金属开采、冶炼及贸易业务。募资投向其矿山扩建和冶炼、矿业收购及增资等项目。

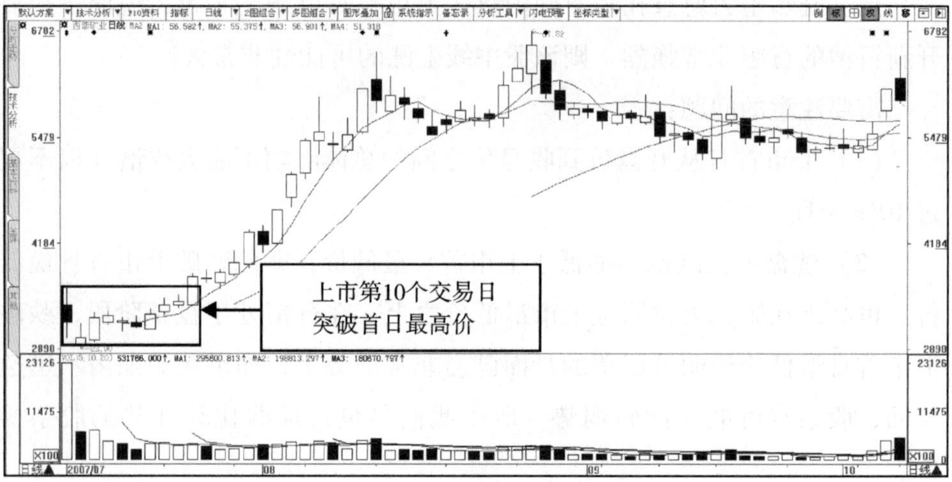


**图 8－7**

通过图 8－7 我们可以看到，西部矿业在 7 月 12 日上市后，股价在次日即跌破上市首日的最低点，但是在上市的第 3 个交易日又迅速拉升回来，西部矿业经历了为期 10 天的盘整行情，股价终于在第 10 个交易日一举创出上市首日的最高价，虽然上证指数刚刚经历了 530 的大跌，但是好像对西部矿业没有任何影响，在突破新高之后，西部矿业在接下来的 25 个交易日上涨了 91%。这只股票是短线洗盘后拉升的典型股票。

再来看下一个案例。

如图 8－8 所示，富瑞特装（300228）于 2011 年 6 月 8 日登陆创业板，此时，正逢大盘进入下降通道的中期，市场人气非常不足，许多股票都跟随大盘补跌，在这样恶劣的环境下，富瑞特装顶住了压力，于 2011 年 6 月 16 日阶段见底，随后没有跟随大盘创新低，进入 6 月下旬，上证指数迎来一小波的反弹行情，而富瑞特装在上市后第 13 个交易日突破了上市首日的最高点，虽然大盘在 7 月 18 日就再次进入下降通道，但是富瑞特装在随后的 2 个月内却逆势上涨了 52%。

通过这两个案例，我们看到，上市初期经历了一段洗盘之后再次突破上市首日的新高，这种盈利模式相对来说更加稳健。

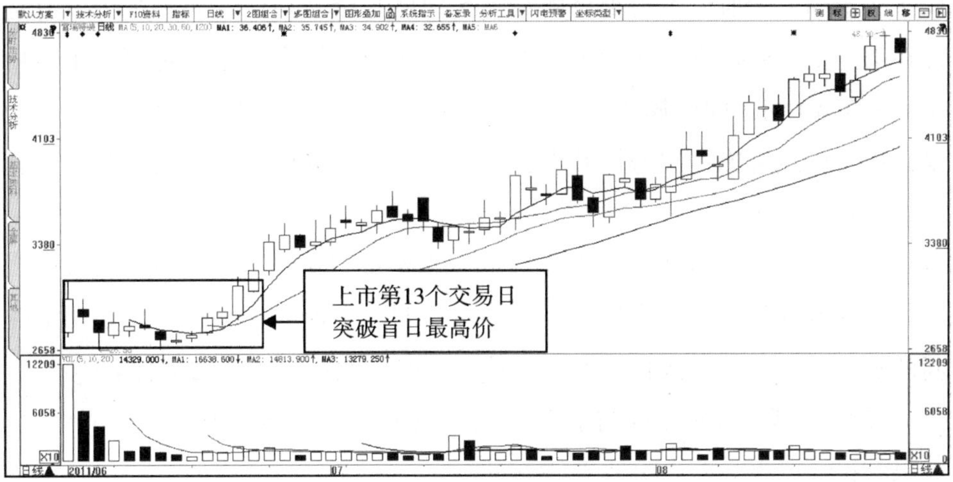


图 8-8

## 3. 中线洗盘后再拉升

前面我们介绍了新股上市后，经历十几个交易日的洗盘的盈利模式，下面我们介绍一种洗盘时间更长一点的新股战法。

下面我们就来看一下该战法的要点：

（1）股价整理时间长达一个月或者三个月；

（2）在整理过程中股价涨幅非常有限，并且始终处于上市首日附近振荡；

（3）未来某天突然放量以长阳线的方式创新高，正说明该股中线可能即将展开爆发性上涨行情，长阳线突破的当天就是该战法的买入时机。

理论依据：股票在上市之后强势整理时间长达一个月或者三个月，主力收集筹码时间非常充分，同时长时间的夹板振荡，洗盘也非常充分，一旦主力放量突破新高，表明主力吸筹和洗盘完毕，即将展开中线主升浪，这种走势后市爆发力往往较强。

需要注意的问题：

（1）对于主力来说，如果属于中线洗盘后再拉升的话，要么在第一个月附近，要么在第三个月附近展开拉升动作。这是因为，主力经过一个月的吸筹和洗盘，时间已经基本足够，而一个月刚好是四个交易周，第五周属于变盘周期，所以主力很可能在第5周展开拉升动作。如果主力没有选择在第1个月后拉升，那就很可能等到第3个月拉升。原因是第3个月后刚好是第13周，同样属于变盘周期，更重要的是网下配售股已经上市交易，届时已经解冻，主力拉升没有隐患。这正是本战法所提到1个月或者3个月拉升的原因。

（2）我们可以发现，新股中线的技术要点与新股短线类似。其实中线与短线的区别就在于主力拉升意图的强与弱，表现在走势上，就是调整时间的长短。新股上市次日不调整直接拉升的，就按短线战法捕捉。

（3）大盘一旦筑顶即将展开中线调整的时候，不考虑中线介入新股；如果有机会，也只能以短线看待。

下面我们来看几个案例。

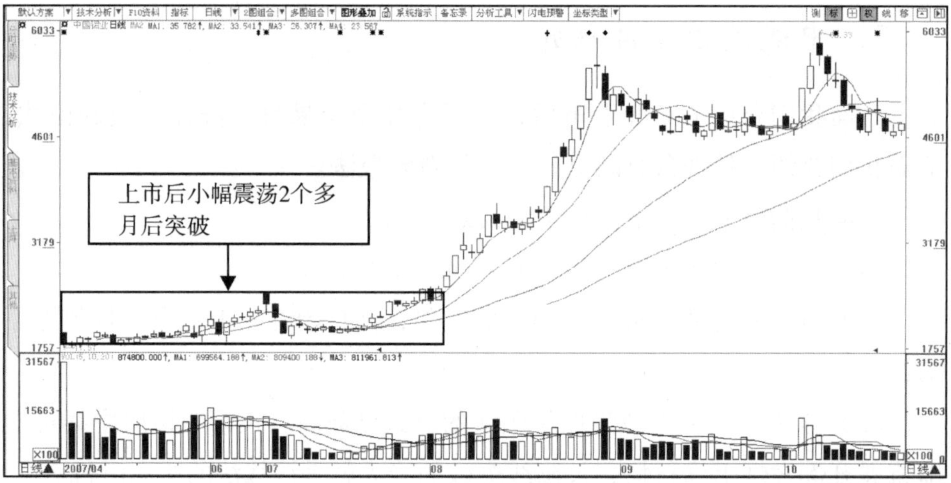


**图8-9**

2007年4月30日，令人注目的大盘股中国铝业（601600）（图8-9）登陆上交所，中国铝业是在吸收合并山东铝业A股和兰州铝业A股后，以新发股份上市，中国铝业本次发行12.367亿股，占发行后总股本的9.60%，每股发行价格6.6元。A股上市后，中铝总股本128.866亿股，其中：实际流通A股11.48亿股，限售流通A股77.95亿股（中铝公司限售期三年，除兰州铝厂外的其他限售一年），流通H股39.4397亿股。

2007年4月国内上市公司相对估值：目前国内A股最新（剔除亏损）

加权平均市盈率为 34.73 倍，有色板块为 26.85 倍，铝业公司为 22.21 倍；考虑 2007 年一定的盈利增长率，一般给予电解铝公司 2007 年动态市盈率的 15 ～ 17 倍。而中铝估值水平应显著高于单纯的电解铝公司。原因一是因为中铝在铝业内背景、规模、技术、政策等方面的绝对优势地位；二是中铝铝土矿—氧化铝—电解铝产业链比一般的电解铝公司或氧化铝公司完整；三是中铝在电解铝、铝加工及对外控制铝土矿资源方面将继续快速发展，成长性明显。

国际铝业上市公司 2007 年几家主要的国际大型铝业上市公司的平均动态市盈率 8.79 倍。中铝的估值水平也应该显著高于国际公司。原因一是因为目前中国 A 股市场的强劲发展势头；二是中铝所主要依托的中国经济增速将高于这些公司所主要依托的发达国家的经济增速；三是中铝在电解铝、铝加工、铝土矿等方面的继续扩张，成长性高于这些公司。

再综合目前市况，中铝 A 股 2007 年合理动态 PE 为 20 ～ 30 倍，对应于上市后的合理目标价的 20 ～ 30 元。

市场给予这个吸收合并两家铝业而上市的公司相当高的预期，但是大盘股要想大幅拉升，可并非易事。

我们注意到，中国铝业自上市后，一直处于 17 ～ 25 元这样一个狭窄的区间做小幅的振荡，直到 2 个多月后的 2007 年 8 月 2 日，中国铝业终于企稳了前期的高点，在随后的 2 个多月上涨了 122%，作为一只大盘股新股来说，这样的涨幅确实难得。

如下图，中国远洋（601919）（图 8－10）也是一直在 2007 年发行的大盘股，2007 年 6 月 26 日，中国远洋登陆上海交易所，本次发行完成后总股本：8919337233 股，流通股本为 1783867446 股，发行价格为 8.48 元/股。

中国远洋上市后在经历了近一个月的调整之后，于 2007 年 7 月 24 日创出新高，之后，由于其非公开发行不超过 12.97 亿股，募资收购集团资产，重组事项公告后，中国远洋股价一发不可收拾，一个多月股价上涨了 234%。

通过以上的几个案例，在市场不错的情况下，我们要非常注意一些中

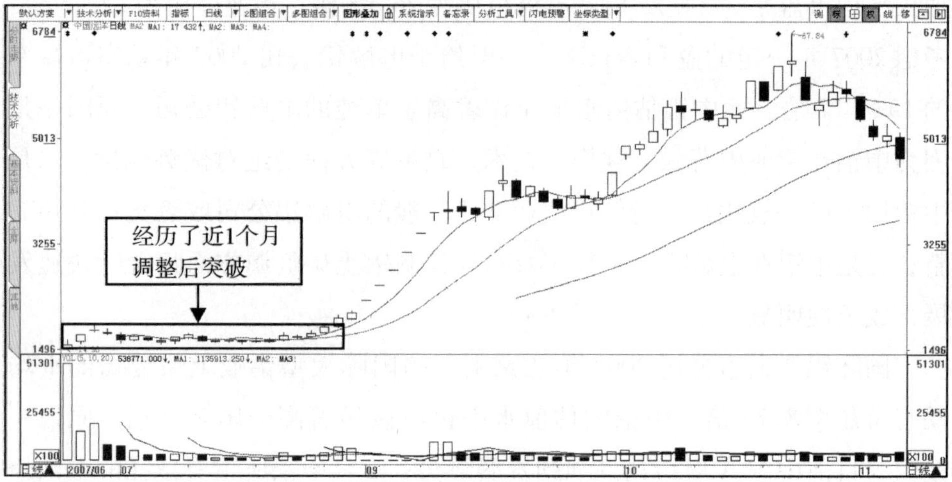


图 8－10

线振荡盘整的新股的突破行为，一旦个股放量突破前期高点，可能就会迎来一波波澜壮阔的升浪。

## 第四节　如何把握新股卖点

每只股票都是有生命的，对于那些近期活跃且涨幅不错的股票，背后都有主力资金悄然操作，股票每天的涨涨跌跌我们当然无法精确地预测其规律，但是，如果我们把股票的上涨转折点和下跌转折点与大盘的走势相联系起来，我们就会发现，每只股票都有自己独特的习性，所以我们不能仅仅凭借某个从其他股票处所获得经验去形而上学地预测另一只股票是否见顶，虽然我们平日里用的均线等系统具有止损止盈的作用，这仅仅是对于那些上市很久的老股票，对于新股，上市只有几天，可能有些均线系统还不健全，即使那些均线系统健全了，我们也会经常错误地作出止损和止盈。

其实卖出股票，最重要的原因就是怕其下跌，有些股票拉升一段之后可能还会上涨一波，但是有些股票调整之后，就不会再创出新高，就会一蹶不振，所以任何方法都不可能适应几千只股票的走势更不能适应这个千变万化的市场。

那么有人会问，那么这样操作起来，卖股票就没有任何依据了，就可以随心所欲，乱操作一通了吗？

答案是否定的。

我们卖出股票的依据平时用得最多的莫过于均线系统。事实上均线系统是给那些不懂买卖信号的投资者所使用的，是他们快速掌握买卖决策的一条捷径，因为其简单、易学、使用方便，所以受到广大投资者的认同，但是并不代表其正确性就很高，我们在使用这些指标的时候，一定要弄清楚其利弊。

接下来，我就尽我近年来在市场上累积的经验，去试着帮大家解决卖股票的时机问题，对于一只新股，何时卖出，卖出后还要不要再买回来继续操作，这些问题我都将在后文为大家揭晓。

下面我就为大家讲述如何在合适的时机卖出新股。

### 1．新股短线卖点

对于新股上市后几天和上市三周就拉升的情况，由于主力并未在吸筹充分的前提下就开始拉升，如果突破上市高点后就连续拉升，我们一般都以短线来看待。那么在上升过程中，一旦个股相对于大盘来说走势变弱，至少说明该股票短线需要调整了，这种思路对于弱势市场更是如此，在弱势市场，人气不足，股票炒作本身就蕴含着巨大的风险，一旦我们没有在第一时间出局，那么我们可能会被深度套牢，酿成惨祸。

下面我们来看几个案例。

2010 年 4 月 21 日，碧水源（300070）登陆创业板，成为创业板最贵的股票。

按照我们之前所说的新股上市后几天短线战法，该股票在上市的第三日就突破上市首日最高点，封于涨停，但是此时 A 股市场却处于下跌浪的开端，假设我们不考虑大盘因素，在碧水源上市第 3 个交易日盘中买入碧水源，那么我们何时应该卖出呢？

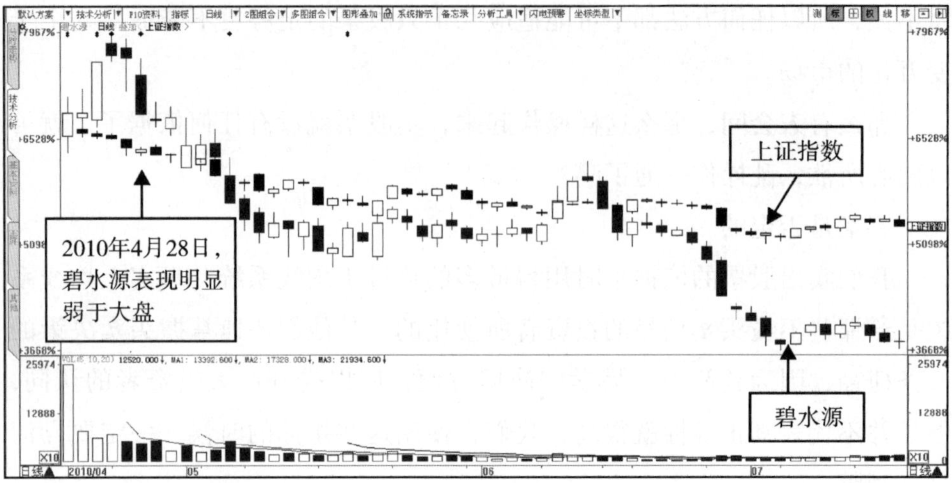


**图 8－11**

图 8－11 是碧水源与大盘在 2010 年 4 月 21 日至 2010 年 7 月 15 的叠加图。从图中我们可以看出，4 月 28 日之前，碧水源的走势明显强于大盘，此时我们应该坚决持有，但是，自 2010 年 4 月 28 日碧水源的走势开始明显的弱于大盘的走势。一只强势股在爆发的阶段，总是非常强势的，一旦其开始弱于大盘，那么至少短期的调整即将来临了。如果再结合当时上证指数进入下跌通道初期，非常有可能加速下跌的情况，在这样的环境下，一旦手中的强势股走弱，我们就要坚决地抛出了。这是我们做新股短线战法必须遵循的纪律。

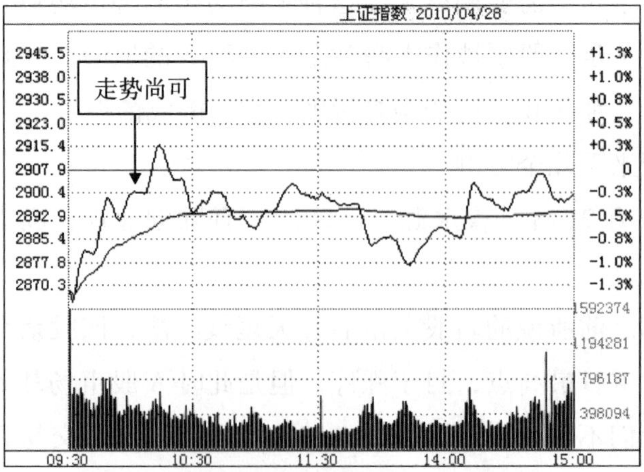


**图 8－12**

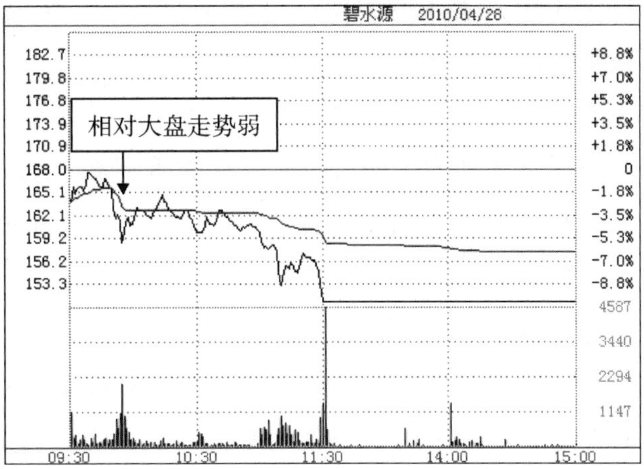


**图 8-13**

图 8-12 和 8-13 分别是上证指数和碧水源在 2010 年 4 月 28 日的分时走势图，我们注意到，在当日，上证指数走势是低开上行，一直没有跌破开盘低点，而碧水源低开上拉之后，迅速创出当日新低，跌幅一度达到 5%，这样的弱势走势，在早盘 10 时左右就已经暴露无遗，所以在碧水源分时创出新低之时，便是我们坚决卖出的时候。自此之后，碧水源一路走熊，2 个多月跌幅达到惊人的 53%，跌幅远远大于大盘。

对于这些新股短线操作，特别是在大盘环境一般的前提下，如果我们不在其走势走弱时及时卖出，带给我们的将可能是非常巨大的亏损，所以我们一定要掌握短线战法的卖点。

例如上面我们提到的北新路桥，在强势上涨之后，首次出现跌停，走出弱势行情，这样的时候也就是我们坚决离场的时候，虽然后面可能还会有短暂的反弹，那些都不是我们所要拿到的收益，我们只赚那一波按照我们的投资逻辑能够抓到的股票，一旦股票相对于大盘走势变弱较为严重，我们就要坚决卖出了。

## 2. 中线洗盘后再拉升新股的卖点

对于此类股票，由于主力吸筹时间较长，可能在 1 个多月至 3 个月时间内围绕上市首日价格区间振荡，这种情况在行情较差时一般较少发生，大部分都是发生于牛市中上市的股票，对于此类股票，在牛市的环境下，我们对其采用换手率测量顶部法。

试想，主力能够花几个月时间耐心吸筹，维持股价不涨，基本上可以判定其后市有不小的上涨动能，那么股票到底能涨多高，最简单的方式就是等主力把在低位吸到的筹码全部派发完成，这一个上涨过程就算完成了，所以在牛市对这种股票何时见顶的测量中，我们可以看自突破拉升开始，换手率是否等于或者接近了吸筹区换手率的80%以上。之所以选择80%，一是因为股票上涨当日成交异常活跃，有许多投资者卖出，所以会对换手率统计有偏差，二是采用80%能为我们的卖出点位留下余地。

下面我们就来看几个案例。

上面我们说到了两只盘整比较久而后有上升的股票，下面我们就来看看这两只股票的卖点应该如何把握。

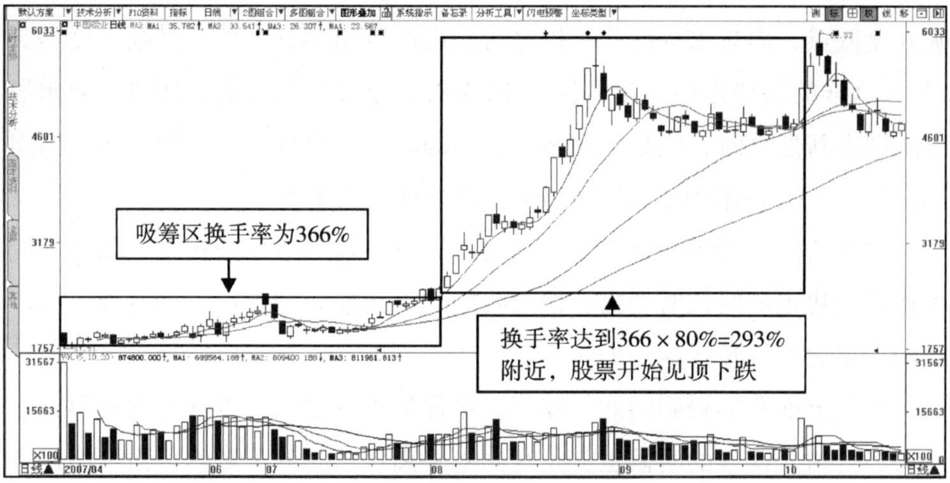


**图8－14**

从图8－14和8－15可以看出，中国铝业和中国远洋在拉升阶段换手率达到了吸筹区的80%附近，股票的上涨动能逐渐衰竭，股价开始慢慢回落见顶了，试想，卖货郎卖完所有的货也要赶回家了，更何况是主力基本派发完了手中的筹码。

这个规律可以说是股票市场永恒不变的铁律，在市场比较乐观的时候，对于那些新股作用更加明显，因为新股由于上市时间短，主力建仓吸

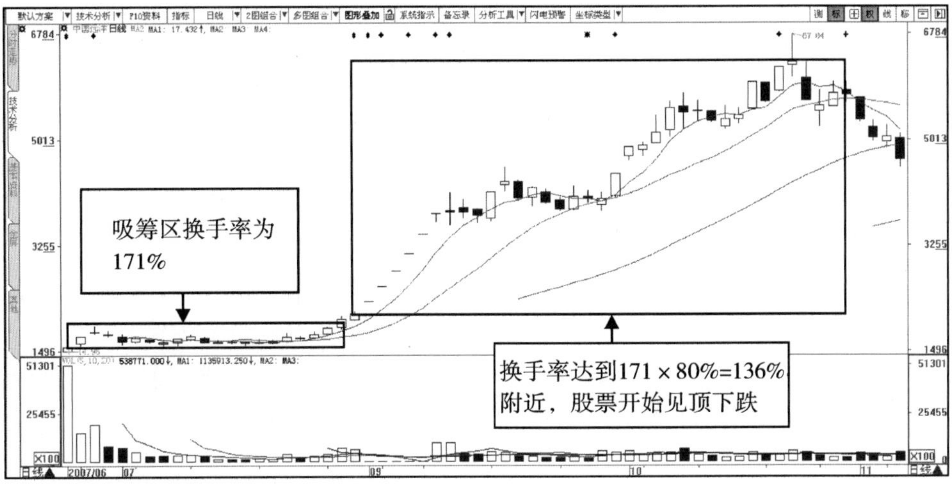


图 8－15

筹很容易辨认出来，但是对于那些老股票，要清晰地辨认出主力建仓吸筹的时间就比较困难了。

如果遇到市场环境不佳，主力的拉升时间可能就会缩短了，拉升的换手率可能就会达不到吸筹区的 80%，这一点我们要有清楚的认识。

# 第九章

# 牛市行情后期操作策略

当股票已经上涨了许多年后，交易者自然要挑选那些还未上涨的股票去买入。他们会挑选低价股，认为这些股票会由于其他股票已经上涨而上涨。这是交易者可能犯的最严重的错误。如果一次牛市已经展开了好几年，而基本指标显示已经接近尾声，比如在牛市结束前的3～6个月中，此时买入低价股票并寄希望能在牛市的最后阶段有所表现是十分危险的。尽管有些低价股属于后涨股，但作为规律，高价股通常会在牛市的最后的上冲中完成上涨过程。只有当图上显示出低价股上涨到了一个新的高度并处于强势的时候，才能买入这些低价股，否则只要是处于窄幅整理的不活跃阶段，就不要介入。

——江　恩

说道牛市末期的投资策略，真的是仁者见仁，智者见智。

下面我们来看看一些国内投资者给出的牛市末期的投资建议。

以下是某财经人士给出的牛市末期投资策略：在牛市末期，则要积极采用价格投机的理念指导自身的投资行为，一定要大胆果断介入低价垃圾股的快速而迅捷的补涨行情中去。在牛市的后期阶段，千万记住尽量不要参与涨幅巨大的绩优龙头板块，而以低价垃圾板块的补涨为首选目标。当然，在这一阶段更要坚持短线投机的策略，不能一味严防死守。

我想不光是这些财经媒体都把牛市末期的机会聚焦于低价股的补涨机会，许许多多的广大投资者自己在牛市末期选股的思路也是如此吧。

股票市场永远都是赚钱者占少数，亏损者占多数，当某种主流的思想占据了大部分投资者的脑中时，我们就不能千篇一律，就要寻求变化之策了。

其实对于牛市行情后期的操作策略，江恩在几十年前就已经给出了他的结论。

他认为我们在牛市行情后期，买卖股票，不要太在意其价格的高低，相反的，那些前期已经有较大上涨的股票如果再次突破并且满足基本面等条件，也可以是我们牛市末期投资的首选，因为在牛市后期，这些股票往往才进入最后的冲刺拉升阶段。

那到底事实是怎样的呢?

本章我就通过统计中国股票史上 2001 年与 2007 年牛市末期领涨股的情况，来让大家对中国牛市后期股票操作形成一种投资思路。

## 第一节　牛市末期的界定

在统计分析之前，我们现为大家介绍一下何为牛市末期，如果都不知道何为牛市末期我们又如何在牛市末期来临之时按照其去操作呢?

在一轮大牛市行情中，如果行情保持强势，那么一般来说，大盘每次调整的时间应该与前次相当或者比前次更少，同时，在大盘调整完开始再次上涨之时，其成交量应该逐步放大，如果大盘的调整时间比上次要久的话，大盘有可能进入休整格局或者有可能进入牛市末期，如果大盘在牛市下一波成交量相比之前有较大幅度的萎缩，说明大盘离见顶不远了。

如果大盘处于牛市的相对高位，同时具备上述两个条件之一，我们就要警惕大盘可能进入牛市末期，虽然在此阶段我们可能也在继续操作股票，但是我们在脑中必须要有大盘即将见顶的意识，一旦市场释放出牛市见顶信号，我们就要坚决出局。

下面我们来看 2001 年和 2007 年牛市末期的案例分析。

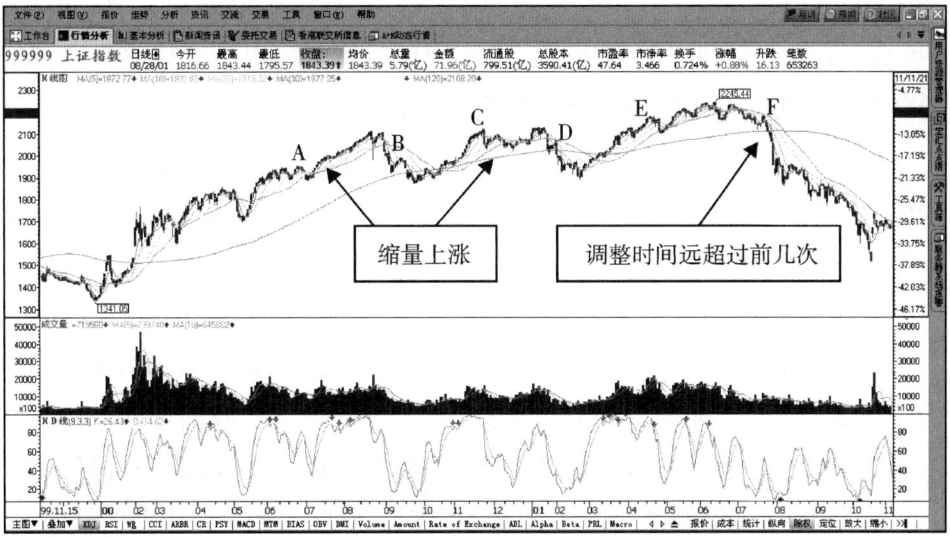


**图 9－1**

从图 9－1 可以清楚地看出，自 2000 年 5 月份的调整之后，上证指数进入了 A 波段的上涨之中，但是与之前不同的是，这一波上涨成交量明显萎缩，再也没有创出之前一阶段成交量的高点，由此，市场已经给我们发出由强转弱的信号，因此，此后大盘的每一次调整，我们都要十分警惕顶部是否确认行程，之后，市场经历了 B 段 25 个交易日的调整，这次调整过后，上证指数继续缓慢攀升，缩量创出了新高，C 段的上涨周期与之前一段相当，只是涨幅远远落后于之前一波，这也再次提醒我们市场基本离见顶不远了，随后市场经历了 D 段的下跌行情，如果这一段下跌的时间远远超过之前一波调整的时间，我们基本可以判定顶部到来了，戏剧性的是，这次调整的周期仅为 24 个交易日，比前次 B 段的调整还要少一天，所以此后，上证指数又小幅放量创出新高，但是成交量水平只与 A 段上涨相当，还是属于动能不足的状态。与前一波 C 段相类似的是，虽然这两次反弹都创出新高，但是这两次上涨的高度都非常有限，创出新高之后，并没有继续上攻，如果说这两次反弹最大的不同之处就是 E 段上涨后，调整周期远远大于之前一波的调整期，F 段下跌一直持续了 39 个交易日仍然没有反弹，从这样的走势我们就可以确认，1994—2001 年为期 7 年的牛市顶部区终于到来了，果然，之后上证指数持续了 4 年的熊市行情，最低跌至 998 点，在这一阶段，许多庄家，有实力的投资者，以至于许多券商都纷纷破产，长期的下跌给中国金融市场进行了一场重新的洗牌。

我们注意 2001 年 5 月后，随着这波缩量上涨展开之后，中国的股票市场就已经显示出见顶的迹象了，虽然之后几次反弹创出新高，那只不过是出货前的最后挣扎，放眼望去，A 段上涨创出的高点 2114 点与之后这轮牛市的最高点 2245 点仅仅只有百点之遥。

也就是说自 2001 年 5 月后，每一次上涨我们都可以将其视为牛市末期的上涨情况，在后面的分析中，为了分析处理的简化，我们选择最后一波上涨作为样本。这个样本所得出的投资思路完全适合在 A 段和 C 段使用。

看完了 2001 年的情况，接下来我们来看 2007 年的牛市末期的情况。

如上图所示，2007 年的大牛市波澜壮阔，在 2007 年 5 月 29 日之前，已经经历了一波吸筹行情和三波明显的放量上攻行情，随着 2007 年 5 月 30 日印花税的调整消息，上证指数进入了短期快速调整，许多小盘股由于在上一波大幅上涨，伴随着这样的利空消息，更是连续几天跌停，一时间市场陷入恐慌。

然而，疯狂的牛市，根基还是十分牢固的，在经历了 6 天的下跌之后，上证指数迅速见底回升，在短暂的二次探底以后，上证指数再次创出寻高，不断挑战新的高峰，如果我们稍微留意一下，就会发现，这波上涨有猫腻，与之前 3 次上涨有着明显的不同，那就是成交量没有在此创出新

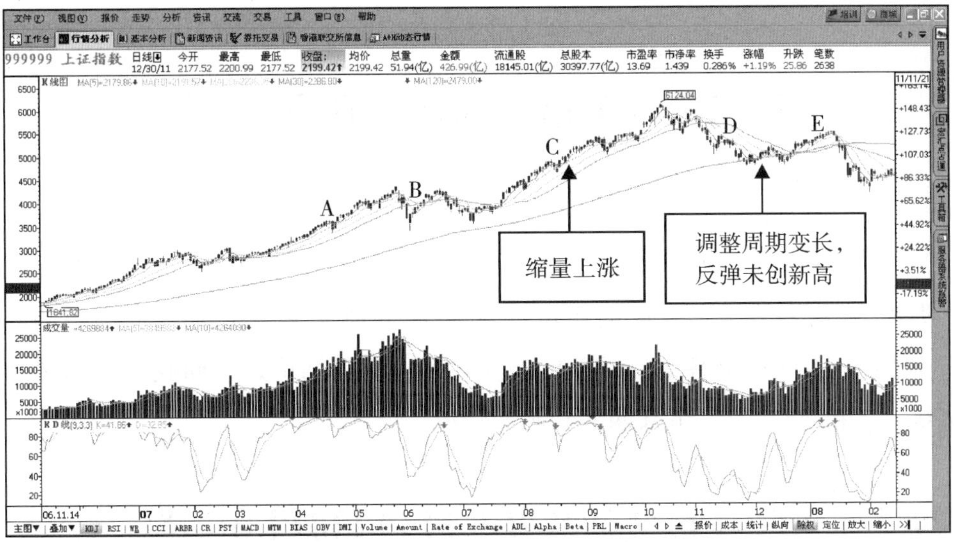


**图 9－2**

高，而是保持在一个相对较小的状态，造成这样的原因可能有两方面，这一阶段大盘股热情高涨，对资金有吸引作用，同时许多小盘股已经大幅上涨，提前见顶，进入调整周期，所以成交非常萎靡，在上证指数这次反弹后上涨的 C 浪初期，看到相比之前有着巨大差距的成交量，我们应该十分谨慎，基本可以判定牛市末期已经来临了。

随着 C 段上证指数创出 6124 点新高之后，进入下跌通道，这次调整时间为 32 个交易日，远远多于 B 段调整的 6 个交易日，同时在这次下跌之后的反弹 E 浪，上涨周期只有 32 个交易日，远远低于 C 段的上涨周期 91 个交易日，更值得注意的是，这次反弹，上证指数再也没有创出新高，这轮大牛市的最高点被定格在 6124 点的位置。

看完了上面两个案例的详细说明，我想大家对于牛市末期已经有更加深刻地认识了吧，下面我们就进入牛市末期领涨股的统计分析中去吧。

# 第二节　牛市末期领涨股统计分析

本章开始部分我们谈到，牛市末期大部分的投资者往往认为最赚钱的股票就是那些在之前牛市里涨幅最小，价格最低的那些股票，光凭借主观臆测我们不能得出答案，万事要求证之后才能下结论，下面我们就来看看 2001 年和 2007 年牛市末期的领涨股情况。

## 2001 年 2 月 22 日至 2001 年 6 月 14 日的牛市末段

上证指数从 1999 年 7 月 29 日 325 点开始上涨，至 2000 年 4 月 21 日的高点 1858 点，将近 6 年的时间已经上涨了 471%。虽然这轮牛市中间经历了 2 次比较大的调整，但上证指数最终还是涨幅惊人。

细心的投资者可能会发现，自从 2000 年 4 月 21 日的调整之后，上证指数在随后的上涨中成交量开始逐渐缩小，逐步显示出上涨动能减弱的态势，上证指数自 2001 年 1 月 28 日调整至 2001 年 2 月 22 日以来，虽然调整周期比上一次并没有增加，但是在随后的上涨中，其动能不足，底部区成交量较小，与 2000 年 9 月 25 日至 2001 年 1 月 8 日这一段上涨类似，我们都将其视为牛市末期的上涨走势。只是 2000 年 9 月 25 日至 2001 年 1 月 8 日这一波调整时间有限，并没有真正见顶，而在 2001 年 2 月 22 日调整以后，直到调整周期远远超过之前 2 次调整周期很多为之，始终没有见到像样的反弹，所以，这个为期近 7 年的大牛市的顶点被定格在 2001 年 6 月 14 日的高点 2245 点。

下面我们就来看看 2001 年 2 月 22 日至 2001 年 6 月 14 日这段时间领涨股的情况。我们的统计方式与第六章统计领涨股的方式基本一样，在此我不再赘述，唯一的区别之处就在于这次我统计了前 100 只领涨股的情况，以求更加全面地分析牛市末期领涨股的情况。

**表 9-1**

| 序号 | 代码 | 商品名称 | 涨幅 | 前收盘 | 成交价 | 最高价 | 最低价 | 流通市值 | 流通股 | 年度每股收益 | 换手率 | 市盈率 | 每股净资产 | 行业 |
|---|---|---|---|---|---|---|---|---|---|---|---|---|---|---|
| 1 | SH600309 | 烟台万华 | 136.6 | 14.50 | 34.31 | 40.00 | 14.48 | 27.4 | 0.8 | 0.21 | 205.61 | 165 | 2.50 | 化工化纤 |
| 2 | SH600146 | 大元股份 | 104.6 | 11.43 | 23.38 | 24.70 | 10.41 | 14.0 | 0.6 | 0.04 | 236.11 | 678 | | 建材 |
| 3 | SH600217 | ST秦岭 | 80.2 | 8.93 | 16.10 | 16.94 | 8.93 | 22.5 | 1.4 | 0.15 | 101.57 | 107 | 1.61 | 建材 |
| 4 | SZ000975 | 科 学 城 | 74.9 | 13.61 | 23.80 | 24.70 | 13.49 | 19.0 | 0.8 | 0.20 | 129.13 | 118 | | 旅游酒店 |
| 5 | SH600165 | 新日恒力 | 73.7 | 15.98 | 27.75 | 28.73 | 15.10 | 26.0 | 0.9 | 0.20 | 116.98 | 139 | | 钢铁 |
| 6 | SH600071 | 凤凰光学 | 72.6 | 13.43 | 23.17 | 24.00 | 13.31 | 19.2 | 0.8 | 0.21 | 139.53 | 111 | | 仪表仪器 |
| 7 | SZ000606 | 青海明胶 | 69.4 | 19.32 | 32.73 | 35.03 | 19.06 | 10.5 | 0.3 | 0.24 | 132.19 | 138 | 3.51 | 医药 |
| 8 | SH600851 | 海欣股份 | 64.3 | 14.16 | 23.26 | 24.50 | 13.97 | 23.7 | 1.0 | 0.57 | 168.46 | 66 | | 纺织服装 |
| 9 | SH600700 | *ST数码 | 64.0 | 14.05 | 23.04 | 27.16 | 13.24 | 35.9 | 1.6 | 0.19 | 76.30 | 119 | 1.38 | |
| 10 | SH600330 | 天通股份 | 62.3 | 25.99 | 42.19 | 44.40 | 25.64 | 16.9 | 0.4 | 0.33 | 128.84 | 129 | | 电子信息 |
| 11 | SH600303 | 曙光股份 | 62.2 | 11.21 | 18.18 | 19.95 | 11.16 | 13.1 | 0.7 | 0.20 | 111.81 | 93 | | 汽车类 |
| 12 | SZ000025 | 特 力 A | 61.8 | 9.79 | 15.84 | 17.49 | 8.86 | 5.4 | 0.3 | -0.61 | 164.43 | | 0.39 | 汽车类 |
| 13 | SH600366 | 宁波韵升 | 60.0 | 17.86 | 28.58 | 29.50 | 17.73 | 15.0 | 0.5 | 0.19 | 143.87 | 151 | | 有色金属 |
| 14 | SH600735 | 新华锦 | 58.9 | 14.66 | 23.30 | 23.40 | 14.52 | 19.4 | 0.8 | 0.13 | 94.78 | 176 | | 外贸 |
| 15 | SH600613 | 永生投资 | 58.3 | 18.70 | 29.60 | 35.50 | 18.30 | 2.7 | 0.1 | 0.07 | 523.32 | 653 | 2.23 | 医药 |
| 16 | SZ000037 | 深南电 A | 58.2 | 10.20 | 16.13 | 16.87 | 9.75 | 10.5 | 0.6 | 0.45 | 157.99 | 61 | | 电力 |
| 17 | SH600844 | 丹化科技 | 57.9 | 13.92 | 21.98 | 24.10 | 13.20 | 6.1 | 0.3 | 0.07 | 350.35 | 487 | | 化工化纤 |
| 18 | SZ000553 | 沙隆达 A | 57.2 | 10.46 | 16.44 | 17.30 | 9.95 | 16.0 | 1.0 | 0.10 | 166.38 | 271 | 3.41 | 化工化纤 |
| 19 | SH600618 | 氯碱化工 | 56.9 | 12.36 | 19.39 | 22.30 | 11.98 | 5.4 | 0.3 | 0.07 | 444.38 | 446 | 2.62 | 化工化纤 |
| 20 | SH600766 | ST园城 | 53.1 | 11.71 | 17.93 | 18.99 | 11.61 | 10.8 | 0.6 | 0.12 | 207.35 | 145 | | 房地产 |
| 21 | SZ000719 | 大地传媒 | 53.1 | 9.55 | 14.62 | 15.20 | 9.40 | 7.2 | 0.5 | 0.19 | 145.60 | 79 | 1.99 | |
| 22 | SZ000065 | 北方国际 | 52.8 | 17.00 | 25.98 | 26.29 | 16.82 | 6.8 | 0.3 | 0.15 | 204.30 | 174 | 1.45 | 工程建筑 |
| 23 | SZ000035 | *ST科健 | 52.8 | 20.00 | 30.56 | 34.42 | 19.90 | 13.2 | 0.4 | 0.39 | 113.18 | 78 | 1.84 | 通信 |
| 24 | SH600159 | 大龙地产 | 51.5 | 11.13 | 16.85 | 17.18 | 10.92 | 14.8 | 0.9 | 0.14 | 74.40 | 118 | 2.10 | 房地产 |
| 25 | SZ000826 | 桑德环境 | 51.3 | 14.53 | 21.99 | 25.42 | 14.00 | 14.3 | 0.7 | -0.22 | 81.18 | | 2.19 | 供水供气 |
| 26 | SH600679 | 金山开发 | 51.3 | 24.05 | 36.39 | 38.98 | 23.90 | 9.6 | 0.3 | 0.08 | 61.63 | 660 | | |
| 27 | SH600290 | 华仪电气 | 51.2 | 17.64 | 26.68 | 27.48 | 17.43 | 8.0 | 0.3 | 0.19 | 148.11 | 141 | 2.56 | 机械 |
| 28 | SZ001696 | 宗申动力 | 51.1 | 9.07 | 13.70 | 16.20 | 8.27 | 7.1 | 0.5 | -0.15 | 192.44 | | 0.14 | |

续表

| 序号 | 代码 | 商品名称 | 涨幅 | 前收盘 | 成交价 | 最高价 | 最低价 | 流通市值 | 流通股 | 年度每股收益 | 换手率 | 市盈率 | 每股净资产 | 行业 |
|---|---|---|---|---|---|---|---|---|---|---|---|---|---|---|
| 29 | SH600200 | 江苏吴中 | 51.0 | 15.29 | 23.08 | 23.75 | 15.00 | 18.6 | 0.8 | 0.24 | 66.10 | 96 | | 医药 |
| 30 | SH600831 | 广电网络 | 48.9 | 9.98 | 14.86 | 15.55 | 9.01 | 6.9 | 0.5 | -0.22 | 127.52 | | 0.91 | 教育传媒 |
| 31 | SH600875 | 东方电气 | 48.2 | 8.64 | 12.80 | 13.88 | 8.25 | 7.7 | 0.6 | 0.01 | 202.10 | 2494 | | 仪表仪器 |
| 32 | SH600173 | 卧龙地产 | 47.9 | 9.87 | 14.60 | 17.09 | 9.69 | 11.7 | 0.8 | 0.25 | 263.19 | 58 | 2.74 | 房地产 |
| 33 | SH600708 | 海博股份 | 47.6 | 10.42 | 15.38 | 16.40 | 9.63 | 13.3 | 0.9 | 0.02 | 145.27 | 663 | | 运输物流 |
| 34 | SZ000913 | 钱江摩托 | 47.6 | 13.30 | 19.62 | 21.63 | 13.00 | 12.8 | 0.7 | 0.54 | 144.19 | 37 | | |
| 35 | SZ000957 | 中通客车 | 47.3 | 11.11 | 16.37 | 17.00 | 10.58 | 13.3 | 0.8 | 0.20 | 166.25 | 84 | 1.81 | 汽车类 |
| 36 | SH600890 | ST 中房 | 47.1 | 13.33 | 19.60 | 20.36 | 12.80 | 30.9 | 1.6 | 0.18 | 45.55 | 110 | 1.94 | 房地产 |
| 37 | SH600302 | 标准股份 | 46.4 | 20.08 | 29.40 | 31.30 | 20.00 | 13.2 | 0.5 | 0.38 | 117.51 | 77 | 3.69 | 机械 |
| 38 | SZ000851 | 高鸿股份 | 46.3 | 9.56 | 13.99 | 14.95 | 8.90 | 10.8 | 0.8 | -0.08 | 168.28 | | 1.77 | 通信 |
| 39 | SH600150 | 中国船舶 | 46.2 | 8.21 | 12.00 | 12.79 | 7.50 | 9.2 | 0.8 | -0.19 | 170.63 | | 1.91 | 机械 |
| 40 | SH600038 | 哈飞股份 | 46.1 | 17.44 | 25.48 | 27.00 | 17.37 | 15.3 | 0.6 | 0.27 | 178.44 | 94 | | |
| 41 | SZ000605 | ST 四 环 | 46.0 | 17.73 | 25.88 | 27.38 | 17.20 | 5.3 | 0.2 | 0.01 | 118.14 | 1924 | 1.24 | 医药 |
| 42 | SZ000752 | 西藏发展 | 45.7 | 14.80 | 21.57 | 22.70 | 14.63 | 15.8 | 0.7 | 0.16 | 115.63 | 137 | 1.85 | 酿酒食品 |
| 43 | SZ000408 | ST 金谷源 | 45.7 | 14.66 | 21.36 | 22.49 | 14.58 | 8.7 | 0.4 | 0.17 | 186.19 | 124 | 2.58 | 有色金属 |
| 44 | SZ000038 | 深大通 A | 45.4 | 15.90 | 23.12 | 24.48 | 15.50 | 4.4 | 0.2 | 0.07 | 174.52 | 505 | 1.17 | |
| 45 | SH600612 | 老凤祥 | 45.3 | 13.70 | 19.90 | 22.60 | 13.42 | 5.8 | 0.3 | 0.09 | 262.71 | 410 | | 商业连锁 |
| 46 | SH600869 | 三普药业 | 45.2 | 12.82 | 18.61 | 19.90 | 12.64 | 5.6 | 0.3 | 0.08 | 156.58 | 238 | 1.89 | 医药 |
| 47 | SH600687 | 刚泰控股 | 44.5 | 16.33 | 23.60 | 28.90 | 16.13 | 10.0 | 0.4 | 0.23 | 129.20 | 102 | | 房地产 |
| 48 | SZ000014 | 沙河股份 | 44.5 | 11.03 | 15.94 | 17.69 | 10.82 | 7.2 | 0.5 | -0.37 | 256.65 | | 0.00 | 房地产 |
| 49 | SH600645 | ST 中源 | 44.3 | 17.60 | 25.40 | 26.81 | 16.68 | 15.6 | 0.6 | 0.30 | 92.76 | 84 | 2.68 | 医药 |
| 50 | SZ000593 | 大通燃气 | 43.8 | 14.25 | 20.49 | 20.93 | 14.09 | 11.6 | 0.6 | 0.12 | 80.05 | 169 | | 供水供气 |
| 51 | SH600725 | 云维股份 | 43.7 | 12.60 | 18.10 | 19.55 | 12.53 | 6.8 | 0.4 | 0.19 | 176.01 | 94 | 3.12 | 煤炭石油 |
| 52 | SH600729 | 重庆百货 | 43.5 | 15.05 | 21.60 | 23.23 | 15.00 | 11.0 | 0.5 | 0.35 | 125.30 | 62 | 1.91 | 商业连锁 |
| 53 | SH600692 | 亚通股份 | 43.4 | 13.65 | 19.58 | 22.68 | 13.51 | 10.4 | 0.5 | 0.20 | 160.13 | 97 | | 运输物流 |
| 54 | SH600610 | SST 中纺 | 43.2 | 10.60 | 15.18 | 16.07 | 10.07 | 3.9 | 0.3 | 0.01 | 194.94 | 1668 | | 机械 |
| 55 | SH600145 | ST 国创 | 42.9 | 10.38 | 14.84 | 15.15 | 10.28 | 13.2 | 0.9 | 0.15 | 82.72 | 102 | 1.37 | 建材 |
| 56 | SZ000901 | 航天科技 | 42.4 | 22.03 | 31.37 | 33.30 | 21.70 | 9.4 | 0.3 | 0.20 | 165.98 | 154 | 3.15 | |

续表

| 序号 | 代码 | 商品名称 | 涨幅 | 前收盘 | 成交价 | 最高价 | 最低价 | 流通市值 | 流通股 | 年度每股收益 | 换手率 | 市盈率 | 每股净资产 | 行业 |
|---|---|---|---|---|---|---|---|---|---|---|---|---|---|---|
| 57 | SZ000818 | ST化工 | 41.9 | 9.84 | 13.96 | 14.38 | 9.75 | 12.6 | 0.9 | 0.08 | 162.01 | 172 | 2.87 | 化工化纤 |
| 58 | SH600186 | 莲花味精 | 41.6 | 9.57 | 13.55 | 14.48 | 9.42 | 37.9 | 2.8 | 0.25 | 160.05 | 54 | | 酿酒食品 |
| 59 | SH600765 | 中航重机 | 41.2 | 11.70 | 16.52 | 17.40 | 10.80 | 5.7 | 0.3 | 0.00 | 182.41 | 4474 | | 机械 |
| 60 | SH600158 | 中体产业 | 41.1 | 16.24 | 22.90 | 23.88 | 15.88 | 17.4 | 0.8 | 0.24 | 105.30 | 97 | 3.17 | 房地产 |
| 61 | SH600647 | 同达创业 | 40.7 | 15.70 | 22.09 | 23.30 | 14.35 | 4.6 | 0.2 | -0.15 | 70.59 | | | 房地产 |
| 62 | SH600693 | 东百集团 | 40.6 | 11.52 | 16.20 | 17.62 | 11.51 | 11.7 | 0.7 | 0.06 | 150.71 | 286 | | 商业连锁 |
| 63 | SH600097 | 开创国际 | 40.5 | 10.96 | 15.40 | 16.86 | 10.19 | 5.4 | 0.4 | -0.54 | 135.30 | | 0.09 | 农林牧渔 |
| 64 | SZ000007 | ST零七 | 40.5 | 10.28 | 14.44 | 15.45 | 9.91 | 11.5 | 0.8 | -1.20 | 155.94 | | | 旅游酒店 |
| 65 | SH600691 | *ST东碳 | 39.9 | 12.00 | 16.79 | 17.48 | 11.33 | 5.6 | 0.3 | -0.15 | 103.68 | | 1.31 | 其他行业 |
| 66 | SZ000637 | 茂化实华 | 39.9 | 15.64 | 21.88 | 22.90 | 14.70 | 18.1 | 0.8 | 0.21 | 66.42 | 106 | | 化工化纤 |
| 67 | SH600678 | *ST金顶 | 39.8 | 8.89 | 12.43 | 13.23 | 8.50 | 11.9 | 1.0 | 0.08 | 128.90 | 166 | 1.84 | 建材 |
| 68 | SH600783 | 鲁信创投 | 39.7 | 10.50 | 14.67 | 15.61 | 9.12 | 9.5 | 0.6 | -0.16 | 147.54 | | 1.51 | 其他行业 |
| 69 | SH600841 | 上柴股份 | 39.7 | 12.80 | 17.88 | 20.26 | 12.50 | 3.9 | 0.2 | 0.15 | 308.94 | 220 | 3.45 | 机械 |
| 70 | SH600888 | 新疆众和 | 39.6 | 15.68 | 21.89 | 22.70 | 14.30 | 6.4 | 0.3 | 0.24 | 151.50 | 91 | 2.14 | 有色金属 |
| 71 | SH600137 | 浪莎股份 | 39.6 | 17.48 | 24.40 | 26.50 | 17.08 | 4.2 | 0.2 | 0.26 | 151.19 | 92 | 2.74 | 纺织服装 |
| 72 | SH600673 | 东阳光铝 | 39.2 | 11.30 | 15.73 | 15.98 | 10.18 | 7.2 | 0.5 | 0.01 | 116.27 | 1383 | | 有色金属 |
| 73 | SH600762 | *ST金荔 | 39.2 | 14.01 | 19.50 | 22.00 | 13.36 | 8.4 | 0.4 | 0.09 | 223.58 | 218 | 1.18 | |
| 74 | SH600313 | ST中农 | 39.1 | 12.11 | 16.85 | 18.40 | 12.05 | 13.5 | 0.8 | 0.08 | 269.81 | 210 | | |
| 75 | SH600858 | 银座股份 | 39.1 | 9.98 | 13.88 | 14.97 | 9.84 | 9.4 | 0.7 | -0.20 | 123.87 | | | 商业连锁 |
| 76 | SZ000695 | 滨海能源 | 38.9 | 17.20 | 23.89 | 24.34 | 16.40 | 14.2 | 0.6 | 0.14 | 87.62 | 167 | 2.33 | 供水供气 |
| 77 | SZ000595 | *ST西轴 | 38.9 | 11.35 | 15.76 | 16.69 | 11.11 | 10.4 | 0.7 | 0.01 | 157.33 | 1242 | 2.44 | 机械 |
| 78 | SZ000686 | 东北证券 | 38.6 | 10.10 | 14.00 | 14.80 | 9.94 | 9.0 | 0.6 | 0.16 | 109.02 | 86 | 2.47 | 券商 |
| 79 | SH600822 | 上海物贸 | 38.4 | 15.16 | 20.98 | 23.88 | 14.70 | 2.8 | 0.1 | 0.01 | 302.58 | 1986 | | 外贸 |
| 80 | SZ000769 | *ST大菲 | 38.3 | 9.89 | 13.68 | 14.67 | 9.61 | 11.1 | 0.8 | 0.01 | 124.49 | 1153 | 2.37 | |
| 81 | SH600876 | 洛阳玻璃 | 38.3 | 9.12 | 12.61 | 13.80 | 8.99 | 6.3 | 0.5 | 0.15 | 190.70 | 134 | 2.22 | 建材 |
| 82 | SH600715 | *ST松辽 | 38.3 | 10.86 | 15.01 | 15.88 | 10.86 | 15.2 | 1.0 | 0.14 | 133.58 | 108 | | 汽车类 |
| 83 | SH600085 | 同仁堂 | 38.1 | 14.70 | 20.30 | 21.35 | 14.62 | 20.2 | 1.0 | 0.44 | 68.31 | 46 | | 医药 |
| 84 | SH600773 | 西藏城投 | 38.0 | 14.15 | 19.52 | 20.90 | 14.03 | 8.8 | 0.5 | 0.21 | 97.64 | 95 | 2.77 | 房地产 |

续表

| 序号 | 代码 | 商品名称 | 涨幅 | 前收盘 | 成交价 | 最高价 | 最低价 | 流通市值 | 流通股 | 年度每股收益 | 换手率 | 市盈率 | 每股净资产 | 行业 |
|---|---|---|---|---|---|---|---|---|---|---|---|---|---|---|
| 85 | SH600617 | ST 联华 | 37.8 | 18.79 | 25.90 | 29.98 | 18.18 | 2.3 | 0.1 | 0.06 | 419.79 | 700 | | 房地产 |
| 86 | SZ000017 | *ST 中华 A | 37.6 | 7.43 | 10.22 | 11.78 | 6.68 | 7.8 | 0.8 | -0.95 | 240.58 | | 0.10 | |
| 87 | SH600823 | 世茂股份 | 37.5 | 8.93 | 12.28 | 13.40 | 8.67 | 13.9 | 1.1 | -0.15 | 112.58 | | | 房地产 |
| 88 | SZ000699 | *ST 佳纸 | 37.4 | 11.30 | 15.52 | 15.92 | 11.20 | 14.5 | 0.9 | -0.19 | 70.15 | | 2.30 | |
| 89 | SH600230 | 沧州大化 | 37.3 | 12.09 | 16.60 | 18.11 | 11.96 | 13.3 | 0.8 | 0.19 | 175.86 | 86 | | 化工化纤 |
| 90 | SH600806 | 昆明机床 | 37.1 | 12.90 | 17.69 | 19.19 | 12.55 | 10.6 | 0.6 | 0.02 | 93.14 | 1211 | 2.08 | 机械 |
| 91 | SZ000723 | 美锦能源 | 37.0 | 11.32 | 15.51 | 16.90 | 10.45 | 10.8 | 0.7 | -0.27 | 183.06 | | | 煤炭石油 |
| 92 | SH600629 | 棱光实业 | 37.0 | 7.97 | 10.92 | 11.68 | 7.57 | 6.3 | 0.6 | -0.26 | 162.01 | | | 建材 |
| 93 | SH600398 | 凯诺科技 | 36.8 | 20.17 | 27.60 | 29.05 | 19.99 | 12.4 | 0.5 | 0.35 | 176.52 | 79 | 5.46 | 纺织服装 |
| 94 | SH600086 | 东方金钰 | 36.5 | 11.79 | 16.10 | 17.00 | 11.61 | 20.6 | 1.3 | 0.09 | 85.31 | 175 | | 商业连锁 |
| 95 | SZ000815 | 美利纸业 | 36.5 | 12.76 | 17.42 | 18.23 | 12.21 | 11.3 | 0.7 | 0.32 | 154.35 | 54 | | 造纸印刷 |
| 96 | SH600650 | 锦江投资 | 36.4 | 11.95 | 16.30 | 17.98 | 11.50 | 6.2 | 0.4 | 0.02 | 203.24 | 1439 | | 运输物流 |
| 97 | SZ000566 | 海南海药 | 36.2 | 8.59 | 11.70 | 12.96 | 8.00 | 9.8 | 0.8 | -0.27 | 132.39 | | | 医药 |
| 98 | SH600306 | 商业城 | 36.2 | 17.40 | 23.69 | 24.40 | 17.05 | 10.7 | 0.5 | 0.19 | 151.62 | 123 | | 商业连锁 |
| 99 | SZ000586 | 汇源通信 | 36.1 | 11.15 | 15.18 | 16.29 | 9.80 | 9.2 | 0.6 | -0.29 | 128.90 | | | 通信 |
| 100 | SZ000416 | 民生投资 | 35.9 | 13.56 | 18.43 | 19.81 | 12.03 | 11.5 | 0.6 | -0.21 | 105.02 | | 1.98 | 商业连锁 |
| 平均值 | | | 47.8 | 13.32 | 19.75 | 21.25 | 12.90 | 11.8 | 0.6 | 0.07 | 158.73 | 399 | 2.08 | |

在这一阶段，上证指数上涨了 76 个交易日，涨幅为 15.36%。

我们再来看这一阶段领涨股的情况。

从表 9-1 的统计可以看出，这一阶段领涨股的平均涨幅为 47.8%，远远大于大盘的 15.36% 的涨幅，看来并非所有牛市时期都是涨指数不涨个股的，这一切要根据之前板块轮动的顺序来决定。

这一阶段股票的平均起涨价格为 13.32 元，可以看到，在牛市末期上涨的领涨股里面，并非都是大家所想的那种价格仅为 10 元以下的低价股，这一点就说明我们按照低价补涨思路选股的局限性。

由于在 1994—2001 年这段时间里，中国股票市场的那些大盘股基本都没有上市，所以我们可以看到，在 2001 年牛市末期领涨的股票其平均市值和平均流通股本均非常小，分别为 11.8 亿元和 6000 万股。

下面我们再来看基本面的情况，在这一阶段，领涨股的平均每股收益只有 7 分，而平均每股净资产为 2 元，其市盈率为令人咂舌的 399 倍。

下面我们再来看看这一阶段领涨股的行业分布情况。

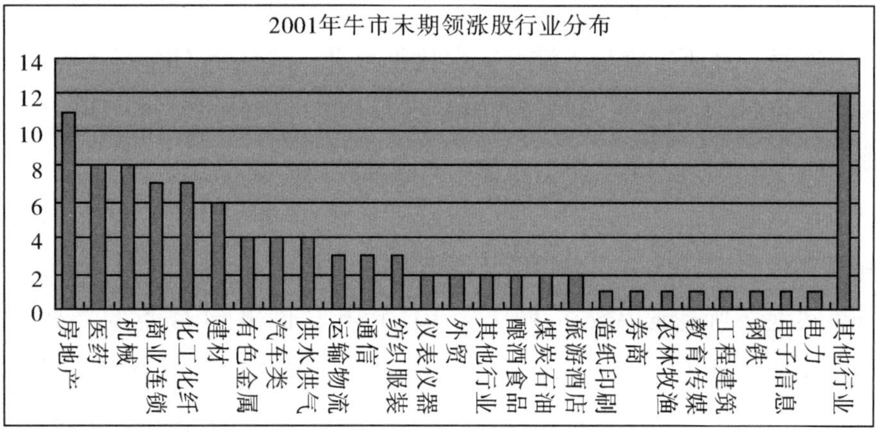


**图 9－3**

由上图我们可以看到，2001 年牛市末期，领涨的行业既有像房地产、机械、化工、有色金属这样的周期型股票，同时医药板块、商业连锁等非周期性板块也是领涨的主要板块。

追溯至 2001 年 2 月至 6 月中国的经济情况，我们可以看到至 2000 年 2 月开始中国的通货紧缩现象已经开始好转，至 2001 年 6 月，我国通货膨胀率已经有所反弹，通货膨胀的增加，从一方面刺激了房地产和大宗产品等行业股票的上涨。

而医药、商业板块属于非周期性行业，贝塔系数低，在牛市的初期和中期一般涨幅较小，在牛市末期会有一个价值回归的行情，但是这并不代表每个滞涨的板块都会补涨，只有那些已经建好仓位，洗好筹码处于拉升阶段的板块，在牛市末期才会进行所谓的补涨行情，其上涨的根源不是因为其之前没涨，而是因为之前有主力资金建仓吸筹，而股价正处于拉升阶段中。

我们纵观这 100 只领涨股，基本都是在 2001 年 2 月之前要么刚刚建仓要么早已经建仓完成，而正处于缩量拉升的股票。

至于具体的选股细节，我们会在本章第三节讲述。

## 2007年6月5日至2007年10月16日的牛市末段

上证指数自2005年6月6日至2007年5月29日，已经连续上涨了近2年之久，上证指数从998点升至4335点，涨幅达到334%之多，在这2年的时间里，经历了吸筹上涨和三次放量拉升，这些我们在第六章都有详细说明。自2007年5月30日印花税征收以来，上证指数进入调整中，这次调整过后，虽然大盘并没有走弱，而是继续上攻，但是这次上涨的成交量已经严重萎缩，这正说明大部分投资者对某些股票已经不认可了，这段时间股票将出现分化，大盘可能正进入牛市末期。

事实上，当上证指数在2007年10月16日创出6124点的新高之后，其调整周期已经达到32个交易日，二三两波调整的时间只有10个交易日左右，这正说明历史大顶部已经基本形成，而在这次调整后的反弹果然没有创出新高，反弹周期为32个交易日，远远低于之前的上涨周期91个交易日，至此为期2年多的牛市行情就此终结，随后上证指数最低跌至1664点，跌幅达到71%。

下面我们就来看看2007年牛市末期的领涨股的情况。

**表9-2**

| 序号 | 代码 | 商品名称 | 涨幅 | 前收盘 | 成交价 | 最高价 | 最低价 | 流通市值 | 流通股 | 年度每股收益 | 换手率 | 市盈率 | 每股净资产 | 行业 |
|---|---|---|---|---|---|---|---|---|---|---|---|---|---|---|
| 1 | SZ000686 | 东北证券 | 841.2 | 7.43 | 69.90 | 74.88 | 48.88 | 105.9 | 1.5 | 0.15 | 148 | 476 | 3.5 | 券商 |
| 2 | SH600213 | 亚星客车 | 502.2 | 1.29 | 7.75 | 9.80 | 5.25 | 7.0 | 0.9 | 0.12 | 393 | 68 | 1.4 | 汽车类 |
| 3 | SH600385 | ST金泰 | 352.3 | 3.96 | 17.91 | 26.58 | 4.16 | 14.7 | 0.8 | -0.67 | 122 | | -1.4 | 房地产 |
| 4 | SZ000685 | 中山公用 | 301.1 | 7.85 | 31.50 | 34.29 | 6.40 | 49.8 | 1.6 | 0.10 | 325 | 322 | 1.6 | 供水供气 |
| 5 | SH600307 | 酒钢宏兴 | 290.3 | 8.94 | 34.90 | 36.90 | 7.67 | 116.1 | 3.3 | 0.55 | 461 | 64 | 5.1 | 钢铁 |
| 6 | SZ000983 | 西山煤电 | 287.4 | 19.31 | 74.80 | 74.80 | 17.75 | 423.5 | 5.7 | 0.80 | 201 | 94 | 4.5 | 煤炭石油 |
| 7 | SH600472 | 包头铝业 | 269.7 | 19.70 | 72.81 | 83.35 | 17.81 | 156.7 | 2.2 | 0.94 | 359 | 78 | 5.0 | 有色金属 |

续表

| 序号 | 代码 | 商品名称 | 涨幅 | 前收盘 | 成交价 | 最高价 | 最低价 | 流通市值 | 流通股 | 年度每股收益 | 换手率 | 市盈率 | 每股净资产 | 行业 |
|---|---|---|---|---|---|---|---|---|---|---|---|---|---|---|
| 8 | SH600072 | 中船股份 | 267.6 | 14.29 | 52.53 | 63.97 | 12.86 | 114.2 | 2.2 | 0.05 | 571 | 1033 | 3.7 | 机械 |
| 9 | SH600547 | 山东黄金 | 257.3 | 49.90 | 178.29 | 201.50 | 47.00 | 138.3 | 0.8 | 0.78 | 199 | 229 | 4.8 | 有色金属 |
| 10 | SH600482 | 风帆股份 | 253.3 | 14.37 | 50.77 | 52.30 | 13.40 | 61.1 | 1.2 | 0.31 | 272 | 166 | 3.7 | 电器 |
| 11 | SZ000613 | ST 东海 A | 251.7 | 2.25 | 7.90 | 9.28 | 2.36 | 4.6 | 0.6 | -0.07 | 299 |  | 0.2 | 化工化纤 |
| 12 | SZ000609 | 绵世股份 | 250.3 | 16.76 | 58.71 | 58.71 | 15.08 | 40.3 | 0.7 | 0.23 | 480 | 256 | 4.3 | 房地产 |
| 13 | SH601919 | 中国远洋 | 247.8 | 15.52 | 53.98 | 58.55 | 15.52 | 674.1 | 12.5 | 0.19 | 273 | 394 | 3.7 | 运输物流 |
| 14 | SZ000831 | 关铝股份 | 244.9 | 11.77 | 40.60 | 44.00 | 10.59 | 97.9 | 2.4 | 0.08 | 518 | 526 | 3.6 | 有色金属 |
| 15 | SZ000723 | 美锦能源 | 241.6 | 9.05 | 30.90 | 38.40 | 23.25 | 23.2 | 0.8 | 0.11 | 210 | 293 | 2.5 | 煤炭石油 |
| 16 | SH600489 | 中金黄金 | 238.4 | 40.78 | 137.99 | 159.60 | 36.70 | 200.7 | 1.5 | 0.58 | 238 | 239 | 3.4 | 有色金属 |
| 17 | SH600117 | 西宁特钢 | 234.0 | 7.08 | 23.65 | 26.57 | 6.31 | 87.9 | 3.7 | 0.29 | 468 | 82 | 3.3 | 钢铁 |
| 18 | SH600591 | 上海航空 | 232.1 | 6.14 | 20.39 | 21.86 | 5.27 | 128.0 | 6.3 | 0.01 | 306 | 2371 | 1.8 | 航空 |
| 19 | SH600627 | 上电股份 | 223.7 | 24.88 | 80.53 | 83.00 | 21.68 | 41.1 | 0.5 | 1.08 | 296 | 74 | 4.4 |  |
| 20 | SZ000878 | 云南铜业 | 223.1 | 27.55 | 89.03 | 98.02 | 27.21 | 324.9 | 3.6 | 1.36 | 311 | 66 | 5.6 | 有色金属 |
| 21 | SH600595 | 中孚实业 | 212.8 | 12.97 | 40.55 | 43.26 | 11.67 | 146.2 | 3.6 | 0.27 | 479 | 151 | 3.2 | 有色金属 |
| 22 | SH600362 | 江西铜业 | 208.0 | 23.28 | 71.69 | 78.50 | 21.12 | 202.5 | 2.8 | 2.90 | 546 | 46 | 5.7 | 有色金属 |
| 23 | SH600291 | 西水股份 | 203.4 | 12.80 | 38.84 | 43.88 | 14.08 | 46.4 | 1.2 | -0.69 | 381 |  | 25.7 | 建材 |
| 24 | SH600089 | 特变电工 | 195.9 | 10.16 | 30.05 | 33.50 | 11.17 | 173.1 | 5.8 | 0.27 | 161 | 112 | 2.5 | 仪表仪器 |
| 25 | SH600711 | 盛屯矿业 | 194.6 | 10.13 | 29.84 | 29.84 | 6.85 | 7.9 | 0.3 | 0.00 | 332 |  | 0.1 | 有色金属 |
| 26 | SZ000960 | 锡业股份 | 194.3 | 29.70 | 87.40 | 102.20 | 26.73 | 224.7 | 2.6 | 0.38 | 198 | 228 | 4.1 | 有色金属 |
| 27 | SZ000612 | 焦作万方 | 189.4 | 22.36 | 64.70 | 67.00 | 20.13 | 183.9 | 2.8 | 0.54 | 296 | 121 | 3.2 | 有色金属 |
| 28 | SH600508 | 上海能源 | 188.3 | 14.14 | 40.78 | 43.88 | 12.79 | 110.7 | 2.7 | 0.64 | 371 | 64 | 3.8 | 煤炭石油 |
| 29 | SZ000933 | 神火股份 | 188.1 | 23.64 | 68.09 | 71.58 | 21.30 | 212.2 | 3.1 | 0.80 | 157 | 85 | 3.6 | 有色金属 |
| 30 | SH601666 | 平煤股份 | 187.4 | 17.02 | 48.92 | 51.78 | 15.49 | 181.0 | 3.7 | 0.80 | 345 | 61 | 5.4 | 煤炭石油 |
| 31 | SZ000596 | 古井贡酒 | 186.5 | 9.05 | 25.93 | 34.44 | 9.96 | 10.3 | 0.4 | 0.08 | 814 | 457 | 3.5 | 酿酒食品 |
| 32 | SH601600 | 中国铝业 | 178.4 | 19.77 | 55.02 | 60.60 | 18.83 | 631.7 | 11.5 | 1.32 | 456 | 60 | 4.6 | 有色金属 |
| 33 | SH600531 | 豫光金铅 | 178.3 | 16.33 | 45.45 | 48.25 | 14.70 | 61.2 | 1.3 | 0.62 | 717 | 73 | 4.0 | 有色金属 |
| 34 | SH601699 | 潞安环能 | 176.3 | 32.53 | 89.87 | 95.58 | 29.28 | 191.0 | 2.1 | 1.37 | 130 | 66 | 6.6 | 煤炭石油 |
| 35 | SZ000777 | 中核科技 | 175.0 | 16.43 | 45.18 | 47.31 | 14.79 | 40.0 | 0.9 | 0.08 | 723 | 545 | 3.1 | 机械 |

续表

| 序号 | 代码 | 商品名称 | 涨幅 | 前收盘 | 成交价 | 最高价 | 最低价 | 流通市值 | 流通股 | 年度每股收益 | 换手率 | 市盈率 | 每股净资产 | 行业 |
|---|---|---|---|---|---|---|---|---|---|---|---|---|---|---|
| 36 | SH600528 | 中铁二局 | 174.3 | 12.76 | 35.00 | 38.68 | 11.48 | 92.9 | 2.7 | 0.06 | 433 | 581 | 3.9 | 工程建筑 |
| 37 | SH600586 | 金晶科技 | 173.3 | 11.63 | 31.79 | 34.70 | 10.58 | 33.3 | 1.0 | 0.21 | 568 | 153 | 7.2 | 建材 |
| 38 | SH600029 | 南方航空 | 168.7 | 9.48 | 25.47 | 30.50 | 8.08 | 254.7 | 10.0 | 0.07 | 314 | 533 | 2.8 | 运输物流 |
| 39 | SH600481 | 双良节能 | 167.4 | 5.35 | 14.31 | 17.73 | 5.16 | 41.4 | 2.9 | 0.16 | 560 | 93 | 1.6 | 电器 |
| 40 | SH601111 | 中国国航 | 165.1 | 9.63 | 25.54 | 30.00 | 8.62 | 297.8 | 11.7 | 0.38 | 348 | 105 | 2.6 | 运输物流 |
| 41 | SH600804 | 鹏博士 | 163.8 | 12.10 | 31.92 | 33.33 | 10.89 | 67.5 | 2.1 | 0.01 | 309 | 2700 | 2.5 | 计算机 |
| 42 | SH600971 | 恒源煤电 | 158.2 | 22.58 | 58.30 | 60.00 | 20.49 | 48.8 | 0.8 | 1.08 | 224 | 54 | 5.8 | 煤炭石油 |
| 43 | SH600150 | 中国船舶 | 157.8 | 100.86 | 259.99 | 300.00 | 96.00 | 350.4 | 1.3 | 1.84 | 74 | 141 | 12.9 | 机械 |
| 44 | SZ002001 | 新 和 成 | 155.4 | 7.95 | 20.30 | 20.30 | 7.16 | 27.5 | 1.4 | 0.10 | 550 | 206 | 2.3 | 医药 |
| 45 | SZ000968 | 煤 气 化 | 153.4 | 11.37 | 28.81 | 30.79 | 9.52 | 57.6 | 2.0 | 0.36 | 465 | 79 | 4.4 | 煤炭石油 |
| 46 | SZ000655 | 金岭矿业 | 150.7 | 17.87 | 44.80 | 47.38 | 16.08 | 69.3 | 1.5 | 0.32 | 388 | 138 | 2.3 | 钢铁 |
| 47 | SZ000807 | 云铝股份 | 150.2 | 14.67 | 36.70 | 37.99 | 13.20 | 155.7 | 4.2 | 0.37 | 604 | 99 | 2.4 | 有色金属 |
| 48 | SZ000800 | 一汽轿车 | 150.1 | 9.63 | 24.10 | 24.70 | 8.76 | 184.2 | 7.6 | 0.17 | 355 | 142 | 3.6 | 汽车类 |
| 49 | SZ000952 | 广济药业 | 149.7 | 15.20 | 37.95 | 51.58 | 14.44 | 78.1 | 2.1 | 0.07 | 468 | 573 | 2.4 | 医药 |
| 50 | SH600997 | 开滦股份 | 149.4 | 19.22 | 47.93 | 53.88 | 17.90 | 117.9 | 2.5 | 0.87 | 248 | 55 | 4.8 | 煤炭石油 |
| 51 | SH600581 | 八一钢铁 | 147.1 | 7.63 | 18.85 | 20.70 | 6.31 | 52.1 | 2.8 | 0.26 | 528 | 72 | 4.4 | 钢铁 |
| 52 | SH600685 | 广船国际 | 144.6 | 39.82 | 97.39 | 102.89 | 39.30 | 156.4 | 1.6 | 0.79 | 212 | 180 | 4.3 | 机械 |
| 53 | SZ002097 | 山河智能 | 143.4 | 26.49 | 64.49 | 66.49 | 24.89 | 42.8 | 0.7 | 0.31 | 265 | 210 | 2.4 | 机械 |
| 54 | SH600357 | 承德钒钛 | 143.4 | 9.68 | 23.55 | 25.12 | 8.71 | 127.6 | 5.4 | 0.31 | 484 | 75 | 3.4 | 有色金属 |
| 55 | SH600022 | 济南钢铁 | 142.7 | 10.60 | 25.72 | 27.30 | 9.70 | 126.4 | 4.9 | 0.64 | 174 | 40 | 3.8 | 钢铁 |
| 56 | SZ002092 | 中泰化学 | 141.6 | 16.60 | 40.10 | 41.88 | 16.25 | 40.1 | 1.0 | 0.54 | 348 | 74 | 5.7 | 化工化纤 |
| 57 | SH601318 | 中国平安 | 141.5 | 56.73 | 137.00 | 145.80 | 53.61 | 1102.9 | 8.1 | 1.53 | 134 | 137 | 14.1 | 保险 |
| 58 | SH600277 | 亿利能源 | 141.1 | 8.88 | 21.41 | 25.48 | 7.99 | 19.5 | 0.9 | 0.11 | 263 | 194 | 5.0 | 化工化纤 |
| 59 | SZ002019 | 鑫富药业 | 138.6 | 18.91 | 45.10 | 48.38 | 17.02 | 48.5 | 1.1 | 0.05 | 336 | 987 | 2.4 | 化工化纤 |
| 60 | SZ000563 | 陕国投 A | 138.2 | 11.63 | 27.70 | 29.70 | 10.47 | 59.8 | 2.2 | 0.03 | 470 | 999 | 1.3 | 银行类 |
| 61 | SH600432 | 吉恩镍业 | 137.6 | 46.81 | 111.22 | 118.40 | 43.48 | 124.7 | 1.1 | 1.22 | 380 | 91 | 6.1 | 有色金属 |
| 62 | SH600961 | 株冶集团 | 136.1 | 17.03 | 40.21 | 42.95 | 15.33 | 65.1 | 1.6 | 0.79 | 561 | 51 | 4.0 | 有色金属 |
| 63 | SH600219 | 南山铝业 | 135.7 | 15.91 | 37.50 | 40.65 | 14.40 | 186.3 | 5.0 | 0.14 | 352 | 277 | 5.6 | 有色金属 |

续表

| 序号 | 代码 | 商品名称 | 涨幅 | 前收盘 | 成交价 | 最高价 | 最低价 | 流通市值 | 流通股 | 年度每股收益 | 换手率 | 市盈率 | 每股净资产 | 行业 |
|---|---|---|---|---|---|---|---|---|---|---|---|---|---|---|
| 64 | SH600376 | 首开股份 | 135.6 | 14.51 | 34.18 | 53.00 | 15.96 | 49.7 | 1.5 | 0.64 | 292 | 53 | 2.8 | 房地产 |
| 65 | SH600162 | 香江控股 | 134.3 | 12.41 | 29.08 | 33.80 | 11.75 | 72.5 | 2.5 | 0.31 | 346 | 95 | 1.3 | 房地产 |
| 66 | SH600335 | *ST 盛工 | 133.9 | 8.33 | 19.48 | 19.48 | 6.19 | 11.0 | 0.6 | 0.01 | 538 | 2715 | 2.0 | 机械 |
| 67 | SZ002009 | 天奇股份 | 133.1 | 15.19 | 35.42 | 41.00 | 13.68 | 27.1 | 0.8 | 0.26 | 212 | 136 | 3.1 | 仪表仪器 |
| 68 | SZ000505 | ST 珠江 | 132.2 | 6.03 | 14.00 | 18.80 | 6.63 | 32.3 | 2.3 | 0.16 | 425 | 102 | 0.5 | 房地产 |
| 69 | SH600056 | 中国医药 | 132.2 | 9.86 | 22.89 | 25.50 | 8.87 | 24.0 | 1.1 | 0.32 | 471 | 71 | 3.1 | 医药 |
| 70 | SZ000602 | *ST 金马 | 132.1 | 14.22 | 33.00 | 40.05 | 9.78 | 35.9 | 1.1 | 0.37 | 414 | 90 | 2.4 | 有色金属 |
| 71 | SH600096 | 云天化 | 131.9 | 22.43 | 52.00 | 52.34 | 20.33 | 109.3 | 2.1 | 1.09 | 296 | 48 | 5.9 | 化工化纤 |
| 72 | SZ000060 | 中金岭南 | 131.5 | 28.86 | 66.80 | 71.97 | 25.97 | 288.7 | 4.3 | 1.52 | 280 | 44 | 5.0 | 有色金属 |
| 73 | SH600725 | 云维股份 | 131.3 | 15.74 | 36.41 | 39.31 | 14.51 | 27.6 | 0.8 | 0.41 | 342 | 89 | 4.9 | 煤炭石油 |
| 74 | SH600408 | 安泰集团 | 130.8 | 9.16 | 21.15 | 23.90 | 8.07 | 47.7 | 2.3 | 0.32 | 476 | 67 | 5.0 | 煤炭石油 |
| 75 | SH600123 | 兰花科创 | 130.6 | 26.66 | 61.48 | 65.82 | 24.48 | 126.5 | 2.1 | 1.37 | 233 | 45 | 6.7 | 煤炭石油 |
| 76 | SH601166 | 兴业银行 | 130.0 | 28.43 | 65.39 | 66.89 | 25.65 | 458.4 | 7.0 | 0.76 | 189 | 86 | 7.4 | 银行类 |
| 77 | SZ000012 | 南 玻 A | 128.5 | 11.66 | 26.65 | 28.35 | 11.58 | 103.0 | 3.9 | 0.45 | 200 | 94 | 2.1 | 建材 |
| 78 | SH600169 | 太原重工 | 127.4 | 19.08 | 43.39 | 45.00 | 17.58 | 83.1 | 1.9 | 0.22 | 222 | 200 | 3.0 | 机械 |
| 79 | SH600249 | 两面针 | 126.7 | 16.72 | 37.89 | 38.81 | 15.05 | 95.7 | 2.5 | 0.50 | 385 | 75 | 13.7 | 化工化纤 |
| 80 | SH600888 | 新疆众和 | 126.6 | 14.83 | 33.60 | 36.88 | 13.75 | 45.5 | 1.4 | 0.26 | 334 | 130 | 1.9 | 有色金属 |
| 81 | SH600986 | 科达股份 | 125.5 | 8.15 | 18.37 | 20.67 | 7.34 | 19.3 | 1.0 | 0.04 | 374 | 502 | 3.5 | 工程建筑 |
| 82 | SZ000962 | 东方钽业 | 125.2 | 13.48 | 30.36 | 30.37 | 11.59 | 59.2 | 1.9 | 0.12 | 556 | 245 | 3.3 | 有色金属 |
| 83 | SZ000709 | 河北钢铁 | 125.0 | 10.65 | 23.95 | 29.58 | 9.62 | 264.8 | 11.1 | 0.63 | 159 | 38 | 4.5 | 钢铁 |
| 84 | SZ000898 | 鞍钢股份 | 124.9 | 16.05 | 36.10 | 38.60 | 15.40 | 380.2 | 10.5 | 1.39 | 220 | 31 | 5.6 | 钢铁 |
| 85 | SH600395 | 盘江股份 | 124.6 | 8.05 | 18.09 | 18.49 | 6.61 | 30.4 | 1.7 | 0.22 | 598 | 83 | 3.8 | 煤炭石油 |
| 86 | SH600109 | 国金证券 | 124.5 | 32.66 | 73.31 | 81.99 | 29.40 | 40.3 | 0.6 | 0.26 | 543 | 278 | 4.1 | 券商 |
| 87 | SH600111 | 包钢稀土 | 124.4 | 27.01 | 60.62 | 63.98 | 24.31 | 125.1 | 2.1 | 0.18 | 496 | 338 | 3.5 | 有色金属 |
| 88 | SH600104 | 上海汽车 | 123.5 | 14.05 | 31.39 | 32.90 | 12.65 | 464.8 | 14.8 | 0.21 | 191 | 152 | 5.4 | 汽车类 |
| 89 | SH600058 | 五矿发展 | 123.0 | 24.63 | 54.93 | 57.45 | 19.83 | 167.1 | 3.0 | 0.68 | 396 | 80 | 4.6 | 外贸 |
| 90 | SH600230 | 沧州大化 | 122.3 | 13.26 | 29.48 | 30.87 | 10.78 | 31.7 | 1.1 | 0.41 | 561 | 72 | 3.7 | 化工化纤 |
| 91 | SH600748 | 上实发展 | 120.6 | 21.47 | 47.37 | 56.05 | 17.94 | 112.1 | 2.4 | 0.24 | 191 | 201 | 2.3 | 房地产 |

续表

| 序号 | 代码 | 商品名称 | 涨幅 | 前收盘 | 成交价 | 最高价 | 最低价 | 流通市值 | 流通股 | 年度每股收益 | 换手率 | 市盈率 | 每股净资产 | 行业 |
|---|---|---|---|---|---|---|---|---|---|---|---|---|---|---|
| 92 | SZ000584 | 友利控股 | 119.9 | 10.38 | 22.83 | 22.83 | 9.41 | 48.0 | 2.1 | -0.04 | 601 | | 1.7 | 化工化纤 |
| 93 | SZ000895 | 双汇发展 | 118.7 | 20.83 | 45.55 | 63.00 | 40.00 | 133.9 | 2.9 | 0.77 | 176 | 59 | 3.3 | 酿酒食品 |
| 94 | SH600673 | 东阳光铝 | 118.0 | 15.31 | 33.37 | 37.29 | 14.00 | 26.1 | 0.8 | 0.19 | 411 | 173 | 2.1 | 有色金属 |
| 95 | SZ002128 | 露天煤业 | 117.2 | 28.52 | 61.95 | 64.68 | 27.80 | 48.3 | 0.8 | 0.60 | 374 | 103 | 3.1 | 煤炭石油 |
| 96 | SZ002016 | 世荣兆业 | 116.8 | 11.11 | 24.09 | 27.49 | 10.00 | 11.3 | 0.5 | 0.01 | 300 | 2147 | 3.4 | 房地产 |
| 97 | SH600966 | 博汇纸业 | 116.7 | 9.21 | 19.96 | 21.58 | 8.37 | 35.4 | 1.8 | 0.52 | 544 | 38 | 5.4 | 造纸印刷 |
| 98 | SH600509 | 天富热电 | 116.0 | 17.85 | 38.55 | 39.99 | 15.19 | 52.2 | 1.4 | 0.14 | 320 | 270 | 2.9 | 电力 |
| 99 | SH600188 | 兖州煤业 | 115.6 | 12.50 | 26.95 | 27.49 | 11.35 | 97.0 | 3.6 | 0.62 | 597 | 72 | 3.8 | 煤炭石油 |
| 100 | SH600478 | 科力远 | 114.9 | 10.84 | 23.29 | 25.50 | 9.76 | 12.3 | 0.5 | 0.06 | 509 | 398 | 2.6 | 电器 |
| 平均值 | | | 177.3 | 17.46 | 46.84 | 51.47 | 16.81 | 130.6 | 2.9 | 0.45 | 367 | 288 | 4.1 | |

2007年6月5日至2007年10月16日，这一阶段上证指数上涨了66%，经历了91个交易日。

接下来，我们来看一下这一阶段领涨股的情况。

从表9-2可以看出，这一阶段领涨股的平均涨幅为177%，也是远远大于上证指数的上涨幅度，这些领涨股的起涨时的平均价格为17.46元，更是远远大于投资者所预期的低价股的区间。

由于上一波的上涨是以业绩较差的小盘股领涨的，这一波上证指数的领涨股票变成业绩较好的中大盘股票，这些领涨股票的平均流通市值为130亿元，平均流通股本为2.9亿股。

这一阶段领涨股的平均每股收益为0.45元，每股净资产为4.1元，平均市盈率为288倍。虽然领涨股的业绩普遍不错，但是由于牛市末期大部分股票涨幅已经很大，同时价格也已经很高，所以造成市盈率达到288倍的情况。

下面我们再来看看这一阶段领涨股的行业分布情况。

从行业来看，领涨股最多的行业是有色金属和煤炭石油行业，这两个

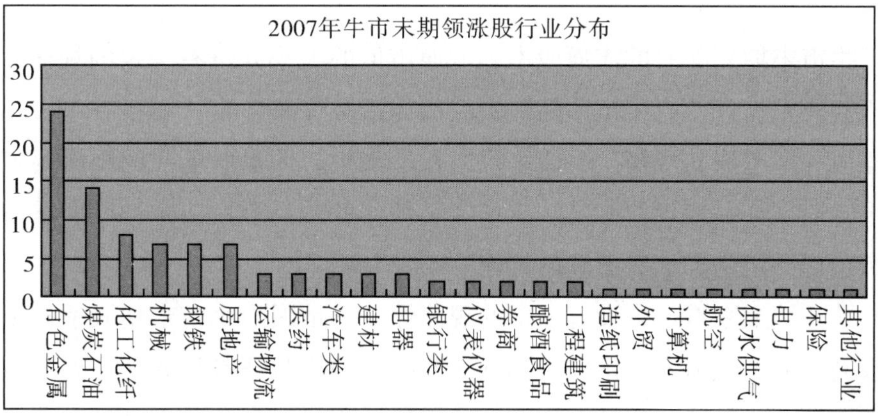


图9－4

行业占到所有领涨股的38%。究其原因，我们发现在2007年中国的CPI数据已经由2006年的1%蹿升至2007年9月的6.2%，短短一年时间通货膨胀抬头如此之快，尤其是2007年6～8月，通货膨胀率从3.4迅速升至6.5，在短短3个月时间，通货膨胀率上升近1倍，这是导致这些行业领涨的最大原因。但不是每次牛市的末期有色金属和资源类的股票都会领涨，一般来说，在通货膨胀较高的牛市末期，资源类股票往往会有不错的表现。

我们纵观这一阶段的领涨股票，这些领涨股大部分都不是之前滞涨的股票，恰恰相反，这些上涨的股票往往比那些滞涨股牛市以来涨幅都大，最关键的问题不是只关注于股票价格的高低，主要是看股票是否有主力资金建仓，同时要看股票是否处于拉升阶段中。

## 两次牛市末期领涨股总结

纵观2001年和2007年牛市末期领涨股的情况，我们可以得出以下结论。

牛市末期领涨股的起涨价格并不低，所以我们在牛市末期只想着买那些低价格股票，因为他们价格低就补涨的想法是不正确的。我们买入股票，是因为其处于强势，处于建仓后的拉升期，这才是我们买入股票的理由。

牛市末期领涨股的流通股本和流通市值的大小并没有一定的规律，这个规律要根据每一轮牛市中轮涨板块的先后顺序来决定，而没有牛市顶部大盘股一定上涨的规矩。一般来说，在牛市中，大盘股上涨的顺序要晚于中小盘股这个一般规律，是从市场资金炒作的难易程度决定的。但并没有牛市顶部必定是大盘股上涨的规律。

从业绩上来看，也没有一定的规律性，只是因为牛市末期股票价格相对较高，无论业绩如何优异，其领涨股的平均市盈率都比较高，如果领涨股的业绩不错，同时市盈率高企，这就要提醒我们大盘是否已经上涨至顶部区间了。

从行业上来看，一般到牛市末期，一些防御性品种会有一些补涨的需求，但是并不是防御性行业涨幅就占比最多，一些诸如汽车、纺织等高端消费品行业的公司，由于处于经济周期受益期的末期，往往在牛市末期会有所表现。

## 第三节　牛市末期操作策略

之前两节我们介绍了牛市末期的界定和牛市末期领涨股的情况，这一节我们就用之前所总结的一些思路，运用到我们的操作策略中来。

我们买股票，任何时候都要买那些能够上涨获利的股票，而不是贪图股票的价格低、涨幅低，我们要时刻盯着一只股票是否已经吸筹完毕并突破，或者正在处于爆发期中，只有购买了爆发期的股票我们才能快速地获取利润，这个道理在牛市里更是如此。

一般来说，在牛市末期大盘的上涨都有些异样，要么是其上涨速度没有初期和中期那么强劲，要么就是其成交量大幅萎缩，在把握了这些大前提之下，我们已经知晓大盘以后可能会见顶下跌。

在已经知道大盘要变弱下跌的前提下，我们一定要找那些前期建仓充分，而且近期再次突破新高拉升的股票，只有这样我们才能在大盘弱势上涨的环境下，获取较大的收益。

下面我们就利用图 9－5 和图 9－6 里领涨股的案例情况进行说明，具体来看看我们是如何在牛市末期进行选股投资的。

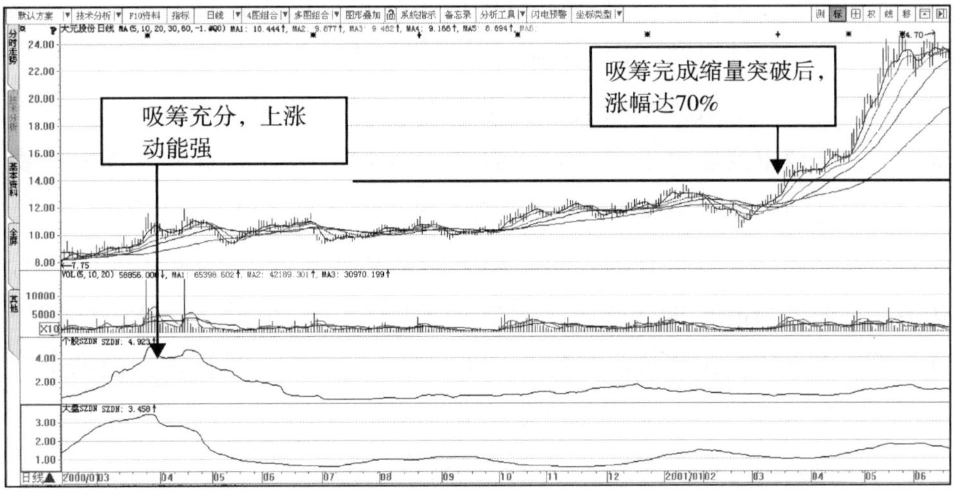


**图 9－5**

我们先来看大元股份（600146），在 2001 年 3 月之后，大元股份以微小的放量突破了前期高点，随后又上涨了近 70%，这轮牛市的末期行情中大元股份共上涨了 104%，位居当时领涨股排行榜第二名，下面我们来看看其上涨的缘由。

我们注意到，在 2000 年 3 月，有主力资金疯狂介入大元股份建仓吸筹的举动，其建仓动能也远远大于同期上证指数的上涨动能。但是，不争气的是，自主力建仓之后，大元股份便公告 2000 年中期亏损的报告，可谓出师不利，2000 年上半年，大元股份共计亏损 2140 万元，所以在这段时间，虽然上证指数仍然出现较大幅度的上涨行情，大元股份却始终处于振荡行情中。

大元股份的转机就处在 2000 年底至 2001 年初，在这段时间大元股份进行了一系列的运作：

（1）2000 年 10 月 17 日，大元股份公告决定以自有资金 4900 万元，参股西北证券有限责任公司，西北证券是在原宁夏证券有限责任公司的基础上通过股权变更、吸收合并、增资扩股后经批准设立的综合类证券公司。公司由原宁夏伊斯国际信托公司、银川市信托投资公司等信托投资所属证券营业部合并重组而成。公司成立后注册资本为7.5亿元。

此举表明大元股份在业绩下滑之后正在积极运作转型，走多元化战略，避免公司业绩受单一化主营业务的影响过大。

（2）宁夏大元化工股份有限公司于2001年4月20日召开一届十二次董事会，会议审议通过了《公司以自有资金1275万元投资南京国海生物工程有限公司的议案》。南京国海生物工程有限公司（以下简称国海公司）为北京义立德化工材料有限公司（以下简称义立德公司）的控股子公司，其中义立德公司占有94.6%股权，李云政占有5.4%的股份。公司以1275万元受让义立德公司所持国海公司948.5万元的股权，受让李云政的全部股权，即73.6万元的股权。义立德公司仍持有340.7万元的股权，同时义立德公司再向国海公司注入850万元的资金，折为681.4万元的股权。重组后的国海公司注册资本将达2044.2万元，公司和义立德公司分别持有国海公司50%的股权。公司原主营石油化工，上市后因原油价格大涨而业绩大幅滑坡，2000年上半年甚至出现亏损，公司已多次提到要多元化经营，拓展其他业务领域。此次介入生物工程预示着公司向高科技领域的进军。投资1275万元参股50%股权，虽然可以用权益法核算利润，但总体对业绩的影响不会很大。

虽然进军高科技领域对大元股份的业绩影响短期并不明显，但至少显示出管理层做多的决心。

（3）更加有实质意义的利好消息也在随后发布了，2001年5月28日，大元股份公告称，其母公司宁夏大元炼油化工有限责任公司将整体并入中国石油天然气集团公司。作为一家地方性的公司宁夏大元炼油化工有限责任公司的实力自然无法与中石油相抗衡，与国外的一些大型石油公司更是难以相提并论，因此一旦中国入世，其命运将颇为渺茫。而此次并入中石油后，无疑是明智之举，对上市公司而言也将因此而受益。

我们注意到，二级市场上，随着公司一系列的多元化战略运作，虽然短期内业绩并没有大幅增加，2000 年底，大元股份的每股收益只有可怜的 0.03 元，但是，公司的股价确于 2001 年 3 月创出前期的新高，并且一路攀升，成为 2001 年牛市末期的第二大领涨股票。

下面我们来梳理一下我们的投资思路，在牛市末期我们要寻找那些前期已经充分建仓的股票，而不是只寻找那些价格低廉而建仓不充分的股票，同时在牛市的末期上涨阶段，要在大盘上涨初期就已经突破前期高点，同时基本面也有着利好的配合，没有明显的信息地雷的股票，这样的股票最有可能成为牛市末期的领涨股。对于这些领涨股，我们最好的介入时机就是其在牛市末期上涨段的前期已经突破前期高点的股票。

我们在来看另外一个案例。

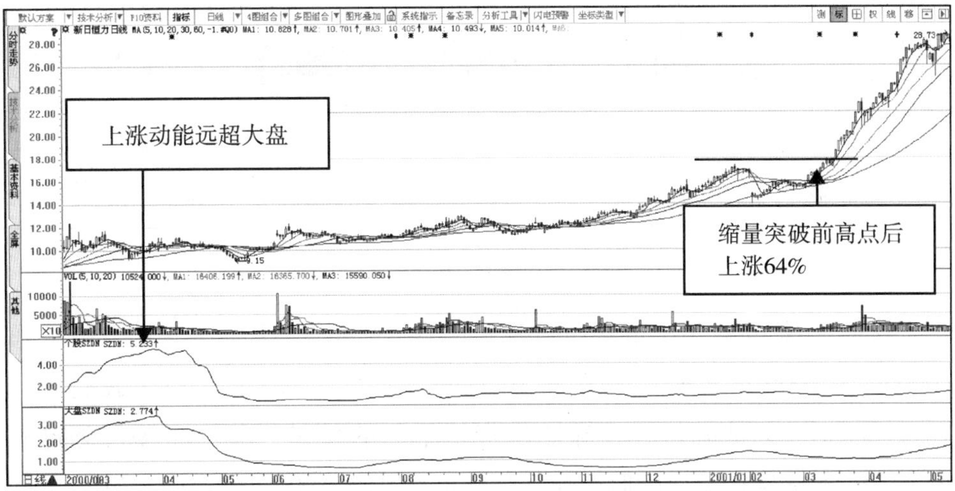


图 9－6

再来看宁夏恒力（600165），现名新日恒力，该股于 2000 年 1 ～ 4 月同样大幅吸筹，在经历了一段时间地来回振荡之后，从 2000 年 9 月开始便走入缩量上涨通道中，在 2001 年 1 月至 2 月小幅调整之后，于 2001 年 3 月中旬在此缩量创出新高，随后一举上涨了 64%，名列当时阶段领涨股排名第五。

之所以缩量拉升，正是由于主力庄家控盘已经较深，外面的浮动筹码并不多，所以股票上涨时非常轻快，在牛市末期这是一种较为常见的拉升形势。

我们最好的介入时机就在牛市末期，符合条件的目标股缩量突破前高点之时，此时跟进，往往在后面能够跑赢大盘，取得不错的收益。

好了，下面我们再来看看2007年牛市末期的情况，看是否也有相似的规律。

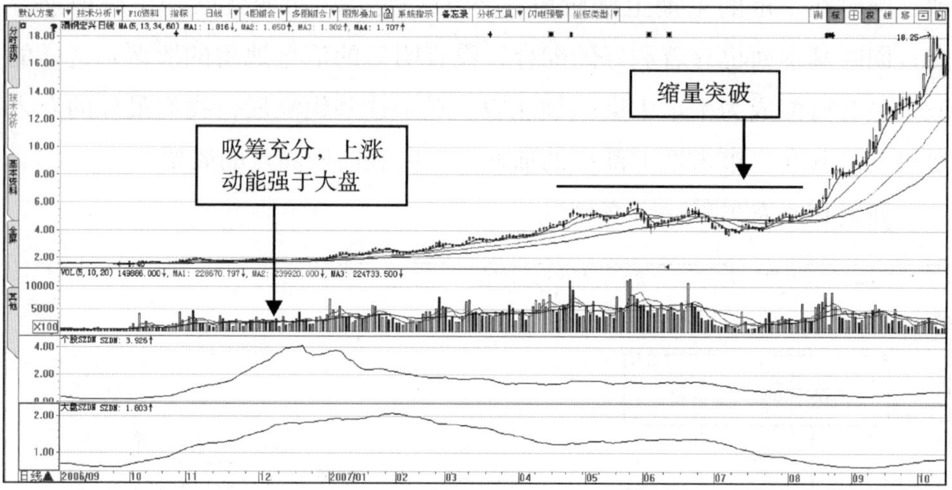


**图9-7**

我们来看2007年牛市末期的领涨股案例，图9-7所示的是酒钢宏兴（600307）2006年9月至2007年10月的K线图，从上面的排名我们可以看到，酒钢宏兴涨幅排在领涨股排行榜第五的位置，那也许有人会问笔者，为何不选排行第一的股票啊，从上面的排名细化来看，排名第一和第二的东北证券（000686）和亚星客车（600213）都是由于重组复牌后大涨的，不具有代表性，排名第三的是ST金泰（600385），ST金泰从2007年2月28日起，连续42个交易日封于涨停板，创下了中国A股市场的一个奇迹。但更可以称之为“丑闻”，因为这很可能是一起公然挑衅资本市场秩序的涉嫌股价操纵行为。ST金泰股价的操纵路径是，通过发布利空消息、隐瞒重组信息以及利润调节等手段，把股价压制在较低的位置，从而让利益关联的大额资金在底部大举买入，达到高度控盘的程度，设伏等待重组消息公布后连续涨停，最后在散户的哄抬下卖出。这个操纵事件后已被证监立案调查。

再来看排名第四的中山公用（000685），中山公用属于不折不扣的内幕交易典型案例，此案涉案人数众多，具备一定的典型性。

下面我们就带大家看看当时的情况。

2006 年年底，中山公用科技股份有限公司的控股股东中山公用事业集团有限公司（后更名为中山公用事业集团股份有限公司）筹备集团公司整体上市。

2007 年 5 月，谭庆中在担任中山公用事业集团股份有限公司董事长期间，将集团公司整体资金注入中山公用科技股份有限公司的构思告诉郑旭龄，共同研究资产重组的可行性。随后，谭庆中要求郑旭龄准备一份关于集团公司重组中山公用科技股份有限公司并整体上市的材料，并于 2007 年 6 月 26 日向李启红全面汇报了整体上市的工作情况。

2007 年 7 月 3 日，李启红、谭庆中、郑旭龄等人向中国证监会汇报了中山公用科技股份有限公司重大资产重组的初步方案。

2007 年 7 月 4 日，中山公用科技股份有限公司“公用科技”（2008 年 8 月更名为“中山公用”）股票停牌。

2007 年 8 月 20 日，“公用科技”股票复牌，中山公用科技股份有限公司发布了关于换股吸收合并公用集团及定向增发收购乡镇供水资产的预案公告。

2007 年 5 月至 6 月，谭庆中多次向李启红汇报中山公用科技股份有限公司筹备资产重组的事宜。

2007 年 6 月中旬，谭庆中在办公室约见了林永安，向其泄露有关中山公用科技股份有限公司资产重组内幕信息。

2007 年 6 月下旬，李启红与林永安商定后，在家中向林小雁泄露了中山公用科技股份有限公司准备资产重组，股价会上涨的内幕信息，并让林小雁找林永安拿钱帮助买卖“公用科技”股票。随后，林小雁从林永安存款账户中转出人民币 236. 5 万元，从其丈夫李启明存款账户转出人民币 350 万元，并拿出自有资金，共筹集人民币 677 万元，以其弟林伟成和同事刘赞雄的名义，在中国银河证券股份有限公司中山营业部办理了证券交易开户手续，分别转入林伟成账户人民币400万元，转入刘赞雄账户人民币277万元，指使朋友关穗腾负责买卖“公用科技”股票。

2007年6月29日至7月3日，上述账户在“公用科技”股票停牌前累计买入89.68万股，买入资金人民币669万余元。

后于2007年9月18日至10月15日陆续卖出“公用科技”股票，账面收益人民币1983万元。

据调查，2007年6月11日，中山公用科技股份有限公司重大资产重组这一内幕信息已形成，2007年6月11日至7月3日为这一内幕信息的价格敏感期。在此期间，除了李启红外，公用集团亦有多名高管利用内幕信息炒股。其中，原公用集团企管部经理周中星从郑旭龄处获知内幕信息后，与其妻子黄某和母亲麦某共买入88.44万股，并于2007年10月8日至10日卖出，账面收益高达人民币1809万余元。

为应付中国证监会的调查，李启明曾伙同林永安、林小雁等人商量规避调查事宜。2009年12月，中国证监会找到李启明调查林小雁等人买卖“公用科技”股票的情况。

2010年4月初，李启明向林小雁提出转款人民币1000万元至其合作伙伴郭长棋的存款账户，用于收购建大电器工业（中山）有限公司20%的股权。随后，林小雁安排林伟成于2010年4月6日、7日、9日分3次转款人民币1000万元至郭长棋的存款账户。

虽然中山公用内部交易涉案人员采取各种手段转走赃款，当时他们逃脱不了内幕交易的事实，2010年5月30日，时任中山市委副书记、市长李启红终于因涉嫌严重经济违纪问题被纪委“双规”。其他涉案人员均受到不同程度的惩处，这个案例也成为中国证监会打击内幕交易的经典案例。

说了这么多题外话，就是要说明想迅速赚大钱，一夜暴富，天下间这样的好事少有，这样的“一”字涨停板股票，对于我们这些不知道内幕消息的人士来说，买中的概率跟中彩票没什么两样，所以我们也没必要去在意这些股票的涨跌，只要我们恪守交易法规，不做违法之事，以正当的方式赚取利润，保持一颗平常之心，我想终有一天我们会积累到属于自己的财富。

我们继续来看在2007年牛市末期涨幅榜排名第五的酒钢宏兴。通过图9-7我们可以看到，从2006年10月至2007年2月这段时间，酒钢宏兴的主力一直在不断的增仓抢筹，抢筹之后，顺势放量上涨至2007年5月29日，随后跟随大盘530调整下来，与其他股票不同的是，该股经历这次调整之后，于2007年8月14日再次创出新高，与之前不同的是，这次的新高却是缩量所创，这也正说明，酒钢宏兴的主力在经历了2006年10月至2007年5月这段时间的建仓拉升之后，对这只股票的控盘终于再次加强，因此才能够在2007年8月14日缩量创出新高，此后，酒钢宏兴更是在接下来的35个交易日迅速上涨了215%。

我们再来看看这只股票的基本面情况。

以下是2007年8月24日国信证券对酒钢宏兴调研报告的主要亮点：

酒钢宏兴2007年上半年生产铁279.5万吨，钢300.9万吨，钢材162.9万吨，基本完成全年生产计划的一半。上半年业绩增长的主要原因是180万吨铁钢扩能项目已达产，上半年钢坯产销量同比大幅增长。同时公司各产品的毛利率也同比实现提高，公司钢坯、板材、棒材、线材毛利率分别比2006年上半年提高0.27个百分点、2.85个百分点、1.34个百分点和1.43个百分点。公司上半年的经营状况良好，符合我们上次调研时的预期。对下半年盈利情况的判断：维持全年EPS预测为0.75元公司的主要产品是钢坯、中板和棒线材，今年以来这些品种的供需形势良好，到目前为止，这些产品的价格持续创出新高，预计年内价格仍将维持高位运行，这有力抵消目前原材料成本上升的风险。我们认为，由于下半年需求十分旺盛，钢材价格稳中趋升，公司下半年的盈利水平将好于上半年，全年预计将实现EPS 0.75元以上。

集团公司引进外资促进酒钢集团长期发展。酒钢集团于8月18日与哈萨克斯坦国际矿产资源公司签署了合资协议，协议规定，酒钢集团以全部钢铁主业和相关土地、矿山等资产及所持有的本公司股权、酒钢集团榆中钢铁有限责任公司股权出资，持股51%，国际矿产资源公司以现金出资，持股49%。

国际矿产资源公司和欧亚自然资源公司拥有丰富的铁矿资源和镍铬资

源，公司目前年产铁精矿或球团矿1500万吨，110万吨铬铁和3万吨镍。根据协议，国际矿产资源公司承诺以市场公允价格向酒钢集团以及未来的合资公司稳定供应球团矿和铁精矿产品。同时可以预计，随着酒钢集团不锈钢项目的投产，双方将在镍铬资源领域展开更大规模的合作。双方原来以有铁矿石供应协议，此次合作协议的签署，将使得双方的合作更加深入，外资方丰富的矿产资源优势将为酒钢集团未来的发展打下坚实的资源基础。

2007年EPS预计0.75元左右，增长50%以上，维持“推荐”评级公司未来的增长将寄托于酒钢集团的整体上市，此次酒钢集团引入外资，增强了酒钢集团对上游关键资源的掌控，这将不仅提高盈利能力，也将为集团未来的发展提供有力支持。按公司的承诺，2008年公司将分布或一步实现整体上市，届时，酒钢宏兴的钢铁规模将由目前的400万吨提高到1000万吨左右，业绩将更加显著增长，继续同比增长50%是完全可以期待的。

基于此，按钢铁板块平均PE为20倍计算，其目标价位应在20元以上。

稳定增长的业绩，集团引入外资和整体上市的诸多利好刺激，再加上酒钢宏兴在底部区充分的建仓吸筹，且在牛市末期就已经率先突破，这些都是其能够成为2007年来牛市末期领头羊的重要因素。

我们再来看一个2007年的案例。

下页图是金晶科技（600586）（图9－8）在2006年12月至2007年10月的日K线图，通过上图我们可以清晰地看到，金晶科技最猛烈的吸筹区域在2007年1月至2007年4月这段时间，由于刚刚吸完筹码后就开始拉升，所以拉升需求比较强烈，在大盘530危机之下，金晶科技也是跟随大盘连续调整，但随着大盘在2007年6月5日见底回升之后，金晶科技就跟随大盘迅速反弹，虽然随后大盘又二次探底，但是金晶科技表现依然稳健，像这种刚刚建仓吸筹完毕，优先于大盘启动突破的股票，也是我们要十分注意的股票，在这样的股票里面，也非常容易产生强势股，随后，金晶科技一路上扬，至2007年10月16日高点，已经涨幅超过一倍了，由于金晶科技建仓时间比较晚，其在大盘走熊之后，在2008年2月再次创出历

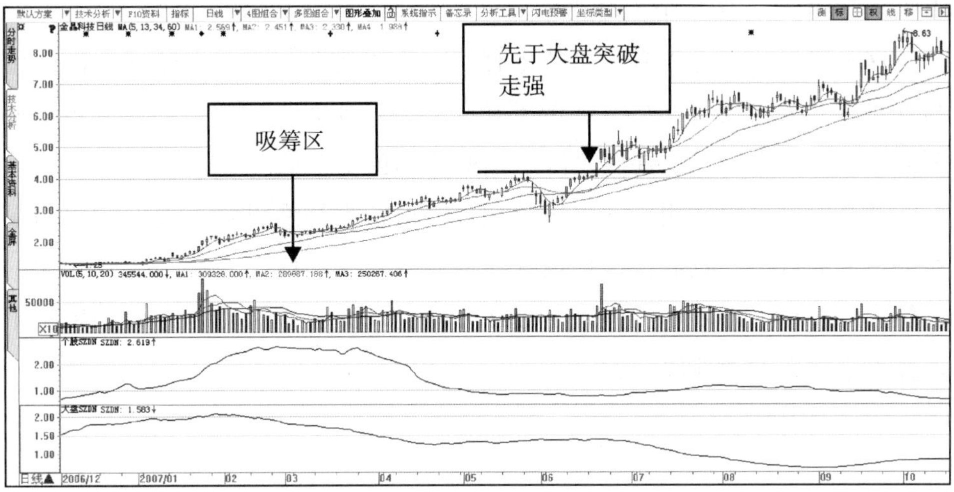


图 9 -8

史新高，从 2007 年 6 月以来累计涨幅达到 242% 之多。

下面我们再来看一个反面案例。

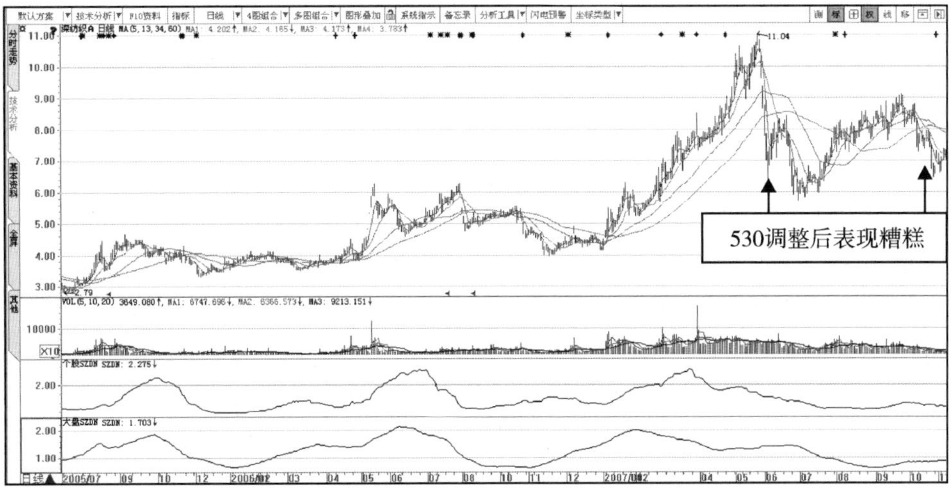


图 9 -9

图 9 -9 是深纺织 A 自 2005 年 7 月至 2007 年 11 月的日 K 线图，从图中我们可以看到，在 2007 年 530 的调整以来，深纺织 A 这轮牛市以来的涨幅不过 150%，价格也只有 7 元多，但是在 530 调整之后，一直到 2007 年 10 月 16 日，这只本轮牛市的滞涨股不但没有大幅补涨，而且在随后还

下跌了近20%，真是晴天霹雳吧。

这只股票从吸筹来看，虽然也有三次小幅建仓行为，但是建仓的强度与其对应的大盘指数相当。从走势来看，2007年530调整之后，其走势便浑浑噩噩，在大盘二次探底之际，其股价却创出新低。

这个案例再次证明了在牛市末期，仅仅依靠补涨思路来选股的思路是非常错误的行为，我们应该依据这些个股的建仓强度，个股与大盘相比的走势强弱，在牛市末期的强势突破和公司的基本面等因素相结合的思路来选择牛市末期的领涨股。